"科学发展 成就辉煌"系列丛书

坚持改革创新 服务科学发展

——党的十六大以来组织工作的进步历程（2002-2012）

中共中央组织部 编

人民出版社

要紧紧围绕抓好发展这个党执政兴国的第一要务来谋划和推进党的建设，紧紧围绕推动科学发展、促进社会和谐选干部、配班子，建队伍、聚人才，抓基层、打基础。

——引自胡锦涛同志 2008 年 2 月在全国组织工作会议上的讲话

目　录

前　言

　　党的十六大以来，在以胡锦涛同志为总书记的党中央坚强领导下，全国组织系统全面落实党的十六大、十七大精神，高举中国特色社会主义伟大旗帜，坚持以邓小平理论和"三个代表"重要思想为指导，深入贯彻落实科学发展观，适应世情国情党情新变化，紧紧围绕推动科学发展、促进社会和谐选干部配班子、建队伍聚人才、抓基层打基础，紧紧围绕提高党的执政能力、保持党的先进性纯洁性大力推进组织工作改革创新，为全面建设小康社会提供了有力组织保证，为全面推进党的建设新的伟大工程作出了重要贡献，开创了组织工作蓬勃发展的新局面。

　　这十年是组织工作围绕中心、服务大局更加有力的十年，是尊重基层、战略谋划更加自觉的十年，是改革创新、推进落实更有成效的十年，为加强和改进新形势下组织工作积累了宝贵经验。一是必须以发展着的中国化马克思主义为指导，把党的最新理论成果和要求努力体现到组织工作的各个方面，不断适应党的中心工作需要制定组织工作方针政策，确保组织工作始终沿着正确方向不断前进。二是必须紧紧围绕党的中心任务推进组织工作，把围绕中心、服务大局作为组织工作的生命线，在党和国家工作大局中来谋划和推进，使组织工作更好地明确科学定位、履行职责任务、体现社会价值。三是必须把党和人民的根本利益作为组织工作的出发点和落脚点，把让全党满意、让人民满意作为衡量组织工作的根本标准，作为加强和改进组织工作的重要依据，着力解决党员、干部和群众反映强烈的突出问题，不辜负党和人民群众的期望与信任。四是必须坚持解放思想、实事求是、与时俱进，一切从实际出发，做到继承与创新相结合，积极研究新情况、解决新问题、创造新经验，不断推进组织工作改革创新，确保组织工作永葆生机活力。五是必须把制度建设贯穿组织工作各个方面，作为组织工作的基础性建设，把制度的稳定性和适应性结合起来，用制度巩固成功经验、规范各项工作、推动工作落实，努力提高组织工作科学化、民主化、制度化水平。六是必须坚持不懈地抓好组织部门自身建设，讲党性、重品行、作表率，坚持公道正派，带头创先争优，努力形成争当先进、争创优秀的组工文化，更好地做到"三服务"、实现"两满意"。

回顾十年，倍感振奋；展望未来，充满信心。在新的起点上，我们要继续在党中央坚强领导下，承前启后、继往开来，着眼于实现全面建设小康社会和基本现代化奋斗目标，更加自觉地服务科学发展大局；着眼于党长久执政，努力培养造就忠诚于党和人民、有坚定理想信念的高素质干部队伍，确保党的事业后继有人；着眼于最广泛地集聚优秀人才，不断健全育才引才聚才用才机制；着眼于增强党的生机活力，积极推进干部人事制度改革和组织制度创新；着眼于增强党的阶级基础和扩大党的群众基础，坚持不懈地加强党的基层组织和党员队伍建设；着眼于在新的历史起点上推进组织工作改革创新，坚持不懈地加强组织部门自身建设，奋力开创党的建设和组织工作新局面，谱写组织工作新篇章，为国家富强、民族复兴、人民幸福作出新的贡献！

第一章　围绕中心、服务大局，
　　　为党分忧、为民奉献

——组织工作服务科学发展有力有效

　　党的十六大以来，组织部门紧紧围绕推动科学发展、促进社会和谐选干部配班子、建队伍聚人才、抓基层打基础，在全党"三个代表"重要思想学习教育活动、保持共产党员先进性教育活动和深入学习实践科学发展观活动中，在抗击非典、抗震救灾、援藏援疆援青、应对国际金融危机冲击、举办奥运会和世博会等重大考验、重大任务中，鲜明树立有利于促进科学发展的用人导向、考核导向、培养导向，教育推动各级领导班子和领导干部自觉贯彻落实科学发展观，组织动员各级党组织和广大党员在关键时刻冲锋在前、无私奉献，充分发挥组织部门的组织保障和表率带动作用，努力把组织部门建设成为科学发展的保障部、促进部。

　　贯彻落实科学发展观：凝神聚力、积极主动，真抓实干、一以贯之。 党的十六大以来，全国组织工作会议和全国组织部长会议都围绕组织工作如何更好地服务科学发展作出具体部署，促组织工作与党的中心工作结合更加紧密。

　　党的十七大后，坚持以科学发展观统领组织工作全局，把服务科学发展作为新形势下组织工作的根本任务，把科学发展观的要求贯彻到组织工作创新发展全过程。

路径回放

• 2003 年 10 月，党的十六届三中全会《决定》第一次深入阐述了科学发展观的丰富内涵。

• 2004 年 12 月，全国组织部长会议明确提出，要紧紧围绕加强党的执政能力建设，牢固树立和认真落实科学发展观，全面推进组织工作，为完成党和国家的各项工作任务提供坚强的组织保证。

• 2005 年 12 月，全国组织部长会议明确提出，要把组织工作放到树立和落实科学发展观、全面建设小康社会、构建社会主义和谐社会的大局中去审视、去谋划，必须紧紧围绕党执政兴国的第一要务来开展，为促进经济社会的科学发展提供优质、高效服务，为落实科学发展观提供有力的思想、组织、作风和制度保证。

• 2006 年 12 月，全国组织部长会议明确提出，要坚持以科学发展观统领组织工作全局，切实把科学发展观的要求贯穿于组织工作的全过程和各个方面，自觉做到按照科学发展观的要求来谋划组织工作、推进组织工作，以落实科学发展观的成效来检验组织工作，不断推动组织工作取得新进展。

路径回放

• 2007 年 10 月，党的十七大对科学发展观作出深刻阐述，对深入贯彻落实科学发展观作出全面部署。

• 2008 年 2 月，全国组织工作会议提出，党的建设和组织工作要把科学发展观的学习实践摆在更加突出的位置，推动各级党组织和领导干部深刻领会科学发展观的科学内涵、精神实质、根本要求，着力转变不适应不符合科学发展观的思想观念，着力解决影响和制约科学发展的突出问题，努力把科学发展观转化为谋划发展的正确思路、促进发展的政策措施、领导发展的工作能力，推动经济社会又好又快发展。

• 2008 年 12 月，全国组织部长会议提出，要坚持在贯彻落实科学发展观的实践中推动各级领导干部提高领导科学发展的能力。

- 2009 年 12 月，全国组织部长会议提出，进一步做好组织工作，必须牢牢把握服务科学发展这个指导方针，大力推进领导班子、干部队伍和人才队伍建设，推进基层党组织和党员队伍建设等各项工作。

- 2010 年 12 月，全国组织部长会议提出，科学发展观是我国经济社会发展的重要指导方针。贯彻德才兼备、以德为先的用人标准，要突出科学发展导向，防止简单地把经济总量、发展速度等作为评价干部政绩的主要依据，真正把在贯彻落实科学发展观、转变经济发展方式上思路好、能力强、实绩突出的德才兼备的优秀干部选拔到领导岗位。

- 2011 年 12 月，全国组织部长会议提出，要强化能力培训和实践锻炼，引导领导干部深入贯彻落实科学发展观，牢固树立正确政绩观，着力提高转变经济发展方式能力、社会管理能力和应对突发事件能力。

第一节　科学发展用人导向鲜明树立，领导科学发展能力大幅提升

组织部门认真落实中央要求，坚持围绕科学发展选人用人，大力选拔政治上靠得住、工作上有本事、作风上过得硬、人民群众信得过的优秀干部，切实提高广大党员干部特别是各级领导干部贯彻落实科学发展观的本领，努力把各级领导班子建设成为善于领导科学发展的坚强集体，把党员干部队伍建设成为贯彻落实科学发展观的骨干力量。

一、着力树立促进科学发展的用人导向

选人用人：突出"六个导向"。坚持德才兼备、以德为先，紧紧围绕科学发展完善选人用人机制，注重提拔重用那些符合干部使用条件特别是贯彻落实科学发展观态度坚决又有能力的同志，进一步形成促进科学发展的用人导向，一大批推动科学发展有思路、有激情、有

路径回放

• 2003 年 12 月，全国组织部长会议提出，要建立和完善科学的干部政绩考核体系，坚持正确的用人导向和用人制度，做到用好的作风选人，选作风好的人。

• 2004 年 12 月，全国组织部长会议提出，选准用好干部，是牢固树立和认真落实科学发展观的重要保证。

• 2005 年 12 月，全国组织部长会议提出，要坚持正确的用人导向，全面贯彻干部队伍"四化"方针和德才兼备原则，坚持用科学发展观的要求、以群众公认的原则、凭正确的政绩衡量、选拔和使用干部。

• 2006 年 12 月，全国组织部长会议提出，要围绕实现科学发展、促进社会和谐配好领导班子，特别要注重选拔熟悉社会建设和管理的优秀干部。

• 2008 年 2 月，全国组织工作会议提出，要树立科学发展的导向，注重选拔自觉贯彻落实科学发展观、坚持又好又快发展、工作实绩突出的干部。

• 2008 年 12 月，全国组织部长会议提出，选人用人要坚持品行为本，用靠得住的干部，引导干部讲党性、重品性、作表率，自觉落实科学发展观，创造经得起实践、人民、历史检验的实绩。

• 2009 年 12 月，全国组织部长会议提出，要注意提拔重用那些符合干部使用条件特别是贯彻落实科学发展观态度坚决又有能力的同志，对贯彻科学发展观不力、搞劳民伤财的形象工程、人民群众意见强烈的干部，要批评教育，该调整的及时调整。

• 2010 年 12 月，全国组织部长会议提出，贯彻德才兼备、以德为先的用人标准，要突出科学发展导向，真正把在贯彻落实科学发展观、转变经济发展方式上思路好、能力强、实绩突出的德才兼备的优秀干部选拔到领导岗位。

• 2011 年 12 月，全国组织部长会议提出，特别要注意选拔那些原则性强、对群众感情深、一身正气、敢抓善管和工作中有思路、有激情、有韧劲、贡献大的干部，进一步树立正确用人导向。

韧劲、有贡献的优秀干部走上各级领导岗位。突出注重品行的导向，注重选拔政治坚定、原则性强、清正廉洁、道德高尚、情趣健康的干部；突出科学发展的导向，注重选拔自觉贯彻落实科学发展观、坚持又好又快发展、工作实绩突出的干部；突出崇尚实干的导向，注重选拔求真务实、埋头苦干、默默奉献、不事张扬的干部；突出重视基层的导向，注重选拔在基层和生产一线工作的优秀干部，选拔长期在条件艰苦、工作困难地方努力工作的优秀干部；突出鼓励创新的导向，注重选拔思想解放、作风扎实、勇于创新、锐意进取的干部；突出群众公认的导向，注重选拔想干事、能干事、干成事，能为人民造福、得到群众拥护的干部。

班子换届：提升科学发展功能。党的十六大以来，以地方党委和人大、政府、政协领导班子集中换届为契机，大力选拔善于推动科学发展的优秀领导干部，各级领导班子成员的年龄、经历、专长、性格结构更加合理优化，谋划发展、统筹发展、优化发展、推动发展的能

重要举措

2006 年年初开始的地方党委集中换届

◆推进领导班子配备改革，精简领导班子职数、减少副书记职数、适当扩大党政领导成员交叉任职。

◆运用体现科学发展观要求的综合考核评价办法进行换届考察。

◆抓住提名、考察和选举等关键环节进一步扩大党内民主。

◆加强对市县乡换届指导。

数据链接

2007 年 6 月，地方党委集中换届结束后：

◆省区市党委领导班子职数比上次换届时减少 21 个，副书记比上次减少 91 人，党政领导成员交叉任职 83 人，由上次的平均每省区市 2.3 人扩大到 2.7 人。

◆省区市党委领导班子成员平均年龄 52.9 岁，比上次换届降低了 0.5 岁。

◆省区市党委班子中具有大学以上学历的比上次换届提高了 14 个百分点。

重要举措

2010 年年底开始的地方党委集中换届

◆统筹换届时间，自下而上，相对集中。

◆努力形成"好报告、好班子、好风气"。

◆认真落实发扬民主、推进改革、严肃纪律三项关键举措。

◆坚持书记抓、抓书记，一抓到底。

◆制定下发市县乡换届工作流程图，提高换届规范化科学化水平。

数据链接

2012 年 7 月，地方党委集中换届结束后：

◆省区市党委常委 404 人，平均年龄 54 岁，大学以上学历 398 人。新提名省区市党委常委中，担任过市县党政正职的占 63％，具有高校、企业、科研院所等任职经历的占 42.5％。

◆新一届市、县党委领导班子成员具有基层工作经历的分别占 51.7％、66.1％；具有大学及以上学历的分别占 90.0％、90.6％。市党政正职具有下一级党政正职经历的占 66.8％，县委书记具有县级领导班子或乡镇领导工作经历的占 86.4％。

力进一步提高。

二、着力树立促进科学发展的考核导向

健全机制：制定实施"一个意见、三个办法"。实现科学发展必须坚持用科学发展观的要求考核评价干部。为落实中央要求，中央组织部认真总结《体现科学发展观要求的地方党政领导班子和领导干部综合考核评价试行办法》的实践经验，在 9 个省区市、20 多个中央单位进行了促进科学发展干部考核评价机制的试点。在此基础上，2009 年中央印发了《关于建立促进科学发展的党政领导班子和领导干部考核评价机制的意见》，中央组织部出台了与其配套的《地方党政领导班子和领导干部综合考核评价办法（试行）》、《党政工作部门领导班子和领导干部综合考核评价办法（试行）》、《党政领导班子和

领导干部年度考核办法（试行）》3个实施办法。各级党委及其组织部门在干部考察考核中全面落实"一个意见、三个办法"，注重在改革和建设实践中考察和识别干部，把贯彻落实科学发展观的实际成效作为考核干部实绩的根本标准和评价干部的基本依据，引导干部树立科学发展观和正确政绩观，更好地推动经济社会的科学发展。

高层声音

• 2003年，胡锦涛同志在中央经济工作会议上明确提出，要建立和完善科学的干部政绩考核体系和奖惩制度，形成正确的用人导向和用人制度。

• 2005年，胡锦涛同志在十六届中央纪委五次全会上强调，要抓紧制定体现科学发展观和正确政绩观要求的干部实绩考核评价标准，完善干部考核、考察的制度和办法。

创新亮点

既有总体指导意见，又有分类具体考核办法，形成了比较完整的考核制度体系。

初步提出了有利于科学发展的考核评价指标体系，引入了约束性指标。

提出了分类考核的要求，特别是要求依据主体功能区进行分类考核。

创新了考核方法，提出了考核评价的6个基本方法，即民主推荐、民主测评、民意调查、实绩分析、个别谈话和综合评价。

扩大了考核工作民主，积极探索多层次、多渠道、多角度地了解评价干部，充分体现考核的民意基础和群众公认。

健全了年度考核制度，首次提出了对中央管理的党政领导班子和领导干部实行年度考核。

与以往的考核制度相比，促进科学发展的干部考核评价机制有许多创新和改进，它以实现科学发展为目的，以综合考核评价为主要方式，以考核结果运用为关键环节，把平时考核、年度考核与换届（任期）、任职考察结合起来，把考核评价与选拔任用、培养教

相关链接

贺国强同志指出，要建立和完善科学的干部政绩考核体系，坚持正确的用人导向和用人制度，做到用好的作风选人，选作风好的人；要加大监督、检查的力度，建立严格的奖惩制度，使勤政为民、求真务实的干部得到褒奖，使好大喜功、弄虚作假的干部受到惩戒，在全党全社会形成甘于奉献、踏实苦干的浓厚风气。

育、管理监督、激励约束结合起来，形成了一个相互配套、有效运行的干部考核评价机制。促进科学发展的干部考核评价机制，以我们党对干部考核工作的长期探索为基础，贯彻了中央对干部考核工作的新要求，是组织部门学习实践科学发展观的重要制度成果，标志着干部考核制度建设进入到一个新阶段。

科学考绩：让实绩突出的上得来、受重用。 充分发挥考核的"指挥棒"作用，注重发展质量、转变方式、约束指标、分级分类考核，把贯彻落实科学发展观的实际成效作为考核评价干部的基本内容和基本依据，促进领导干部围绕科学发展改进工作、提高水平、增强能力，增强贯彻落实科学发展观的自觉性和坚定性，树立正确政绩观，努力创造经得起实践、历史、人民检验的实绩。一是按照全面、协调、可持续发展的要求，进一步完善考核指标。注重考核科学发展、维护稳定、改善民生、社会和谐、环境保护、精神文明建设和党的建设等方面的情况，全面准确地评价干部的实绩。对GDP、财政收入增

实践案例

广东省按照科学发展要求，设置经济发展、社会发展、人民生活、生态环境4类42个评价指标，把考核范围从经济领域向社会、民生和环境领域延伸。根据各地发展实际和条件，将全省21个地市划分为都市发展区、优化发展区、重点发展区和生态发展区等4个类型，分别设置不同的评价指标进行考核。

长、投资增长等指标的考核，突出发展质量的要求。对人口资源、节能减排、环境保护、安全生产、社会稳定、廉政建设等约束性指标加强考核，如设置万元 GDP 用地量、万元 GDP 能耗和排放量、亿元 GDP 生产安全事故死亡率等指标，强化刚性约束。二是注意区分显绩与潜绩。注意把短期效果与长期作用结合起来，在时间的纵深上予以印证。既看任内干了什么，又看走后留下什么；既看新干成了什么，又看还了哪些旧账、解决了哪些矛盾；既看结果，又看过程，注重综合分析局部与全局、效果与成本、主观努力与客观条件等各方面因素。三是实行分类考核。根据各地不同情况、各部门职责差异，突出不同区域、不同类型、不同层次的分类考核，增强考核的针对性实效性。实践中，对党政工作部门的考核，大体上分为综合管理部门、行政执法和服务群众的窗口部门、专业技术性较强的部门等三类。对综合管理部门，重点考核评价发挥职能作用、制定政策措施、加强综合协调等情况；对行政执法和服务群众的窗口部门，重点考核评价依法行政、履行职责、服务质量等情况；对专业技术性较强部门，重点考核评价提高专业管理水平、推进技术创新、服务中心工作等情况。

创新方法：增强考核的"分辨率"、准确度。各地各部门在改进完善考核方法上有许多探索和创新，取得了较好效果。一是定性考核与定量考核相结合。一些地方更加重视运用量化分析的方法，探索将考核指标赋予相应的权重和分值，通过量化处理和统计汇总，形成了定量考核结果。注重用分类定量来分析比较，用综合定性来判断评价，形成既有定性评价、又有定量结果的综合评价意见。通过定量考核和定性评价，横向

实践案例

陕西省实行领导班子定期研判制度，从结构、实绩、能力、群众满意度和趋势等方面分析班子运行情况，从工作绩效、思想作风等方面分析班子成员的现实表现，为客观准确评价干部奠定了基础。

实践案例

在地方领导班子换届中，江西省等地探索实行以"领导审绩、公开示绩、群众评绩、组织考绩"为主要内容的政绩公示制度，进一步落实了干部群众的知情权、参与权、选择权和监督权，有效防止换届考察失真失实的问题。

看位次，纵向看变化，提高考核评价的准确度。换届中，注重根据统计、财政、国土、环保、计生、安监等部门提供的统计数据和评价意见，分析当地经济社会发展和可持续发展等方面的工作思路与成效，以科学全面的考核导向推动科学发展。二是定期考核与动态考核相结合。各地各部门在加强年度考核等定期考核的同时，积极开展经常性、动态考核，加强考核情况的积累和综合分析。采取个别谈话、专项调查、领导干部经济责任审计等多种方式，通过参加领导班子民主生活会、党员领导干部述职述廉和年度工作会议等多种渠道，及时了解领导班子运行情况和领导干部的日常表现。三是班子考核与个人考核相结合。根据考核结果和班子成员的分工，注重对实绩取得过程的考核，从中分析干部个人的能力大小、工作思路、创新精神、工作努力程度等，区分干部个人的贡献大小。四是组织评价与群众评议相结合。注重将民意调查引入干部考察考核工作中，通过组织干部群众填写民意调查表、入户调查、政府网站评议等方法了解领导班子和领导干部的工作绩效和社会评价情况，广泛听取干部群众的意见。以扩大知情权为重点，进一步公开考核内容、考核程序、考核方法、考核结果，增强透明度。推广实绩"公开、公示、公议"等做法，深入了解群众对推动科学发展实际成效的直接感受和现实要求，深入了解干部的群众公认度。

三、着力树立促进科学发展的培养导向

教育培训：聚焦领导科学发展能力。党的十六大以来，党中央提

出了大规模培训干部、大幅度提高干部素质的战略任务，强调要提升各级领导班子和领导干部领导科学发展的能力。中央组织部按照中央要求，2004年2月会同有关部门举办省部级主要领导干部树立和落实科学发展观专题研究班，拉开了全党深入学习科学发展观的帷幕。2008年9月、2010年2月两次举办以科学发展观为主题的省部级主要领导干部专题研讨班，对广大干部学习科学发展观起到了重要示范和引导作用。10年来，科学发展观主题培训持续深入开展，党的十六大至十七大之间，以促进"科学发展战略落地，科学发展意识生根"为主要目标，以县处级以上领导干部为重点对象，着重进行科学发展观理论教育，帮助广大干部准确把握科学发展观的科学内涵、精神实质和根本要求，切实增强贯彻落实科学发展观的自觉性坚定性，着力转变不适应不符合科学发展观的思想观念，为贯彻落实科学发展观奠定坚实思想基础。党的十七大以来，以解决影响和制约科学发展的突出问题为主要目标，紧密联系改革发展的重大理论问题和实践问题，紧密联系干部思想实际和工作实际，开展各种专题培训，用贯彻落实科学发展观的成功案例培训干部，引导和推动领导班子和领导干部提高运用科学发展观进行战略思维、干事创业的本领和驾驭复杂局面的能力。培训对象逐步向广大基层干部延伸和拓展，2011年4月，中央组织部印发《关于实施基层干部"科学发展主题培训行动计划"的通知》，各地各部门积极组织实施。截至2012年6月，有530多万名基层干部参加了培训，占总数的90%以上。

实践锻炼：增强推动科学发展本领。各地各部门坚持在完成重大任务、应对重大事件中培训锻炼干部，有计划地选派干部到重点建设工程、艰苦边远地区、复杂环境和基层一线经受锻炼，促进各级领导干部不断增强谋划发展、统筹发展、优化发展、推动发展的本领，提高做群众工作、公共服务、社会管理、维护稳定的能力。

第二节　深入开展学习实践活动，贯彻科学
发展观自觉性显著增强

按照党的十七大部署，全党深入学习实践科学发展观活动自2008 年 3 月开始试点，2008 年 9 月正式启动，到 2010 年 2 月基本结束，共有 370 多万个党组织、7500 多万名党员参加。

一、创新活动组织指导工作——突出实践特色、贯彻群众路线、正面教育为主

这次学习实践活动自上而下分三批进行，按学习调研、分析检查、整改落实三个阶段展开。活动紧紧围绕党员干部受教育、科学发展上水平、人民群众得实惠的总要求，牢牢把握坚持解放思想、突出实践特色、贯彻群众路线、正面教育为主的原则，主题鲜明，领导有力，组织严密，措施得当。

理论武装：把握内涵、联系实际、讨论深化。坚持把用科学发展观武装头脑摆在首要位置，组织引导党员干部认真学习中央确定的内容，把握科学发展观内涵实质；紧密联系实际深化学习，加深对科学发展观理解；通过解放思想讨论推动学习，普遍开展要不要、能不能、怎么样科学发展的大讨论，努力使科学思维、科学决策、科学实践成为各级领导班子和广大党员干部的自觉行动。在学习实践活动中，广大党员干部认真学习党的十七大和十七届三中、四中全会精神，学习《毛泽东邓小平江泽民论科学发展》、《科学发展观重要论述摘编》，学习中央一系列重要会议精神和胡锦涛总书记等中央领导同志一系列重要讲话、指示精神。据统计，截至 2010 年 2 月 28 日，全党共印发规定学习用书 7000 多万套，各地区各部门各单位共编写辅导材料 3497 种。

实践为先：促进科学发展、推动实际工作、服务人民群众。突出

实践是这次活动最大的特色。坚持理论指导实践、学习推动实践，组织引导党员干部紧扣党和国家的中心工作，促进中央重大决策部署的贯彻落实；紧密结合本地区本部门本单位实际，开展丰富多彩的主题实践活动；紧贴群众的愿望与期待，着力解决突出问题，使开展学习实践活动的过程成为促进科学发展、推动实际工作、服务人民群众的过程。

　　分类指导：统筹性、针对性、实效性。坚持从各批次、各行业和各类党员群体的实际出发，不断改进组织指导方式，加大分类指导力度。根据不同批次的实际情况，明确不同的工作重点；根据不同行业的实际情况，加强组织指导力量；根据不同党员群体的实际情况，提出不同要求，切实增强指导工作的统筹性、针对性、实效性。

　　舆论宣传：统一思想、选树典型、强化效果。坚持正确导向，紧扣工作进展，贴近党员群众，把握新闻报道节奏，开展全方位、多角

典型案例

　　四川省江油市是"5·12"汶川特大地震重灾区之一，在深入学习实践科学发展观活动中，把加快灾后重建作为最具体的实践，农村永久性住房开工建设9.9万多户，维修加固城乡居民住房10.6万套，先后争取到社会各界捐建学校、医院、卫生院、敬老院等社会公益事业项目59个，住房重建和公共服务设施重建取得显著成效。此外，上报并被批准灾后重建项目2479个，总投资达572亿元，全市各类产业恢复发展迅速。

沈浩，安徽省财政厅下派干部、小岗村党委原第一书记，扎根小岗村6年，带领乡亲们摆脱贫困、走向富裕，因积劳成疾，以身殉职。他的先进事迹，受到胡锦涛总书记的充分肯定，在学习实践活动中发挥了很好的示范带动作用。

度、深层次和持续不断的宣传工作。大力宣传中央精神，把思想和行动统一到中央要求上来；注重先进示范，选树、宣传一批典型经验和先进人物；创新宣传方式和手段，使科学发展观走进千家万户，真正入脑入心。

二、学习实践活动成效显著——党员干部受教育、科学发展上水平、人民群众得实惠

经过全党共同努力，深入学习实践科学发展观活动取得了丰富的认识成果、实践成果、制度成果。活动期间，为群众办实事好事1780多万件，解决党性党风党纪方面群众反映强烈的突出问题140多万个；新建基层党组织6万多个，整顿软弱涣散的基层党组织5万多个。通过学习实践活动，领导班子、领导干部贯彻落实科学发展观自觉性显著增强，基本实现了提高思想认识、解决突出问题、创新体制机制、促进科学发展、加强基层组织的目标。

广大党员干部受到深刻教育。在学习实践活动中，各地区各部门各单位共集中举办学习班、培训班等470多万期，集中培训党员干部1.2亿多人次。广大党员干部通过学习培训和实践锻炼，贯彻落实科学发展观的自觉性坚定性明显提高，进一步增强了运用科学发展观谋划发展、统筹发展、优化发展、推动发展的本领和做群众工作、公共服务、社会管理、维护稳定的本领，增强了新形势下依法办事能力和应急管理、舆论引导、新兴媒体运用等方面的能力。

科学发展水平得到有效提升。各地区各部门各单位按照科学发展观的要求审视过去、分析现在、规划未来，进一步理清科学发展思路，制定了一批推动科学发展的政策措施，解决了一批发展方式落后、经济社会发展不协调、地区间发展不平衡和破坏生态环境等突出问题，建立健全了一批保障和促进科学发展的体制机制。

人民群众共享更多科学发展成果。各地区各部门各单位紧密结合自身实际，认真贯彻党中央、国务院关于保障改善民生的一系列决策

部署，在制度、政策和投入等方面采取了许多有力举措，有效推动了中央惠民利民政策的落实，解决了大量涉及群众切身利益的实际问题，密切了党群干群关系，促进了社会和谐稳定。

基层党组织得到明显加强。各地区各部门各单位进一步加强了各领域各行业基层党组织建设，通过单独建、联合建以及选派党建工作指导员等多种方式，加大在非公有制经济组织和社会组织中建立党组织力度，扩大了党的组织和党的工作覆盖面，丰富了党组织和党员发挥作用的有效途径和方法，整顿了一批软弱涣散基层党组织，改进了基层党的建设领导体制和工作机制。

第三节　完成重大任务应对重大考验，关键时刻发挥关键作用

围绕中心、服务大局是组织工作的生命线。党的十六大以来，我国成功举办北京奥运会、上海世博会，全力抗击非典和汶川特大地震等灾害，有力应对国际金融危机冲击、保持经济平稳较快发展，办成了一批大事、办好了一批喜事、办妥了一批难事。在党中央和各级党委的领导下，各级组织部门向中心聚焦、向大局聚力，动员组织各级党组织和广大党员积极应对重大任务重大考验，在一个又一个关键时刻充分发挥战斗堡垒和先锋模范作用，展现了新时期党的先进性和纯洁性。

一、病人的需要就是我们的需要——共产党员战斗在抗击非典第一线

2003 年，我国一些地区发生严重的非典型肺炎疫情。面对这场突如其来的重大灾害，在党中央的坚强领导下，各条战线特别是医疗卫生战线的广大基层党组织和共产党员，充分发挥战斗堡垒作用和先锋模范作用，始终站在防治非典工作的第一线，构筑起抗击非典的坚

2003 年 5 月，北京市第六医院内科党支部召开党员大会，发展奋战在抗击非典一线的青年医务工作者为预备党员。

固防线，向党和人民交上了一份合格的答卷，赢得了人民群众的高度赞誉。经中央同意，中央组织部决定：授予卫生部中日友好医院党委等 108 个基层党组织"全国防治非典型肺炎工作先进基层党组织"

称号，授予钟南山等 307 名共产党员"全国防治非典型肺炎工作优秀共产党员"称号；追授丁秀兰等 8 名共产党员"全国优秀共产党员"称号，追授裴鸿烈等 28 名共产党员"全国防治非典型肺炎工作优秀共产党员"称号。

先进典型

中山大学附属第三医院原党委委员、党支部书记、传染病科副主任、主任医师邓练贤，始终把"当医生就意味着付出，病人的需要就是我们的需要"作为自己的职业准则。接治非典型肺炎病人后，他亲自参与每一个病人的救治，尽最大努力挽救病人生命。2003 年 2 月 1日，他连续工作近 15 个小时，因抢救病人感染致病牺牲，被中央组织部追授为全国优秀共产党员。

二、废墟上挺起的脊梁——抗震救灾中体现党员先进性

2008 年 5 月 12 日发生的四川汶川特大地震，是新中国成立以来破坏性最强、波及范围最广、救灾难度最大的一次地震。面对特大地震灾害，从中央到地方各级党委和政府坚强领导、科学指挥，始终

与灾区人民心连心、同呼吸、共命运。在地动山摇的危急关头，广大基层党组织高高举起党的旗帜，自觉担当抗震救灾重任，组建各类"党员突击队"、"党员抢险队"，形成了

2008年5月，来自四川省绵竹市抗震救灾第一线的280名基层工作者宣示加入中国共产党。

一个个坚强战斗堡垒。在严峻考验面前，奋战在灾区一线的各级干部以身作则、冲锋在前，广大共产党员豁得出来、冲得上去，成为灾区群众的主心骨和贴心人。在艰巨繁重的灾后重建工作中，各级组织部门积极履行职责，把组织工作做到灾后重建的第一线，有力地促进了灾后重建工作的顺利开展。

特殊党费：彰显党性光辉、凝聚党员力量。"5·12"汶川特大地震灾害发生后，经中央同意，中央组织部组织开展了党员自愿缴纳"特殊党费"支援抗震救灾活动，全国共有4550多万名共产党员缴纳抗震救灾"特殊党费"97.3亿元，其中缴纳1000元以上的303万人。截至2011

浙江绍兴民营企业家、共产党员祁友富（左）缴纳抗震救灾"特殊党费"10万元支援四川抗震救灾。

甘肃
10亿

重庆
1亿

四川
80.3亿

陕西
5亿

云南
1亿

97.3 亿元抗震救灾 "特殊党费" 资金分配图

年 7 月底，"特殊党费" 援建项目全部完成，其中，援建灾区中小学校 90 所、村级组织活动场所 11665 个，援建灾区乡镇卫生院、敬老院等民生项目 214 个，向灾区 132.4 万户农户、4.1 万户城镇户发放房屋倒损户住房补助，向 56 名因公牺牲人员家属发放慰问金 168 万元。广大群众特别是受到援助的灾区群众纷纷表达对党的感激之情，许多群众还积极向党组织靠拢，有 7.6 万人在抗震救灾一线向党组织递交了入党申请书。组织动员党员缴纳 "特殊党费" 活动，创造了关键时刻组织工作服务大局的新鲜经验，是党的光荣传统和先进性在特殊条件下的集中反映。

干部挂职：灾后重建同战斗、心系群众解危难。 汶川特大地震发生后，2008 年 6 月，中央组织部从部分省市、中央和国家机关部委，选派 38 名专业技术管理干部和党政干部到四川 6 个重灾市（州）的 18 个县（市）挂任党政副职；2009 年 7 月，又从中央有关部委和企业选派 13 名副司局级干部到四川省直部门挂职工作；对口支援四川地震灾区的 18 个省市共选派了 1469 名干部到四川地震灾区帮助工作，为抗震救灾和灾后恢复重建作出了贡献。

三、应对国际金融危机——把组织优势转化为发展优势

2008 年下半年，国际金融危机发生后，各级党组织和广大党员干部认真贯彻中央部署，积极应对国际金融危机带来的严峻挑战，特别是把保增长、保民生、保稳定作为深入学习实践科学发展观活动的最大实践，调结构、上水平、促改革，为应对国际金融危机的冲击提供了有力的政治和组织保证。

四、服务北京奥运——党员先锋在行动

举办 2008 年北京奥运会，是全国各族人民的共同心愿，是中华民族的百年企盼。各级党组织和广大党员干部充分发挥战斗堡垒作用和先锋模范作用，支持奥运、参与奥运、奉献奥运，为成功举办一届有特色、高水平的奥运会、残奥会提供了坚强的组织保证和人才支撑。

2008 年 6 月，北京市新党员入党宣誓仪式在奥林匹克公共区志愿者广场举行。

奥运先锋旗帜在国家体育场"鸟巢"前迎风飘扬。

五、服务上海世博——倾情奉献创先争优

2010 年，我国成功举办了有 246 个国家和国际组织踊跃参与的上海世博会。在迎博办博期间，来自全国各地区各部门各单位的 9 万多个基层党组织和 180 多万名共产党员，认真贯彻党中央、国务院指示精神，把参与世博、服务世博、奉献世博作为创先争优的主战场，勇于担当、顽强拼搏，履职尽责、倾情奉献，为办成一届成功、精彩、难忘的世博会提供了坚强组织保证。

六、开展对口支援——大批干部人才援藏援疆援青

对口支援西藏、新疆、青海，是党中央、国务院着眼于国家长治久安作出的重大决策部署。干部人才援藏、援疆、援青是对口支援工作的重要组成部分。党的十六大以来，中央组织部共组织选派了 4

2010 年 7 月，中央和国家机关、中央企业第六批援藏干部暨第一批援青干部培训班在北京举办。

批 3474 名援藏干部人才、4 批 6081 名援疆干部人才、1 批 102 名援青干部人才。广大援藏、援疆、援青干部人才牢记使命、无私奉献、开拓进取、忘我工作，在促进当地经济发展和社会进步、维护社会稳定和民族团结等方面发挥了积极作用，涌现出了援藏干部许晓珠、周广智和援疆干部余文丽、田百春等先进典型，许多干部在返回后成为各条战线上的领导骨干和业务骨干。

第四节　着力打造"阳光组工"，加强服务大局的舆论环境建设

　　党的十六大以来，组织部门紧紧围绕党和国家工作大局，积极创新组织工作宣传交流，以开放的姿态、开阔的视野和开明的举措，增强公开性、增加透明度、提高公信力，为组织工作更好地服务大局营造了良好舆论环境。

　　"更给力"——加强组工宣传扩大信息公开。从党的十六大到党的十七大，从深入学习实践科学发展观活动到创先争优活动，从省市县乡四级党委换届到党的十八大代表选举，从基层党组织和党员队伍建设到人才工作、干部工作……组织部门坚持围绕中心、服务大局，进一步加强对组织工作重要活动、重要部署、重要政策、重要改革的宣传，组织工作舆论环境建设取得重大进展。

相关链接

李源潮同志指出，加强和改进组织工作宣传，为组织工作改革创新提供舆论支持。要积极应对社会信息多元化的挑战，提高干部人事制度的透明度；积极回应人民群众的知情要求，提高选人用人公信度；积极响应宣传媒体的新闻关注，提高对组织工作的知情度；积极应答社会各方的舆论监督，提高对用人上不正之风的战斗力。

党的十七届四中全会提出，建立党委新闻发言人制度。组织部门全面加强新闻发言人制度建设，及时对外公布新闻发言人名

中央组织部新闻发布会。

单和新闻发布机构电话，建立定期召开新闻发布会的制度。目前，中央组织部和各省区市党委组织部全部建立新闻发言人制度，确定了新闻发言人和新闻发布机构，经常发布组织工作信息。积极拓展新闻发布制度新平台，利用电子信箱、微博客等做好新闻发布工作。2010 年至今，中央组织部已举行 15 次中国共产党组织建设新闻发布会、严肃换届纪律实物交流展新闻通气会等新闻发布会、通气会、吹风会，对于推进党务公开、发展党内民主、营造良好舆

李林森（右）深入基层看望老党员。

论环境等发挥了积极作用。

组织部门会同有关单位先后树立和宣传了王理效、王彦生、沈浩、尹中强、杜洪英、文建明、杨善洲、李林森、肖明、王辉、强秋等一大批先进典型。通过刊发消息、通讯，制作专题节目，举办对话访谈，组织先进事迹报告团作视频报告，开展学习研讨活动等方式，多角度、多侧面、多层次宣传报道典型人物的先进事迹和崇高精神，形成一波又一波的新闻舆论热潮，树立了党员干部和组工干部良好形象，激励了广大党员干部学习先进、争当先进、赶超先进。

"更主动"：加强舆情应对和舆论引导。网络是一个舆论"较量场"。组织部门主动应对社会信息多元化挑战，积极拓展网络宣传阵地。围绕组织工作满意度结果公布、学习李林森同志先进事迹、网

上投票推荐"全国创先争优优秀共产党员"等主题，以政策解读、工作动态、重点评论等专栏，网上链接组织工作新闻报道、图片资料、视频节目、

网友心声

网民"孙春雷"：网上推荐，是打造"阳光组工"又一重要举措。要探索建立公开民主、开放透明的组织工作体系，让组织工作在阳光下运行，不断提升组织工作透明度、公信度和满意度。

"匿名"网民：这次活动的开展，充分表明中央组织部依靠民意来开展工作、促进工作的信心和决心，体现了组织工作对民意的尊重和回应。

网民留言等，分波次递进式开展网络宣传。同时，组织专家、学者和基层干部代表在线访谈，赢得了网民对组织工作的理解和支持，为组织工作顺利开展营造了良好网络环境。

为期10天的全国创先争优优秀共产党员网上投票推荐活动，于2012年5月30日24时圆满落下帷幕。据统计，参加网上投票推荐活动的总人数达4369.5万人，留言14.6万条，参与人数之多，在我国历次网上投票活动中非常少见。

年轻干部和青年人才培养选拔、公务员和事业单位招录、从严管理干部……组织部门围绕社会热点，充分运用网络媒体，放大正面声音，积极开展"营造年轻干部成长良好环境"、"拜人民群众为师"等专题引导活动，争取网上话语权。

同时，针对网上质疑组织工作的各种传言、谣言，坚持讲真理、讲真相，及时回应、有力批驳。

"更开放"：加大对外交流力度。2011年6月14日下午，中央组织部首次举办以"走进中共中央组织部"为主题的对外开放日活动，来自50个国家驻华使馆的54名高级外交官应邀出席。驻华高级外

驻华使节走进中央组织部见面会会场。

交官参观了领导干部素质能力考试测评、基层党建手机信息系统和"12380"举报中心，观看了部史部风展、党政领导干部选拔任用流程、干部人事制度改革、中央企业面向海外公开招聘高管人员、引进海外高层次人才"千人计划"、基层党组织和党员在抗震救灾中发挥先锋模范作用、组织工作满意度民意调查等展览。许多外国使节表示，这次活动丰富生动、交流坦诚，不仅深入了解了中国共产党的组织建设、干部任用和人才工作，而且真切感受到中国共产党与时俱进、改革创新、开明开

专家观点

中共中央党校副教授洪向华认为，邀请外国驻华使节到中央组织部机关实地参观交流，展示了组织部门开明、开放、与时俱进、开拓创新的良好形象，也展现了中国共产党作为世界第一大执政党的成熟与自信。

放和加强对外友好合作的真诚愿望。

"他山之石，可以攻玉"。学习借鉴国外政党建设的有益经验，是中国共产党加强自身建设的重要方法。中央组织部与新加坡、加拿大、瑞士等国家有关政

第三届"中新领导力论坛"现场。

府机构建立交流与合作关系，共同举办了"中国—新加坡领导力论坛"、"中国—加拿大公务员考核评价研讨会"、"中瑞项目管理论坛"等系列交流活动，进一步开

相关链接

第一届"中新领导力论坛"，2009年4月在中国浦东干部学院举办，主题为"领导人才选拔与培养"。

第二届"中新领导力论坛"，2010年4月在新加坡举办，主题为"和谐社会与领导力建设"。

第三届"中新领导力论坛"，2012年5月在中央组织部全国组织干部学院举办，主题为"新媒体环境下的领导力建设"。

阔了组织工作和组工干部的国际视野。

"中新领导力论坛"已经成为中国和新加坡双方交流领导人才队伍建设经验的重要平台，也为促进中新两国、两党友好关系发展发挥了积极作用。

第二章 改革创新、积极探索，
突出重点、有序推进

——干部人事制度改革取得重大进展

> • 党的十六大提出，以科学化、民主化和制度化为目标，改革和完善干部人事制度，健全公务员制度。
>
> • 党的十七大提出，坚持党管干部原则，坚持民主、公开、竞争、择优，形成干部选拔任用科学机制。
>
> • 党的十七届四中全会提出，坚持民主、公开、竞争、择优，提高选人用人公信度，形成充满活力的选人用人机制，促进优秀人才脱颖而出，是培养造就高素质干部队伍的关键。

改革创新是党的十六大以来组织工作最鲜明的特征、最大的进步、最突出的成绩。特别是坚持以科学化、民主化、制度化为目标，坚持党管干部原则，坚持五湖四海、任人唯贤干部路线，坚持德才兼备、以德为先用人标准，坚持民主公开竞争择优改革方针，认真落实公务员法、干部任用条例，大力实施深化干部人事制度改革规划纲要，建立

高层声音

要抓住当前干部群众反映突出的重点难点问题，毫不动摇地推进干部人事制度改革，既要积极探索创新，又要稳妥有序推进。

——胡锦涛

健全干部选拔任用、考核评价、管理监督和激励保障等各方面制度机制，加快构建更加成熟、更加完善的中国特色社会主义干部人事制度体系，干部人事制度改革不断向深层次推进、向宽领域拓展、向科学化迈进，

> • 谋划推进改革更加科学
> • 德的优先地位更加突出
> • 选人用人的民意基础更加坚实
> • 竞争择优的视野更加开阔
> • 队伍来源经历结构更加优化
> • 干部健康成长的机制更加完善

改革围绕中心、服务大局更加有力，尊重实践探索、注重典型示范更加有效，加强总体规划、统筹协调更加自觉，改革路径、用人导向更加鲜明，取得了显著成效。

干部群众普遍反映，这些年深刻感受到了改革的动力、改革的效力，改革对建设高素质干部队伍、推动科学发展的贡献力。组织工作满意度民意调查显示，干部群众对干部人事制度改革成效的满意度连年提升，2011 年比 2008 年提高 13.43 分。

第一节 鼓励基层创造、加强宏观指导，谋划推进改革更加有效

干部人事制度改革是一项系统工程，必须加强总体设计、系统推进。各级组织部门按照中央要求，加强对改革局势的研判，坚持改革的正确方向，科学把握改革时机、重点、力度和节奏，确保干部人事制度改革积极稳妥、有序可控地向前推进。

改革方向：社会主义的方向、党领导的方向。改革的最大的风险是偏离正确的政治方向。各级组织部门按照中国特色社会主义民主政治建设对干部工作提出的新任务新要求，牢牢坚持党管干部原则，在扩大民主中加强和改进党对干部工作的领导；坚持五湖四海、任人唯贤干部路线，坚持德才兼备、以德为先用人标准，大力培养造就适应推进中国特色社会主义伟大事业和党的建设新的伟大工程要求的高素

质干部队伍；坚持民主公开竞争择优改革方针，坚持科学化民主化制度化方向，努力形成广纳群贤、人尽其才、能上能下、公平公正、充满活力的中国特色社会主义干部人事制度，使改革始终沿着社会主义和党领导的正确方向稳步推进。

改革方针	民主	公开	竞争	择优
改革措施	民主推荐、民主测评 民主评议、民意调查	考察公示、实绩公示、任前公示	公开选拔、竞争上岗、公推公选	差额推荐、差额考察、差额酝酿、票决
改革目的	落实广大干部群众对干部选拔任用的知情权、参与权、选择权、监督权。	增强干部工作透明度，提高选人用人公信度。	拓宽选人用人视野，让优秀人才脱颖而出。	实现好中择优、优中选强，把各方面优秀人才集聚到党和国家事业中来。

改革规划：顶层设计、健全制度。党中央高度重视改革的顶层设计，党的十六大、十七大报告都对干部人事制度改革提出了目标任务和方向要求，十六届四中全会、十七届四中全会对干部人事制度改革工作做出了具体安排。2009 年，中央又颁布实施了《2010—2020 年深化干部人事制度改革规划纲要》，提出了改革的指导思想、基本原则、主要任务、具体要求，为全面深化改革定好了"基准调"、画好了"路线图"。每次全国组织工作会议和全国组织部长会议都对推进干部人事制度改革进展情况进行科学评估，对下一步改革作出具体部署。建立干部人事制度改革联席会议制度，加强重点问题研究和宏观指导。

相关链接

• 公开选拔、竞争上岗、任前公示、实绩公示、全委会票决、公推差选等，都是先有基层探索，然后经过总结提炼、规范完善，逐步推广的。

• 民主推荐、民主测评、民意调查也是经过反复试点、逐步规范，进而上升到制度层面的。

在抓好公务员法、干部任用条例等制度规定落实的基础上，注重总结提炼基层改革实践，不断把成熟的改革探索完善上升为制度规范。先后出台了党政领导干部公开选拔、竞争上岗、差额选拔、任用票决、职务任期、交流、任职回避、辞职辞退等一系列法规文件，初步形成了以"一个法"（公务员法）、"两个纲要"（《深化干部人事制度改革纲要》、《2010—2020 年深化干部人事制度改革规划纲要》）、"三个条例"（《干部任用条例》、《干部教育条例》、《干部监督条例》）、十多个法规性文件组成的相互配套、有机衔接、较为完备的干部人事工作法规体系。

改革路径：科学判断、正确把握。选择正确的改革路径是推进改革的一条基本经验。各级组织部门根据国情党情民情的发展变化，把自下而上的探索与自上而下的指导结合起来，以思想解放鼓励实践创造，以基层突破带动难题破解，以总结经验掌握内在规律，以试点检验保证稳妥有序，以典型示范凝聚改革共识，以推广经验引领面上创新，以形成制度构建长效机制，以不断完善提升改革成效，逐步形成了从"实践创造——基层突破——总结经验——试点检验"到"典型示范——推广经验——形成制度——不断完善"的改革路径。从组织工作的实践看，无论是民主推荐、民主测评、任前公示、实绩公示、全委会票决等干部选拔任用程序的改革，还是公开选拔、竞争上岗、差额选拔、公推差选等干部选拔方式的创新，都是在基层创造、基层实践、基层突破的基础上，经过总结经验、系统试点，取得成功经验，待条件成熟后，才由点及面逐步推开的。通过路径的正确选择，最大限度地减少了负面效应，最大限度地调动了积极因素，最大限度地取得了支持力量，最大限度地团结了广大干部群众，确保了改革顺利进行，赢得了干部群众的认可和支持。

改革方法：重点突破、整体带动。坚持以重点突破带动全面改革的方法，坚持落实一批、出台一批、研究一批的工作思路，分阶段明确重点改革项目，加强试点，集中攻关，取得成熟经验后逐步推广。

《2010—2020 年深化干部人事制度改革规划纲要》提出了党政干部制度改革 11 个重点突破项目，50 多项具体任务，中央认为，这些重点突破项目"有新意、有突破，抓住了当前干部群众最关注、反映最强烈的问题"。《规划纲要》的颁布实施，有力地促进了改革的整体推进。

党政干部制度改革 11 个重点突破项目

1. 规范干部选拔任用提名制度

明确干部选拔任用提名主体，规范提名形式、提名程序，合理界定提名责任，扩大提名环节的民主和监督，逐步形成主体清晰、程序科学、责任明确的干部选拔任用提名制度。

2. 健全促进科学发展的党政领导班子和领导干部考核评价机制

认真实行并不断完善地方党政领导班子和领导干部综合考核评价办法（试行）、党政工作部门领导班子和领导干部综合考核评价办法（试行）、党政领导班子和领导干部年度考核办法（试行）。到 2015 年年初步建立符合不同区域、不同层次、不同类型领导班子和领导干部特点的考核评价体系，形成比较完善的考核评价机制，不断提高考核评价工作的科学化水平。

3. 推行差额选拔干部制度

推行差额推荐、差额考察、差额酝酿，完善地方党委全委会、常委会决定任用重要干部票决制度。探索地方党委差额票决干部办法。

4. 加大竞争性选拔干部工作力度

完善公开选拔、竞争上岗制度，积极探索多种形式竞争性选拔干部办法。坚持标准条件，突出岗位特点，注重能力实绩，完善程序方法，改进考试测评工作，提高竞争性选拔干部工作的质量。到 2015 年，每年新提拔厅局级以下委任制党政领导干部中，通过竞争性选拔方式产生的，应不少于三分之一。

5. 逐步扩大基层党组织领导班子成员公推直选范围

推广基层党组织领导班子成员由党员和群众公开推荐与上级党组织推荐相结合的办法，逐步扩大基层党组织领导班子直接选举范围。

6. 坚持和完善从基层一线选拔干部制度

加大从农村、社区优秀基层干部中考录公务员力度。畅通从优秀村干部中选拔乡镇领导干部渠道。注重从优秀乡镇（街道）领导干部中选拔县级党政领导班子成员。注重从县、乡党政机关选调优秀干部到市级以上党政机关工作。到 2012 年，中央机关和省级机关录用公务员，除部分特殊职位外，均应从具有两年以上基层工作经历的人员中考录。到 2015 年，中央机关和省级机关工作部门领导班子成员中，具有基层领导工作经历的，应达到一半以上；中央机关司局级领导干部和省级机关处级领导干部中，具有两年以上基层工作经历的，应达到三分之二以上。

7. 建立健全干部职务与职级并行制度

完善干部职级晋升制度，探索依据德才表现和工作实绩晋升职级的相关政策。实行干部职级与待遇挂钩，强化职级在确定干部工资、福利等方面的作用。

8. 健全调整不适宜担任现职干部制度

合理界定干部不适宜担任现职的情形，规范调整的原则、程序，及时调整不适宜担任现职的干部。拓宽干部调整后的安排渠道，完善相关保障性配套措施。

9. 探索建立拟提拔干部廉政报告制度

认真执行党员领导干部报告个人有关事项制度。探索试行拟提拔干部向组织报告本人执行党风廉政建设规定情况、本人涉及当地干部群众反映突出问题的情况、公示中群众反映问题的有关情况及其他方面廉政情况的制度，条件成熟后逐步推行。

10. 深入整治用人上的不正之风

匡正选人用人风气，坚决整治跑官要官、买官卖官、拉票贿选等问题。畅通电话举报、信访举报和网络举报渠道，加大对干部选拔任用工作的监督检查和巡视力度。健全严重违规用人问题立项督查制度，实行干部选拔任用二部责任追究等用人问责制度，落实深入整治用人上不正之风工作责任制。

11. 实行干部工作信息公开制度

适应发展党内民主和人民民主要求，扩大干部工作信息公开范围。实行干部任用提名情况和民主推荐、民主测评结果在领导班子内部公开制度，探索干部考核结果在一定范围内公开。建立健全干部工作信息向社会公开制度，适时发布干部工作政策法规、领导班子职位空缺情况及其岗位职责要求、考察对象或拟任人选的基本情况、干部选拔任用结果、选人用人严重违纪违法案件的查处情况等。建立党委组织部门新闻发言人制度。坚持和完善干部工作社会评价制度。

改革策略：抓住时机、分类推进。抓住换届有利时机，"两线并举"推进干部人事制度改革，在换届的地方，大力推进经过实践检验成熟改革举措的运用，尤其是完善推荐提名办法，改进干部考察特别是德和绩的考察方法，完善差额推荐、差额考察、差额酝酿和差额选举办法，优化领导班子来源经历年龄结构，选好配强党政正职，积极推进干部交流，调整不适宜担任现职干部等；已完成换届的地方和部门机关，重点抓好竞争性选拔、差额选拔、从基层一线选拔二部等改革举措的落实，积极推进改革、检验改革、完善改革，实现换届与改革"两促进"。对干部选拔任用提名、调整不适宜担任现职二部、破格提拔干部、干部工作信息公开等目标明确、方法还不够成熟的改革举措，加强试点、深入研究、总结经验；对适用于一些地方，但不宜普遍推行的改革举措，注意因地施策、不搞"一刀切"。同时，适应企事业单位改革发展的进程和要求，统筹推进国有企业、金融机构、高等学校等领域人事制度改革，各方面改革生机勃勃。

　　改革环境：典型示范、正面引导。中央组织部充分运用《组工通讯》、《干改简报》、《组工信息》以及新闻媒体推介各地的改革做法和经验，刊发重要言论，加强正面引导，扶正抑偏、激浊扬清。各级组织部门也采取多种措施，宣传改革的创新举措、成功经验、显著成效，让广大干部群众了解改革、理解改革、支持改革、参与改革。同时，对改革中出现的失误和不足不求全责备，而是持宽容的态度，形成了有利于推进改革的良好社会环境。

2011 年以来，中央组织部集中力量编发乡镇党委换届、市县党委换届、中央和国家机关以及中央企业、中管金融企业、高等学校干部人事制度改革 4 个 "100 例"。各地各部门普遍反映，这些改革样本学得会、用得上、可操作、能落实。

第二节　坚持以德为先、强化德的考核，德的优先地位更加突出

　　用什么样的标准选人、选什么样的人，事关干部队伍的先进性和纯洁性，事关党和人民事业的兴衰成败。坚持"德才兼备、以德为先"，是对我们党干部选拔任用工作历史经验的科学总结，是我们党在用人标准上的重大创新和发展，是保持马克思主义执政党先进性纯洁性的根本要求和重要保证。各级组织部门认真贯彻中央要求，切实加强干部德的考核，突出德在干部工作中的优先地位和主导作用，把

路径回放

- 2008 年 2 月，胡锦涛同志在全国组织工作会议上强调，要坚持正确的用人导向，坚持德才兼备、以德为先。
- 2009 年 1 月，胡锦涛同志在十七届中央纪委三次全会上指出，我们党的干部标准是德才兼备、以德为先，德的核心是党性。
- 2009 年 9 月，党的十七届四中全会《决定》强调，坚持德才兼备、以德为先用人标准。把干部的德放在首要位置……选拔任月干部既要看才、更要看德，把政治上靠得住、工作上有本事、作风上过得硬、人民群众信得过的干部选拔上来。
- 2011 年 10 月，中央组织部印发《关于加强对干部德的考核意见》，对考德"考什么"、"怎么考"、"怎么用"提出了明确要求。

德才兼备、以德为先用人标准贯彻到干部选拔任用工作全过程，体现到干部培养教育、管理监督、激励约束的各个方面。

细化德的评价标准，突出针对性差异性。对干部德的考核，注重体现国家公职人员职业特点和所肩负的责任，坚持政治性、先进性、示范性要求，以对党忠诚、服务人民、廉洁自律为重点。党的十七届四中全会提出，从政治品质和道德品行等方面完善干部德的评价标准，重点看是否忠于党、忠于国家、忠于人民，是否确立正确的世界观、权力观、事业观，是否真抓实干、敢于负责、锐意进取，是否作风正派、清正廉洁、情趣健康。各级组织部门按照中央要求和类别化、精细化的要求，根据不同地区、部门和行业干部队伍的实际，探索和建立各有侧重、各具特色的德的考核项目，不断完善干部政治品德、职业道德、社会公德、家庭美德和个人品德评价标准，明确具体要求和考核内容，细化德的考核评价指标，让德易识别、好比较。

创新德的考核办法，突出开放性深入性。注重从履行岗位职责、完成急难险重任务、关键时刻表现、对待个人名利等方面考察干部的德，积极探索创新考德方法和途径。个人"亮德"，无论是年度考

实践案例

浙江省干部德的考核考察评价测评表

测评项目	评价要点	评价意见				
		好	较好	一般	差	不了解
政治品德	政治立场坚定，注重学习，坚持民主集中制，有正确的世界观、权力观、事业观。宗旨观念强，党性修养好。坚持原则，顾全大局					
职业道德	忠于职守，秉公用权。求真务实，锐意进取，敢于负责。正确对待个人名利，作风正派，清正廉洁					
社会公德	模范遵纪守法，品行端正，情趣健康，形象良好					
家庭美德	家庭关系融洽，家风良好，邻里和睦					
总体评价	对各方面表现的综合评价					
考察考核对象在德的方面如有以下情况，请在相应栏目后打"√"						
1. 不敢坚持原则、做老好人						
2. 大局意识差						
3. 工作责任心不强、在急难险重任务面前退缩逃避、敷衍推诿，怕承担责任						
4. 组织观念不强，工作上不服从组织安排						
5. 闹不团结						
6. 追求轰动效应，热衷搞劳民伤财的形象工程和沽名钓誉的政绩工程，虚报工作业绩						
7. 有跑官要官、拉票等非组织行为						
8. 对个人名利得失比较计较						
9. 以不正当手段获取荣誉、职称、学历学位等利益						
10. 发表、传播错误言论，散布贬损他人的小道消息						
11. 讲排场，比阔气，挥霍公款，铺张浪费，追求享受						
12. 大办婚事丧事，造成不良影响						
13. 作风不检点，不注意自身形象						
14. 对亲属和身边工作人员要求不严，利用职权和职务上的影响为他们谋利益						
15. 交友不慎，造成不良后果						

注：考核考察对象在德的方面如有上述情况或其他不良表现，请用文字具体说明。

核还是任前考察，干部都要对自己
修德践德情况作出自我评价。群
众"测德"，在年度考核、任前考
察的民主测评中，开展德的正向测
评和反向测评，将定性评价建立在
量化分析基础之上。组织"核德"，
通过个别谈话、延伸考察、社区访
谈、民意调查等方法，看干部群众

实践案例

　　浙江省在2011年县乡
换届考察中，采取反向测评
方法考德，全省共有43名
干部因德的考核不过关被取
消提名资格，在干部队伍中
引起了很大震动。

对干部德的评价，尤其注重听取普通群众的意见。多维"审德"，全
面考量干部平时考核、年度考核、换届考察、后备干部考察情况，综
合运用巡视、审计、个人事项报告、信访举报等相关信息，综合分析
印证干部德的情况，特别是在重大任务、重大事件、重大考验、对待
名利地位和进退留转等关键时刻的表现。通过创新考德方法，有效提
升了考德的真实性和准确性，真正把那些政治上靠得住、工作上有本
事、作风上过得硬、人民群众信得过的优秀干部选拔上来。

　　运用德的考核结果，突出实效性导向性。坚持把考德结果充分运
用到干部工作的各个环节，让以德为先的用人标准落到实处。把考德
结果运用到干部选拔任用中，作为提拔、留任、调整、降职、"实改
非"等的重要依据，确保了德好的干部在同等条件下优先使用。运用
到干部教育培训中，实现组织需要和干部需求的个性化，有针对性地

落实组织调训、选派到基层实践锻炼等措施。运用到干部管理监督中，分别采取鼓励肯定、提醒谈话、诫勉谈话、函询等方式，落实从严管理的要求，强化对干部的日常管理。坚决依法依纪处理了一批政治品质和道德品行不好的干部，努力让德才兼备的干部受关注、受尊敬、受重用，进一步树立了德才兼备、以德为先的用人导向。

第三节　坚持扩大民主、注重民主质量，
选人用人民意基础更加坚实

　　扩大民主是深化干部人事制度改革的基本方向。各级组织部门把扩大民主的要求贯穿到干部选拔任用的全过程，既高度重视和有效落实干部群众的知情权、参与权、选择权、监督权，充分体现科学的民主程序，又注意发挥组织的遴选把关作用，做到尊重民意与正确集中相统一，以坚实的民意基础促进选人用人公信度的提高。

一、探索规范任用提名——民主提名、公开提名、责任提名

　　根据干部选拔任用不同情形，对组织、群众、领导干部、干部个人不同推荐主体提名推荐方式、程序作出了规范，拓宽推荐渠道，广开进贤之路。普遍推行市、县党委全委会成员或领导干部大会推荐重要干部制度，21个省区市试行省级党委全委会或领导干部大会推荐重要干部办法。合理规范领导干部特别是"一把手"的提名行为，坚持集体研究确定提名人选，既保证"一把手"在选人用人上尽到职责，又防止个人和少数人说了算。中央组织部在976个县（市、区）开展了科学规范"一把手"用人行为试点。一些地方和单位还探索会议推荐、个别谈话推荐、二次会议差额

民主提名
　　——让干部群众多参与
公开提名
　　——让提名过程受监督
责任提名
　　——让权力责任相统一

推荐，一些地方和部门实行了个人陈述基础上推荐、定向和非定向推荐。许多地方探索了提名推荐情况在一定范围内公开的办法，使隐性权力显性化、显性权力规范化。

二、全面实行民主推荐——严格执行、不断完善、科学运用

成为必经程序，强化刚性要求。选拔任用党政领导干部，必须经过民主推荐提出考察对象。民主推荐已经成为干部选拔任用的必经程序和基础环节，未经民主推荐或多数群众不同意的干部一律不列为考察对象。在地方领导班子换届中，对新一届领导班子人选进行全额定向民主推荐，对拟提拔人选在会议投票推荐的基础上进行差额二次推荐。

改进推荐方法，增强科学性真实性。按照代表性、知情度和相关性原则，适当扩大参加民主推荐、民主测评、民主评议人员范围，"让参与人知情、让知情人投票"。许多地方吸收部分"两代表一委员"和党员群众代表参加。在乡镇党委换届中，许多地方还将参加范围拓展到村党组织书记、村委会主任及农村老干部、老党员、老模范、老军人等。民主推荐前，通过公开述职、演讲答辩、实绩公示等方式，让干部群众更多了解人选情况。民主推荐时，注意给参与推荐的人员提供足够的思考时间和不受干扰的独立空间，增强民主推荐的真实性。

科学分析结果，看票不

实践案例

四川省在民主推荐中设置领导干部票、中层干部票和一般干部票，并按4：3：3的比例确定不同权重，使民主推荐得票成为加入权重因素的加权票数。

中国文联分设A、B、C三种推荐票，A票由各协会、直属单位、文联机关各部门主要负责人填写，B票由参加民主推荐会的其他人员填写，C票由参加第二次推荐的人员填写，分类组织、分类统计，为综合分析推荐结果提供依据。

唯票。正确分析和运用民主推荐、民主测评结果，既尊重民意，又不简单以票取人。加强对民主推荐、民主测评结果的结构分析，综合考虑岗位需求和干部近年考核评价情况、工作实绩、发展潜力等因素，既把民主推荐结果作为选拔任用干部的重要依据，推荐票不高的一般不能作为考察人选，又不简单以票取人，尤其在票数悬殊不大的情况下，坚持好中选优，让群众认可、干部服气。一些地方和部门还探索建立权重分析制度，对不同类型、不同层次参加人员在不同层面的推荐，设计不同的权重比例。

三、着力增强考察民主——公开信息、广泛了解、深度印证

考察信息公开，接受群众监督。干部考察前，根据考察对象的不同情况，通过适当方式在一定范围内发布干部考察预告，对考察对象的有关情况、考察要求、考察重点、考察纪律进行公示。考察结束后，向考察单位领导和干部本人反馈考察情况，并在适当范围予以公开。一些地方和部门还将考察对象的工作实绩予以公示。中央组织部在中央和国家机关班子考察中，普遍实行副部级岗位考察对象公示，并逐步向正部级岗位延伸推行。

扩大考察范围，深入听取意见。适当扩大考察谈话范围，由"管他的"、"他管的"、"他服务的"、"他身边的"人对考察对象作出评价，注重听取知情者意见，并注意通过信访、举报、巡视等多种渠道，深入了解干部德才和实绩。一些地方和单位对任现职不长的干部，到原单位进行延伸考察，有的地方把考察范围扩大到人选居住社区的党组织，增强干部考察的广度和深度。

开展民意调查，了解公众评价。在地方领导班子换届中，普遍开展民意调查，了解领导班子和干

实践案例

2011年，海南省在市县领导班子换届考察中，采取家访形式，将干部"八小时以外"的表现和家庭情况等纳入考察范围，全面了解和掌握干部现实表现。

部在群众中的"口碑"，将群众评价作为干部选拔任用的重要参考。许多地方和单位采取问卷调查、随机电话访问等多种方式了解群众反映，以群众评判印证组织考察。

四、推行干部任用票决——突出正职、完善办法、探索差额

推行和完善全委会票决下一级党政正职人选制度。2004年，中央办公厅印发了《党的地方委员会全体会议对下一级党委、政府领导班子正职拟任人选和推荐人选表决办法》，对市、县两级党政正职拟任人选和推荐人选，由上级党委常委会提名并提交全委会无记名投票表决。全委会闭会期间急需任用的，按规定征求全委会成员的意见。一些地方扩大全委会表决干部范围，将机关部门领导班子正职和市县党政班子一些副职岗位干部纳入表决范围，充分发挥全委会在干部工作中的作用。

探索实行常委会决定干部任免票决制。许多地方还积极探索党委常委会无记名投票表决确定任职人选办法。一些地方按照《2010—2020年深化干部人事制度改革规划纲要》要求，探索了常委会任用干部差额票决。2011年省市县乡集中换届，有13个省、122个市、845个县试行了常委会、全委会任用干部票决制，差额票决厅级干部295名、处级干部4487名。

第四节 加大竞争力度、完善竞争方式，择优选人视野更加开阔

在认真总结竞争性选拔工作实践的基础上，2004年，中央印发《公开选拔党政领导干部工作暂行规定》、《党政机关竞争上岗工作暂行规定》。近年来，各地各部门按照中央要求，加大竞争性选拔干部力度，公开选拔、竞争上岗逐步成为干部选拔任用的重要方式，积极推行差额推荐、差额考察、差额酝酿，通过赛场选马、比较择优，搭

政策链接

• 积极推行竞争上岗，党政机关内设机构中层领导职务出现空缺，提倡采用竞争上岗的方式确定任职人选。

——《深化干部人事制度改革纲要》

• 继续推行和完善民主推荐、民主测评、差额考察、任前公示、公开选拔、竞争上岗、全委会投票表决、党政领导干部辞职等制度。

——党的十六届四中全会决定

• 完善公开选拔、竞争上岗、差额选举办法。

——党的十七大报告

• 完善公开选拔、竞争上岗等竞争性选拔干部方式，突出岗位特点，注重能力实绩。完善差额选拔干部办法，推行差额推荐、考察、酝酿。

——党的十七届四中全会决定

• 完善公开选拔、竞争上岗制度，积极探索多种形式竞争性选拔干部办法。坚持标准条件，突出岗位特点，注重能力实绩，完善程序方法，改进考试测评工作，提高竞争性选拔干部工作的质量。

——《2010—2020年深化干部人事制度改革规划纲要》

建了优秀人才脱颖而出的有效平台，拓宽了选人视野，激发了干部队伍活力，得到了干部群众的普遍认可。组织工作满意度民意调查显示，2008年以来，公开选拔、竞争上岗等竞争性选拔方式连续4年被评为最有成效的改革措施。

一、加大力度，推进竞争性选拔常态化

规模数量持续增长。按照两个改革纲要部署，各地各部门加大公开选拔、竞争上岗工作力度，竞争性选拔规模不断扩大，人数不断增加，大批优秀干部通过竞争性选拔方式走上各级领导岗位。2003年至2011年，全国党政机关通过公开选拔、竞争上岗方式产生各级领

2003—2011 年全国党政机关公开选拔、竞争上岗情况

（单位：人）

导干部 590309 人。

层次覆盖不断扩大。竞争性选拔方式在地方和中央国家机关干部选任中得到普遍实行，并逐步向企事业单位稳步拓展。竞争性选拔层级逐步由科级、处级向局级、副部级领导岗位延伸。104 家中央和国家机关开展了竞争上岗。2011 年，首次用竞争比选和公开选拔方式，产生了中国气象局副局长、国家信访局副局长、中国农科院院长和北京师范大学、西北工业大学校长。中央企业 2003 年以来，先后公开招聘央企高管 53 名。2010 年，公开招聘了国家核电、东风公司、中建总公司 3 户中管企业总经理。

比例频度逐步稳定。在中央有关文件中对竞争性选拔干部的比例提出明确要求，增强竞争性选拔干部工作的约束力。各级组织部门在

政策链接

• 逐步提高公开选拔的领导干部在新提拔同级干部中的比例……实现公开选拔党政领导干部工作的规范化、制度化。

——《深化干部人事制度改革纲要》

• 到 2015 年，每年新提拔厅局级以下委任制党政领导干部中，通过竞争性选拔方式产生的，应不少于三分之一。

——《2010—2020 年深化干部人事制度改革规划纲要》

• 到 2020 年，国有企业领导人员通过竞争性方式选聘比例达到 50%。

——《国家中长期人才发展规划纲要（2010—2020 年）》

深入实践探索的基础上不断完善，加快竞争性选拔节奏，推动竞争性选拔成为干部日常选拔任用的重要方式。2011 年，省区市竞争性选拔厅处级干部 1.7 万名，占同级新提拔总数的 30.7%；中央和国家机关竞争性选拔局处级干部 2025 名，占同级新提拔总数的 46%。

二、完善办法，推进竞争性选拔科学化

干什么考什么，让干得好的考得好。突出岗位特点，注重能力实绩，针对职位的核心能力素质要求，本着"学过、管过、干过"的原

实践案例

外交部探索用情景模拟方式开展副司长职位竞争上岗，新闻司副司长岗位人选现场主持记者会并回答记者提问，领事司副司长岗位人选现场主持由各单位参加的视频会议并协调各方立场，将生动逼真的外交工作场景以幻灯、图像、文字、声音并现的方式"搬进"考场，让竞争者在"真枪实战"中经受考验。

则，明确报考人员学历、工作经历、领导能力、专业技能等资格条件。突出考试试题的针对性、实践性，根据选拔职位"量身定制"考试测评内容，加大案例分析等主观性试题比重，采用结构化面试、无领导小组讨论、"文件筐"测试、履历评价、驻点调研、情景模拟、心理素质人机对话等多种测评方法，着重考察综合素质和解决实际问题能力。

强化组织把关，不简单以考分取人。注重人选平时表现，深入考察了解人选的德能勤绩廉情况，把考察结果作为确定任职人选的重要依据。许多地方和部门把人选平时考核、年度考核等情况量化计分，按一定权重计入总成绩。有的明确规定，考试分数只作为进入考察的门槛，进入考察后不再强调考试得分。注重对人选进行综合分析，重德、重绩、重群众公认、重岗位匹配度，努力把合适的人选到合适的岗位上。

> **实践案例**
>
> 　　河南省郑州市在考察中突出业绩评价，将人选近3年工作业绩分12个项目量化打分，按60%权重计入总成绩。

灵活设置程序，使选拔方式更科学。各地各部门从实际出发，调整民主推荐、民主测评等环节的次序，努力提高竞争性选拔的科学性。有的把民主推荐作为第一环节，较好地解决了竞争性选拔中的"送客出门"问题。有的把民主测评前置，测评优秀率低于一定比例的不再进入考试环节，使入围人选从一开始就具有较好的民意基础。有的地方对公开选拔、竞争上岗工作进行统筹，上下联动、统一审查、集中考试，笔试成绩在一定期限内有效，较好地降低了工作成本。

> **实践案例**
>
> 　　• 国家审计署竞争上岗时，先对报名人选进行民主测评，得分低于70分的不能进入笔试面试环节。
>
> 　　• 甘肃省省直机关处级职位竞争上岗，公共知识考试全省统一组织，考试成绩两年内有效，按25%权重计入个人总成绩。

健全标准题库，考试测评有依据。结合领导职位具体要求，2004年正式出台公开选拔和竞争上岗考试大纲，2010年编印公开选拔和竞争上岗考试测评工作指导手册，明确公开选拔和竞争上岗考试测评标准。开展分级分类的职位标准体系研究，提出了《县委书记职位要求》，开发了中央组织部机关处长岗位领导力框架及测评量表。各地考试测评机构结合实际，积极开展副厅（局）级领导干部、县长、乡镇党政正职职位通用能力素质要求等系列研究，初步形成了覆盖广泛、分级分类、针对性强的考试测评标准体系。注重全国通用题库建设，截至2011年年底，

全国领导干部选拔考试通用题库分题库分布图

全国总题库和31个省（区、市）、新疆生产建设兵团以及5个副省级城市分题库陆续开通，实现了分题库在各省（区、市）的全覆盖。2007年以来，全国考试测评机构共为各地公开选拔、竞争上岗等竞争性选拔提供考试测评服务近3200家（次），试题12000余套，涉及职位50000余个，考生对考试测评试题的满意率均达到了95%以上。

三、创新形式，推进竞争性选拔多样化

公开遴选上级机关工作人员。着眼于优化干部队伍结构、增强整体功能，从基层一线大力选拔优秀干部充实党政领导机关。2007年以来，17个省开展了从乡镇（街道）党委书记中定向遴选省级机关

副处级干部工作。全国 31 个省区市和新疆生产建设兵团、84 个中央国家机关全年从市级及以下机关、企事业单位选拔干部 4.6 万多名，其中科级及以下干部近 4 万名。

公推公选地方党政正职。一些地方采取党组织推荐、领导干部推荐、组织党代表推荐、干部自荐等多种形式进行公开报名推荐。集中组织二次会议推荐人选进行驻点调研，通过召开情况通报会、座谈会，与党代表见面，专题调研，查阅资料等方式，看实情、听民意、察问题、寻对策，撰写工作思路和对策性调研报告。推荐人员结合推荐人选竞岗陈述及平时了解情况，对人选投推荐

> **实践案例**
>
> 　　江苏省在换届中通过两轮推荐、差额考察、差额票决的方式，公推公选了 16 名省辖市党政正职、7 名省辖市纪委书记和 8 名组织部长。

票。对每一个拟提拔职位进行差额推荐，党委常委会或全委会会议差额酝酿、差额票决确定拟任人选。

公推差选乡镇领导班子成员。综合运用促进科学发展的干部综合考核评价办法，采取公开推荐、组织考察、党委研究、差额选举的办法，由群众推荐乡镇领导班子成员人选。2011 年以来，结合乡镇党委换届，中央组织部在黑龙江、重庆开展公推差选乡镇领导班子成员试点，各地有 1582 个乡镇党委试行公推差选，取得了较好效果。

第五节　从基层选拔、在基层培养，干部来源经历结构更加优化

　　干部在基层成长、从基层选拔、到基层培养，是我们党培养选拔干部的重要经验。针对近年来领导机关干部队伍来源和经历结构的变化，党的十六大以来，各级组织部门注重从基层和生产一线选拔优秀干部充实各级党政领导机关，注重从具有 2 年以上基层工作经历的人

员中考录公务员，注重选派党政机关中没有基层工作经历的年轻干部到基层一线培养锻炼。中央组织部研究制定了《关于注重从基层和生产一线选拔党政领导机关干部的意见》，加强示范带动和宏观指导，基本形成来自基层一线党政领导干部培养选拔链。

一、从基层一线选拔领导干部——基层情况熟、群众感情深、实践能力强

注重领导工作经历：既看知识学历，更看"工作学历"。 更加注重从具有基层领导工作经历的人员中选配县级以上党政领导班子成员。在班子日常个别调整中，针对领导班子的结构性"缺陷"，放开视野，拓宽渠道，既看干部的"知识学历"，更看"工作学历"、"能力文凭"。对市（地）级党政领导班子成员尤其是党政"一把手"，注重从担任过县级党政领导职务的干部或担任过企事业单位主要领导职务的优秀人才中选拔；对县级党政领导班子成员，优先提拔使用具有基层一线工作经历的干部，让那些在一线砥砺成长、在基层埋头苦干、实绩突出的干部选得上、进得来。在换届工作中，认真落实市县党政正职一般要有1人担任过下一级党政正职的新要求，严尺度把关，高标准落实，大力选拔熟悉基层情况、领导经验丰富、实践证明优秀的干部，努力增强领导班子推动科学发展、促进社会和谐的能力。各地在选拔领导干部特别是重要部门、重要岗位负责人时，注重从经过多岗位锻炼、基层领导经验丰富、工作实绩突出、群众公认的干部中选拔。有的在公开选拔地厅级、县处级领导干部工作中，注重选拔有基层一线领导工作经历的干

实践案例

辽宁省换届后99个县（市、区）委书记中，77人有县级领导班子工作经历，69人担任过乡镇主要领导。广西壮族自治区150名县（市、区）党政正职人选中，有146人具有基层领导工作经历，占97.3%。

部，有的选拔职位明确要求具有基层工作经历或规定报考对象仅限定在基层干部。

注重选调基层干部充实上级机关：一线选干部、机关添活力。各级党政机关注重从基层选调优秀干部，特别是 2010 年以来，连续 3 年率先在中央机关开展了公开遴选公务员工作，累计拿出 4 个处长职位、33 个副处长职位、236 个主任科员及以下职位面向具有基层工作经历的公务员公开遴选。在中央机关的示范带动下，各地各部门对领导机关一般工作人员出现职位空缺时，除面向社会招考外，纷纷采取考试与考核相结合的方法，加大从基层公开遴选公务员工作的力度。目前，从基层选调干部进入市以上党政领导机关工作逐步迈入了制度化、常态化轨道。这一举措有效改善了上级领导机关的干部队伍来源结构，为领导机关增添了新鲜血液、带来了生机活力。

在 2011 年全国乡镇换届中，各地拓宽选人用人视野，积极从优秀村干部、大学生村官和乡镇事业编制人员中选拔乡镇领导干部，树立重基层、重实践、重实绩的导向，改进选拔方式，提高考试测评科学化水平，让在基层一线干得好、考得好、表现好的选得上，选拔了一批作风踏实、吃苦耐劳、实绩突出、群众认可的优秀人员进入乡镇领导班子。2010 年 12 月至 2011 年 12 月全国乡镇党委换届，共产生新任乡镇党委委员 6.98 万人，其中原任村党组织书记 2897 名、大学生村官 1658 名、乡镇站所负责人 7089 名、企事业单位人员 5476 名。

> **实践案例**
>
> 吉林省自 2008 年起，5 年内选拔 2000 名 35 岁左右的基层县处级或县处级后备干部到省、市党政机关任职。湖北省 5 年内选拔 100 名左右优秀乡镇党委书记、500 名左右优秀选调生充实到省直党政机关工作。

二、完善从基层一线考试录用公务员制度——广开进贤之路、广纳基层英才

加大考录力度：提高基层比例，源头来自基层。从 2006 年起，省级以上党政机关逐年加大了录用具有 2 年以上基层工作经历人员力度。中央机关招录计划中用于录用具有 2 年以上基层工作经历的人员比例，2006 年规定不低于 1/3，2007 年不低于 40%，2008 年不低于 50%，2009 年不低于 60%，2010 年不低于 70%，2011 年不低于 85%，实际录用的人数均高于计划比例。2012 年，中央机关除部分特殊职位外，全部招录具有 2 年以上基层工作经历人员。省级机关录用具有 2 年以上基层工作经历人员的比例不断加大，2011 年普遍达到 60% 以上。

探索定向招录：让"工农牌"人才考得上、进得来。针对基层需要来自工农、熟悉工农、对群众有深厚感情的公务员的实际，各地积极探索从优秀村党组织书记、大学生村官、一线工人农民等群体中定向选拔基层公务员。2008 年，中央组织部印发了《关于开展从优秀村干部中考试录用乡镇机关公务员工作的意见》，要求在全国范围内开展从优秀村干部和大学生村官中考试录用乡镇机关公务员工作。2010 年，中央组织部、人力资源和社会保障部、国家公务员局联合印发了《关于开展从大学生"村官"等服务基层项目人员中考试录用公务员工作的通知》，规定各省区市考录公务员要拿出专门职位面向大学生村官、"三支一扶"等服务基层项目人员实行定向考录。一些地方探索和试点从优秀工人、农民中考试录用基层公务员。

三、加大干部在基层一线培养锻炼力度——接地气、增感情、长才干

推动干部下基层：一线锻炼提高、实践砥砺成才。进一步完善领导机关年轻干部到基层锻炼工作制度，对没有基层一线工作经历或基

层一线领导工作经历的优秀年轻后备干部，有计划地安排到条件艰苦、工作困难的地方，关键岗位或急难险重岗位培养锻炼。对在领导机关中工作、没有基层工作经历的年轻干部，有计划地选派到地方或重点工程、重点项目和艰苦岗位进行挂职、任职锻炼。

实践案例

黑龙江省下发文件，明确要求对2003年以来新录用的缺乏基层工作经历的公务员，全部有计划地安排到基层和生产一线工作1—2年。

吸引各类人才到基层：引得来、留得住、用得上。 近年来，坚持以厚爱基层、善待基层的办法让优秀人才主动到基层去，在基层安心工作、锻炼成长。2005年，中央印发《关于引导和鼓励高校毕业生面向基层就业的意见》，完善鼓励高校毕业生到西部地区和艰苦边远地区就业的优惠政策，积极鼓励、支持高校毕业生到基层自主创业和灵活就业。2009年，中央组织部等有关部门联合印发了《关于统筹实施引导高校毕业生到农村基层服务项目工作的通知》，规定县及乡镇机关要拿出一定职位，专门招考到村任职的高校毕业生等服务基层项目的人员。各地各部门采取选调优秀大学毕业生到乡镇机关工作、选聘大学毕业生到村任职、组织大学毕业生开展"三支一扶"等多项举措，积极拓宽基层干部来源渠道。各地已累计选聘大学生村官30万余名，除期满流动的外，目前在岗的有21.2万名。各地还积极出台了一系列配套措施，关心爱护基层干部，充分调动和激发干部到基层去的内生动力。

未来展望

实现竞争性选拔方式与传统选拔方式的相互借鉴、相互补充、优势融合，建立健全民主公开竞争择优的干部选拔任用制度体系，努力形成各类人才公平竞争和优秀人才不断涌现、健康成长的生动局面。

第三章　加强谋划、把握规律，
　　　　　尊重基层、总结经验

——组织工作科学化水平不断提高

高层声音

　　必须从新的实际出发，坚持以科学理论指导党的建设，以改革创新精神研究和解决党的建设面临的重大理论和实际问题，着眼于全面建设小康社会、加快推进社会主义现代化，全面认识和自觉运用马克思主义执政党建设规律，全面推进党的建设新的伟大工程，不断提高党的建设科学化水平。

　　　　　　　　　—— 引自胡锦涛同志在庆祝中国共产党成立
　　　　　　　　　90周年大会上的讲话

　　党的十六大以来，按照党的建设科学化对组织工作提出的新要求，组织部门积极推进组织工作改革创新，认真回顾总结组织工作成就和经验，坚持围绕中心、服务大局的根本方向，坚持让全党满意、让人民满意的价值标准，以改革创新为主要动力，以战略规划为有力抓手，以量化分析为重要工

- 深入研究组织工作重大问题
- 提炼运用十个方面内在规律
- 科学布局有序实施重大规划

具，切实加强系统化类别化精细化管理，深入研究基层实践规律，创造性开展组织工作满意度民意调查，不断提升工作质量和实际效益，

不断增强前瞻性系统性创造性，组织工作科学化水平显著提高。

路径回放

1929 年，毛泽东同志提出，要"使党员的思想和党内的生活都政治化，科学化"。	1980 年，邓小平同志强调，要切实改革并完善党和国家的制度，从制度上保证党和国家政治生活的民主化。	2001 年，江泽民同志提出，要加快干部人事制度改革步伐，努力推进干部工作的科学化、民主化、制度化。	2002 年，胡锦涛同志提出，要"不断推进党建工作的规范化、制度化、科学化"。在 2011 年"七一"讲话中强调要提高党的建设科学化水平。

第一节　深入研究把握内在规律，组织工作科学理念日益强化

　　党的组织工作是一个多种要素有机构成的复杂系统，有其自身发展进步的规律。组织部门坚持把总结历史经验与现实过程结合起来，

认真回顾总结党的组织工作成就和经验，深入研究重大理论和实际问题，提高对新形势下组织工作规律性的认识。

深入基层总结实践经验，使推进组织工作科学化成为发现规律、总结规律、运用规律的过程。

在重大活动中系统回顾、全面总结。结合全党开展的保持共产党员先进性教育活动、深入学习实践科学发展观活动和创先争优活动，深入总结加强和改进组织工作新鲜经验，取得了一批理论成果、制度成果、实践成果，努力建立推动组织工作科学发展的一系列长效机制。结合纪念党的十一届三中全会召开30周年、新中国成立60周年、中国共产党成立90周年，认真回顾总结组织工作的成就与经验，形成进一步做好组织工作的规律性认识。

在深度研究中剖析矛盾、破解难题。组织工作中的许多矛盾具有根本性和周期性，一些深层次问题短期内难以根除，新的矛盾和问题还会不断产生。各级组织部门始终以积极进取的态度，抓住党的建设和组织工作面临的重大理论和实践问题，抓住干部群众反映强烈的突出问题，抓住影响和制约组织工作科学发展的难点问题，紧扣党的建设和组织工作实际，秉承"党建成果要管用"的原则，加强前瞻性、战略性和国际性比较研究，集中力量、整合资源，上下联动、合力攻

新时期党的建设科学化书系

《组织工作研究文选》

关，取得了一批务实管用的高质量研究成果，特别是在"推进党内民主建设"、"提高党的建设科学化水平"等重大课题的研究上得到中央肯定。

在实践探索中积累经验、提升认识。各级组织部门按照中央要

求，在推进组织工作科学化
方面进行了积极探索，全面
推进组织工作思想观念、体
制机制和方式方法的改革创
新，积累了较为丰富的实践
经验，在深刻把握组织工作
内在规律上形成了一系列重
要认识，主要是：要把围绕
中心、服务大局作为推进组

《组织工作科学化读本》

织工作科学化的根本方向；要把全党满意、人民满意作为推进组织工作
科学化的价值标准；要把改革创新作为推进组织工作科学化的主要动
力；要把加强战略规划作为推进组织工作科学化的有力抓手；要把量化
分析作为推进组织工作科学化的重要工具；要把系统化类别化精细化作
为推进组织工作科学化的重要方法；要把注重实际效益作为推进组织工
作科学化的重要理念；要把深入基层研究实践规律作为推进组织工作
科学化的重要途径；要把建立调查和评估反馈系统作为推进组织工作
科学化的重要杠杆；要把法制化作为推进组织工作科学化的根本保障。

第二节　加强战略规划整体谋划，组织工作布局推进更加科学

“善弈者谋势，不善弈者谋子”。中央组织部注重加强组织工作的
顶层设计、战略规划、宏观指导、整体推进，各级组织部门切实加强
对全局性、战略性问题的研究，有效增强了工作谋划部署的前瞻性、
政策举措的针对性、推进落实的协调性。

全国组织工作会议着眼全局、总体部署。党的十六大提出了加强
和改进党的建设的总目标、总方针、总要求和六项主要任务，构成了
新时期全面推进党的建设新的伟大工程的总体部署。2002 年，胡锦

涛同志和曾庆红同志在全国组织工作会议上又作了进一步部署，注重用"三个代表"重要思想统领党的建设，以提高党的执政能力为重点，党的思想建设、组织建设、作风建设有机结合，制度建设贯穿其中；干部工作与基层党建工作并重，"两个轮子"一齐转；理论武装、班子建设、人才队伍建设、干部人事制度改革、基层党建、民主集中制建设等六项工作一起抓。这既反映了实现全面建设小康社会奋斗目标的客观要求，又体现了党的建设和组织工作的内在规律；既继承了党的建设和组织工作的优良传统，又呈现出鲜明的时代特征。

党的十七大强调要把党的执政能力建设和先进性建设作为主线，明确了思想建设、组织建设、作风建设、制度建设和反腐倡廉建设的总体布局，以把党建设成为立党为公、执政为民，求真务实、改革创新，艰苦奋斗、清正廉洁，富有活力、团结和谐的马克思主义执政党为目标确立了六项重点任务。2008年2月，胡锦涛同志在全国组织工作会议上指出，以改革创新精神全面推进党的建设新的伟大工程，是全党的共同任务，更是各级党委的重要职责。习近平同志围绕落实十七大精神进一步增强责任感、使命感和紧迫感，加强党的思想理论建设，积极推进党内民主建设，建设高素质干部队伍，更好实施人才强国战略，深化干部人事制度改革，创新基层党建工作，提高管党治党水平和组织工作水平等八个方面进行了部署，组织工作科学发展的方向更加明确。

全国组织部长会议具体部署、统筹推进。党的十六大以来，组织部门按照加强党的执政能力建设和先进性建设的要求，全面贯彻中央重大决策和有关要求，努力把全国组织工作会议的各项部署抓实抓好。2003年全国组织部长会议，突出"一条主线、六项重点工作"，强调要紧紧围绕加强党的执政能力建设这条主线，突出抓好兴起学习贯彻"三个代表"重要思想新高潮、加快干部人事制度改革步伐、贯彻落实全国人才工作会议精神、加强领导班子和干部队伍思想政治建设、推进基层党建工作创新、深化拓展"树组工干部形象"活动六项重点工作。2004年全国组织部长会议，重点围绕贯彻党的十六届四中全会精神，强调要抓好保持共产党员先进性教育活动的组织指导、制定符合正确政绩观要求的实绩考核标准、领导班子换届有关准备、加大组织制度创新力度、制定"十一五"人才规划等九项重点工作。2005 年全国组织部长会议，围绕全面贯彻落实科学发展观，深入贯彻党的十六届五中全会精神，为"十一五"规划开好局、起好步提供坚强组织保证，强调突出先进性教育活动和地方党委换届两个重点，统筹做好其他各项组织工作。2006 年全国组织部长会议，强调要以迎接党的十七大胜利召开和贯彻落实党的十七大精神为主线，突出党的十七大准备工作、地方领导班子换届选举、巩固和发展先进性教育活动成果三个重点，统筹抓好加大干部教育培训力度、落实干部人事制度改革措施、完善干部监督工作机制等各项任务。

　　党的十七大以来，组织部门按照以改革创新精神全面推进党的建设新的伟大工程的要求，把服务科学发展作为新形势下组织工作的根本任务，把改革创新作为提高组织工作水平的根本动力，把党和人民满意作为检验组织工作成效的根本标准，努力把中央的决策部署和全国组织工作会议提出的各项任务落到基层、落到实处。2008 年全国组织部长会议，强调要突出为有效应对国际金融危机、保持经济平稳较快发展、确保全年经济社会发展各项任务顺利完成提供保证，抓好学习实践科学发展观活动组织指导、增强领导班子和干部队伍执政能力、深化改革提高选人用人公信度、加大培养优秀年轻干部力度、推进实施人才强国战略、以农村基层党建为重点加强基层组织建设等六项重点工作。2009 年全国组织部长会议，围绕全面落实党的十七届四中全会精神，强调要以"三服务、两满意"为目标，以实施"五个规划"为抓手，重点抓好推进干部人事制度改革、匡正选人用人风气、加强领导班子能力建设、从严管理和重点管理干部、全面推进基层党组织建设等重点工作，努力提高组织工作科学化水平。2010 年全国组织部长会议，突出"一个中心、四件大事"，强调要切实做好省市县乡党委集中换届这一中心工作，重点推进创先争优活动、深化干部人事制度改革、加强各级干部学习培训、落实人才发展规划四件大事和加强基层组织建设等各项工作，为"十二五"时期开好局、起好步提供坚强组织保证。2011年全国组织部长会议，突出"一条主线、五件大事"，强调要以迎接党的十八大为主线，以做好党的十八大有关准备工作、高标准高质量抓好地方领导班子换届，加强领导班子思想政治建设，深化干部人事制度改革，深化创先争优和加强基层组织，落实人才发展规划为重点，为党的十八大胜利召开营造良好氛围。每年全国组织部长会议对组织工作的部署，既注意总结阶段性经验、提出阶段性目标，环环相扣、持续抓工作落实，又注意体现中央的新理念新要求、突出年度工作特点，持续推动组织工作改革创新，确保组织工作科学有序、有力有效地向前推进。

　　系列重大规划科学布局、有序实施。党的十六大以来，中央组织部按照中央要求，研究制定了领导班子和干部队伍建设、干部人事制度改革、干部和党员教育培训、国家人才发展等方面的规划、纲要，各级组织部门制定相应规划和实施办法，形成了基本覆盖、上下贯通、左右衔接的组织工作规划体系。干部群众普遍反映，这些规划的

相关链接

党的十六大以来制定的中长期规划纲要

- 《2002—2005年全国人才队伍建设规划纲要》
- 《2004—2008年全国党政领导班子建设规划纲要》
- 《2006—2010年全国干部教育培训规划》
- 《2009—2013年全国党政领导班子建设规划纲要》
- 《2009—2020年全国党政领导班子后备干部队伍建设规划》
- 《2010—2020年深化干部人事制度改革规划纲要》
- 《2009—2013年全国党员教育培训工作规划》
- 《2010—2020年干部教育培训改革纲要》
- 《国家中长期人才发展规划纲要（2010—2020年）》

编制，体现了组织工作的战略性、前瞻性、系统性，是提高组织工作科学化水平取得的重要成果。

第三节　积极改进完善方式方法，组织工作 实际效益明显提升

形成科学的方式方法，是推进组织工作科学化的重要内容和内在要求。组织工作每取得重大进步，都伴随着思想方法和工作方法的重大创新。党的十六大以来，组织部门以务实管用为着力点，讲质量、重效益，抓住关键环节，有效整合力量，科学配置资源，优化方式方法，降低工作成本，有力地提高了组织工作效率效能效益。

抓重点重点抓：以重点突破带动整体推进。组织部门按照中央对党的建设部署要求，每年坚持突出重点，明确工作主线，提出年度需要集中力量抓好的几件大事，同时注意统筹兼顾，对组织工作各方面任务落实提出要求。比如，干部人事制度改革中的"规范干部选拔任用提名制度"等11个重点突破项目，人才队伍建设中的"千人计划"等12项重大人才工程，后备干部队伍建设中的"百千万工程"，基层组织建设中的村党组织书记、新党员、大学生村官、党员创业就业技能"4项重点工程"，等等，都抓住了组织工作各领域的关键和要害，抓住了干部群众最关注、反映最强烈的问题。这些项目、工程的突破，起到了很强的引领和带动作用，有力地推动了组织工作的整体发展。

抓具体具体抓：以拧螺丝钉精神推进工作。组织部门坚持从具体工作抓起，像拧螺丝钉一样，一步上一扣、一圈进一分，一点一点拧进去，一环一环抓落实。坚持"抓具体"，从大处着眼，从小处着手，特别是关系全局的重要工作、重点项目、重要环节，做到任务具体、措施具体、要求具体、责任具体。坚持"具体抓"，注重具体情况具体分析，具体问题具体解决，一抓到底，推动工作深入开展。比如，在基层组织建设年中，组织选派大批机关干部下基层，具体盯、具体

干、具体带，抓到支部、抓到人头、抓到问题、抓到项目，推动工作深入开展，做到了全覆盖、求实效、受欢迎。在"万名组织部长下基层"活动中，走出机关、走进基层，到一线研究实际问题、解决具体矛盾、抓好措施落实，得到干部群众普遍好评。

抓统筹统筹抓：推进换届工作科学化规范化。按照中央要求，中央组织部会同各地各有关部门认真总结换届经验，对加强换届工作统筹提出明确要求，使换届工作朝着科学化、制度化、程序化目标迈出了重大步伐。统筹换届时间，自下而上、适当集中。实现同级党委换届与人大、政府、政协换届有序衔接、同步进行，市县乡三级换届时间相对集中、压茬推进，换届选举时间合理间隔、操作合法高效。统筹人事安排，上下联动、分步到位。把自下而上的换届选举与自上而下的人事安排有机结合起来，统筹考虑上下级领导班子，同级党委和人大、政府、政协领导班子的人事安排，尽量减少因上级领导班子换届造成下级领导班子新任主要负责人频繁变动，保持新换届的领导班子主要负责人相对稳定。统筹代表分配，保证质量、优化结构。对党代会代表、人大代表和政协委员人选进行统筹分配，统筹做好推荐提名工作，确保人选素质，优化代表结构，防止领导干部挤占基层一线代表名额。统筹换届程序，规范流程、有序运行。下发市县乡换届指导意见和工作流程图，使换届工作程序相互衔接、流程统一规范，保证换届工作的整体性、稳定性、连续性。

第四节　创造性开展满意度调查，建立改进组织工作有力杠杆

党的十七大提出，要提高选人用人公信度。为了贯彻落实中央要求，准确把握民意，加强和改进组织工作，自 2008 年起，中央组织部委托国家统计局每年开展一次组织工作满意度民意调查。这项制度架起了组织部门问政于民、问需于民、问计于民、问效于民的桥梁，

成为推动组织工作创新发展的有力杠杆。

委托第三方调查：调查结果更客观更公正。为增强调查的独立性、公正性、客观性，民意调查的实施全权委托国家统计局及其直属各级调查队独立进行。通过随机抽样、入户问卷调查的方式，在全国 31 个省区市、在京中央国家机关和中管企事业单位实施调查，每年调查近 8 万个样本，涉及 2.2 万个单位。调查的对象既包括党员干部，也包括基层群众。调查的内容主要突出了干部群众对干部选拔任用情况以及防止和纠正用人上不正之风工作的评价、对组织工作和组工干部的评价。组织工作满意度民意调查结果的计算，采用国际上通行的满意度计算办法，也就是满意度 ="很满意" 比重 ×100 分 +"满意" 比重 ×80 分 +"基本满意" 比重 ×60 分 +"不太满意" 比重 ×30 分 +"不满意" 比重 ×0 分（满分为 100 分），来计算测评项目的满意度分值。这种加权赋值计算方法，兼顾到了调查对象选择"基本满意"中不满意的成分，或 "不太满意" 中满意的成分，可以较为准确地度量全部调查对象对测评指标的满意程度。

运用结果改进工作：建立了组织工作评估反馈机制。每年民意调查结果出来后，各级组织部门及时召开民调结果分析运用会，探原因、找差距、寻办法，充分运用民调结果加强和改进组织工作。经过几年努力，以德为先、注重基层的用人导向进一步牢固树立，竞争性选拔干部力度进一步加大，干部选拔任用机制进一步完善，用人上不

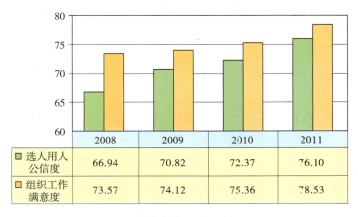

	2008	2009	2010	2011
选人用人公信度	66.94	70.82	72.37	76.10
组织工作满意度	73.57	74.12	75.36	78.53

组织工作满意度民意调查显示，
选人用人公信度和组织工作满意度逐年提高

正之风得到有效整治。4 年来，绝大多数省份的满意度分值均有提高，全国选人用人公信度累计提高了近 10 分。

坚持过程与结果公开：构建了社会评价监督机制。 每年民调工作的设计、组织、督查，调查结果的发布、反馈、运用等，都在第一时间通过新闻媒体向社会公布，接受舆论监督。同时，还邀请调查员、组织部长和党建工作专家进行网络在线访谈，接受公众质询、解答群众关切、介绍经验做法。

人民网邀请党建专家、统计专家在线访谈，解读民意调查结果。

民意调查为落实干部群众的知情权、参与权、选择权、监督权提供了重要渠道，打破了组织工作的神秘感，彰显了组织部门开放开明的形象。开展民意调查 5 年来，人民网、凤凰网、新浪网等近百家网站连续进行宣传报道，点击量每年都达 100 多万人次，跟帖超过上万条。人民网连续 3 年邀请党建专家、统计专家在线解读这项民意调查。

2011 年年底，中央组织部新闻发言人发布了全国组织工作满意度民意调查结果。调查数据显示，选人用人公信度为 76.10 分，比上年提高 3.73 分；组织工作满

网民声音

• 民意调查体现了组织部门主动接受人民群众评判和监督的政治勇气，体现了组织工作的理念创新和实践创新。

• 民意调查是推进党务公开、发扬党内民主和人民民主的重要一步。

• 民意调查是组织工作走出神秘化的真诚之举，是组织工作自我改革、自我完善的创新之举，体现了对民意的尊重、对人民的高度负责，其意义远远超出了民调结果本身。

> ## 实践案例
>
> 　　广西注重运用民调结果促进工作，2011 年选人用人公信度总体评价比 2010 年提高 8.95 分，排名上升 15 位，进入第一档。
>
> 　　——2009 年以来，连续开展 12 个批次的公开选拔，选拔 1800 多名科以上领导干部。
>
> 　　——2010 年，印发《关于进一步加强竞争性选拔干部工作的意见》，促进竞争性选拔干部工作的制度化、规范化、科学化。
>
> 　　——2011 年，通过竞争上岗方式产生 9 名区直"厅官"，全区竞争性选拔领导干部 5663 名，占全年提拔干部总数的 47.22%。
>
> 　　——2011 年以来，在全区组织系统着力加强"阳光组工、公道组工、服务组工"为主要内容的组工文化建设，树立开放透明、反清气正、亲民为民良好形象。
>
> 　　——每年将民意调查结果向各级党委（党组）及其组织人事部门进行通报反馈，对总体满意率较低的单位进行督促整政。

意度为 78.53 分，比上年提高 3.17 分。这是民意调查工作开展以来，满意度各项指标连续三次全面提高。

> ## 未来展望
>
> 　　不断推进组织工作思想观念、体制机制和方式方法的改革创新，使其更加符合组织工作的内在规律，符合执政党建设的科学规律。
>
> - 形成科学的组织工作理论体系　• 形成科学的组织工作总体布局
> - 形成科学的组织工作体制机制　• 形成科学的组织工作价值目标
> - 形成科学的组织工作方式方法　• 形成科学的组织工作先进文化

第四章 德才兼备、以德为先，
优化结构、从严管理

——领导班子和干部队伍建设得到新的加强

党的十六大以来，组织部门坚持党管干部原则，全面贯彻干部队伍革命化、年轻化、知识化、专业化方针，坚持德才兼备、以德为先，坚持五湖四海、任人唯贤，努力把干部队伍建设成为政治坚定、勇于创新、勤政清廉、求真务实、奋发有为的高素质队伍。着眼于提高领导科学发展的整体功能和综合素质，在选干部、配班子的过程中优化领导班子结构，既考虑专业、能力结构上的合理性，又考虑个性特点、工作阅历上的互补性；既大胆选用优秀年轻干部，又合理使用其他年龄段的干部，充分发挥各年龄段干部的优势和作用，努力把各级领导班子建设成为坚定贯彻党的理论和路线方针政策、善于领导科学发展的高素质领导集体。

第一节 突出党性修养作风养成，干部思想
政治素质进一步提高

思想政治建设是干部队伍建设的核心和灵魂。组织部门按照中央要求，把领导班子思想政治建设作为牵头抓总、管根本、管方向、管长远的建设，摆在更加突出的位置，切实抓紧抓好，引导各级领导干部自觉以德修身、以德服众、以德领才、以德润才，增强政治意识、

大局意识、责任意识、忧患意识，不断提高思想政治素质和领导科学发展的能力。

一、领导干部思想政治建设全面加强、整体推进

思想政治建设及时跟进、完善制度、硬化措施。中央组织部在2003年和2008年地方领导班子集中换届结束后，均分别召开省区市、中央和国家机关、高等学校、国有企业领导班子思想政治建设座谈会，对贯彻党的十六大、十七大精神，加强领导班子思想政治建设进行全面部署。2008年12月，中央办公厅转发《中央组织部关于进一

政策链接

领导班子思想政治建设 10 条制度性措施

- 每届领导班子至少要开展一次以理想信念为主题的集中学习教育活动；
- 把学习研讨实际问题作为中心组学习的主要形式，做到研讨一个专题、推动一项工作；
- 建立领导班子务虚研究制度，每半年或一年召开一次务虚会；
- 建立健全包括责任机制、协同机制、总结反思机制在内的科学领导机制；
- 建立干部初始提名情况和推荐、测评结果在领导班子内部公开制度，接受班子成员的监督；
- 建立民主生活会测评制度；
- 健全和落实谈心谈话制度；
- 建立领导干部下访、蹲点调研和坚持领导干部接待日、领导干部联系点制度，建立健全领导决策的科学调研制度；
- 研究制定和贯彻落实好促进科学发展的干部考核评价机制"一个意见、三个办法"；
- 定期进行选人用人满意度调查制度，把满意度作为考核领导班子思想政治建设成效和工作实绩的重要指标。

步加强和改进领导班子思想政治建设的意见》，提出了加强和改进领导班子思想政治建设的具体措施。各级组织部门认真贯彻落实中央精神，以兴起学习"三个代表"重要思想新高潮、开展保持共产党员先进性教育活动、学习实践科学发展观和创先争优活动为契机，以高举旗帜、坚定信念、践行宗旨为根本，以提高领导水平和执政能力为核心内容，以贯彻执行民主集中制、树立正确用人导向、改进领导作风为重点，全面加强、整体推进各级领导班子思想政治建设。

统筹推进党政机关、国有企业、事业单位领导班子思想政治建设。在党政机关，突出党性修养、党性锻炼，加强世界观、权力观、事业观教育，落实直接联系和服务群众制度，广泛深入开展干部下基层活动，促进干部向基层学习、向实践学习、向群众学习，改进机关作风。党的十七大后，中央组织部对中央和国家机关领导班子思想政治建设情况进行集中调研，有针对性地提出了进一步加强中央和国家机关领导班子思想政治建设的意见建议。在国有企业，突出"政治素质好、经营业绩好、团结协作好、作风形象好"的"四好"领导班子建设，在全国国有及国有控股企业普遍开展创建活动。把企业领导班子思想政治建设与企业经营发展更加紧密结合起来，要求企业领导人员进一步解放思想，增强责任意识、改革意识、创新意识和忧患意识，不断推动企业科学发展。在事业单位，突出事业单位与人民群众生活密切相关、服务性强的特点，加强群众观点和群众路线的学习教育，引导领导班子成员从群众利益出发，强化服务意识，改进工作作风，克服短期行为，提高为人民群众做好公益服务的水平。2012 年，中央办公厅印发《关于在推进事业单位改革中加强和改进党的建设工作的意见》，对分类推进事业单位领导班子思想政治建设作出部署。

二、贯彻落实党的基本理论、基本路线、基本纲领、基本经验的自觉性坚定性进一步提高

理论学习：真学、真信、真懂、真用。按照建设学习型党组织和学习型领导班子的要求，教育引导广大干部深入学习马克思列宁主义、毛泽东思想和中国特色社会主义理论体系，自觉增强理论素养，做到高举中国特色社会主义伟大旗帜不动摇，坚持中国特色社会主义道路不动摇，坚持中国特色社会主义理论体系不动摇。把理想信念教育贯穿领导班子建设始终，每个任期内至少开展一次以坚定理想信念为主题的集中性教育活动，引导广大干部树立正确的世界观、权力观、事业观，坚定正确的政治立场和政治方向。坚持和改进党委（党组）中心组学习制度，推行领导干部述学、评学、考学，激发领导干部理论学习的自觉性主动性。引导广大干部弘扬理论联系实际学风，紧密结合个人工作实际，努力做到学以致用、用以促学，不断提高运用科学理论解决实际问题的能力。

　　党性修养：对党无私忠诚、为党分忧尽责。普遍开展党性党史教育等形式多样的活动，强化党性教育与党性锻炼，不断提高党员干部的政治敏锐性和政治鉴别力，切实做到讲政治、顾大局、守纪律，始终站稳党和人民的政治立场。深入开展"讲党性、重品行、作表率"活动，督促干部自觉查找和解决党性、品行方面存在的突出问题，时刻把党和人民放在心中最高位置，常怀忧党之心、恪尽兴党之责。注重从政治品质和道德品行上加强干部德的建设，引导党员干部带头实践社会主义核心价值体系，培养高尚道德情操，保持健康生活情趣，自觉以学立德、以行立德、以干立德，时时处处发挥表率作用。着力推动领导干部认真解决对待是与非、公与私、真与假、实与虚的态度和行为方面存在的问题，善于辨别和分清政治上的大是大非，对党忠诚，坚持原则，敢于负责，在提高思想政治素质上不断取得新的进步。

　　作风养成：权为民所用、情为民所系、利为民所谋。坚持把优良的党风作为凝聚党心民心的巨大力量，教育引导广大干部牢固树立宗旨意识和群众观念，加强作风建设，切实做到权为民所用、情为民所系、利为民所谋。坚持和完善领导干部接待日制度，了解社情民意，倾听群众呼声，千方百计为群众排忧解难。建立领导干部联系点制度，对贫困地区、困难较多企业和矛盾较多单位，进行重点联系和帮扶。坚持和完善领导干部调查研究制度，省部级领导干部每年至少

实践案例

2008年6月28日，瓮安县发生震惊全国的"瓮安事件"，对党和政府形象造成了恶劣影响。近年来，瓮安县委采取有力措施，切实改进干部作风，密切党群干群关系。通过三年多的努力，从大乱到大治、从民心失落到民心重聚，实现了六个重大变化：社会治安变好了，民生欠账变少了，经济实力变强了，干部作风变实了，基层基础变牢了，党和政府威信变高了。

有1个月时间，市（地）县党政领导干部每年至少有2个月以上时间，到基层或下级单位调研。每个领导班子成员每年写出1至2篇有情况、有分析、有对策的调研报告。坚持和完善领导干部阅信、接访、下访制度，经常深入基层、深入群众，了解情况、发现问题，把矛盾和纠纷解决在基层、化解在萌芽状态。同时，教育引导领导干部牢记"两个务必"，大兴求真务实之风，重实际、讲实话、出实招、办实事、求实效，创造经得起实践、人民、历史检验的实绩。坚决调整搞"形象工程"、弄虚作假、作风飘浮的干部，严肃查处搞官僚主义、不负责任、弄权渎职、给党和人民事业造成严重损失的干部。精简会议和文件，压缩会议费用，控制会议规模，提高会议质量，减少文件简报。改进会风和文风，倡导开短会、讲短话、写短文，提高工作效率。公开作风建设有关制度规定和执行情况，自觉接受群众和社会监督。

三、贯彻执行民主集中制，党内生活的政治性思想性原则性进一步增强

严格执行制度，充分发挥集体领导作用。加强民主集中制教育，

增强贯彻执行民主集中制的自觉性，严格执行民主集中制的各项制度规定。坚持民主基础上的集中和集中指导下的民主相结合，健全集体领导和个人分工负责相结合的制度，按照集体领导、民主集中、个别酝酿、会议决定的原则，完善领导班子议事规则。2008 年，中央印发《关于进一步完善地方党委领导班子配备改革后工作机制的意见》，对进一步坚持和完善地方党委常委会集体领导制度提出了新要求。在地方党委普遍推行讨论决定重大问题和任用重要干部票决制，建立健全地方党委常委会向全委会定期报告工作制度，探索建立全委会对常委会成员进行民主评议制度，落实党委委员、纪委委员对常委会进行质询、询问制度，不断完善民主集中制的制度体系。重视对领导班子成员执行民主集中制情况的了解和考察，对民主集中制贯彻不好的，早发现、早提醒、早教育；比较严重的，进行严肃批评；解决不了的，进行组织处理，该调整的调整，坚决纠正违反民主集中制的现象。

维护班子团结，增强凝聚力战斗力。教育引导领导干部讲政治、顾大局、守纪律，自觉增强民主意识，维护民主规范，敢于坚持原则，积极开展批评与自我批评。注意提高"一把手"的民主素质和驾驭能力，带头发扬民主、维护团结，调动和发挥每个成员的积极性，做到"统揽而不独揽，领唱而不独唱"。各级党委（党组）高度重视班子团结，把团结作为考核领导班子和领导干部的重要内容，发现有不团结问题的，及时给予批评教育，促其改进；问题比较严重的，进行组织调整。普遍形成领导班子内部互相信任、互相支持、互相谅解、互相补台、团结协作的良好局面。

提升民主生活会质量，增强领导班子解决自身问题的能力。各级领导班子严格执行关于召开领导班子民主生活会的有关规定，注意提高民主生活会的质量，自觉把能否通过批评与自我批评解决自身问题作为衡量民主生活会质量的重要标准，增强民主生活会的思想性、政治性、原则性。围绕进一步提高民主生活会的质量，建立和实行民主生活会测评制度，既对民主生活会的总体情况进行测评，又对每个班子成员的表现进行测评。认真执行上级党委（党组）成员列席下级党委（党组）领导班子民主生活会制度。中央组织部加强对各省区市、中央和国家机关、中管高校、中管企业和中管金融企业领导班子民主生活会的分类指导，通过提前介入、听取意见，派人列席、现场"听会"，认真分析、督促整改，切实履行指导和监督职能。

健全和落实谈心谈话制度，切实关心爱护干部。各地各部门普遍建立班子内部谈心制度、上级与下级谈话制度、提醒谈话制度，主要负责同志坚持每年至少与班子成员谈心一次，班子成员相互谈心；党委（党组）主要负责同志与下一级党政正职谈话每届至少一次，分管领导与所分管部门的主要负责同志谈话每年至少一次，与所分管部门班子成员谈话届内至少一次；坚持组织部门谈话制度，经常与所联系的领导干部谈心谈话，做到每届至少谈一次。同时，在干部职务变动、接到群众反映、班子出现不团结苗头等问题时，及时谈话，加以提醒。在 2008 年度考核试点的基础上，中央组织部连续三年全面开展对中央管理的领导班子和领导干部年度考核工作，加强考核情况的分析，认真反馈考核结果，对考核中发现的问题及时进行谈话提醒和处理，促进班子和干部查找问题、改进工作、加强自身建设。

第二节　突出关键岗位重点管理，干部管理体制机制进一步完善

党的十六大以来，适应经济体制、政治体制特别是行政管理体制改革的进程，各级组织部门按照党管干部、依法管理、权责一致、协调高效、加强监督的原则，进一步创新和完善干部管理体制，建立分级管理与重点管理相结合的干部管理体制，探索地方与部门、正职与副职、党政机关与企事业单位等不同类型干部分类考察选拔、培养教育、管理激励的政策措施，为提高干部队伍建设科学化水平提供了体制机制保障。

一、关键岗位重点管理——干部管理体制实现重大创新

对关键岗位干部实行重点管理，是落实从严管理干部的重要举措，也是推进干部管理科学化的重要体现。各级组织部门在不断健全完善干部分级管理的基础上，按照中央提出的"从优配备、从严管理、强化培训"重点管理方针，不断深化干部宏观管理体制改革，创新建立和扎实推进对市党政正职、县委书记、乡镇党委书记等关键岗位干部的重点管理，有效建立

- 重点配备
  ——选拔标准更高、选拔程序更严

- 重点培养
  ——思想政治素质和领导能力的要求更高

- 重点考核
  ——考察面更广、内容更全面、工作更深入

- 重点监督
  ——审核把关更严、日常管理更严

职责明确、分级负责、上下联动的干部重点管理工作机制，更好地促进干部健康成长。

路径回放

- 1949年至1953年，延续革命战争年代高度集中统一的干部管理体制，实行"下管三级"。
- 1953年至1984年，各级党委和干部管理部门实行"下管两级"。
- 1984年，按照"管少、管活、管好"的原则，中央下放了干部管理权限，中央只管理副省部级以上领导职务，不再管理司局（地、厅）级领导职务。中央各部委和各省区市党委也实行了"下管一级"的干部管理体制。
- 2007年以来，研究探索如何创新干部管理理念，合理划分干部管理权限，实行分级管理与重点岗位管理相结合，提高干部管理的科学化水平。

重点管理市（地、州、盟）党政正职：打造治国理政重要骨干力量。 市（地、州、盟）在党和国家工作全局中处于承上启下的重要位置，是统筹城乡发展、加快城镇化工业化、加强和创新社会管理的关键。市（地、州、盟）党政正职是党治国理政的重要骨干力量，在推进改革发展稳定中担负重要责任、发挥关键作用。各省区市按照中央出台的《关于加强市（地、州、盟）党政正职管理的若干规定》，突出严格标准、优化结构加强从优配备，突出党性修养、领导能力加强专题培训，突出科学发展、群众公认加强工作考核，突出规范权力、改进机制强化日常监督，有效加强了市（地、州、盟）党政正职队伍建设。中央组织部建立了直接负责实施新任市（地、州、盟）党政正职任职培训制度，对市（地、州、盟）党政正职特殊情况下的配备调整实行事先审核制度。2012 年 5 月，中央组织部在中央党校举办了第 1 期市党政正职任职培训班，69 名市委书记参加培训。

新中国成立以来市委书记市长管理体制历史沿革		
时间段	市委书记	市长
1949—1956	中央管理	
1956—1963	中央管理（第一书记）	中央备案
1963—1966	中央管理	
"文革"期间		
1978—1984	中央管理	
1984—1990	中央备案（每半年加总备案）	
1990—2011	中央备案（任免要及时备案）	
2011 年至今	中央备案（任免要及时备案）和特殊情形事先报告	

重点管理县委书记：建好承上启下、主政一方的执政骨干队伍。
郡县治、天下安。县是我国经济又好又快发展、社会和谐稳定、国家长治久安的重要基础，在解决好农业、农村、农民这一始终关系党和国家工作全局的重大问题中起着至关重要的作用。2009 年 4 月，中央印发了《关于加强县委书记队伍建设的若干规定》。随后，中央组织部又印发了《关于进一步规范县委书记选拔任用程序的意见》、《关于开展省（区、市）党委组织部负责人与县委书记专题谈心谈话活动的通知》等文件，形成了县委书记重点管理的制度体系。

重点管理乡镇党委书记：培养农村科学发展社会和谐的带头人。
乡镇党委是乡镇、村各种组织和各项工作的领导核心，乡镇党委书记

政策链接

县委书记重点管理主要措施

- 县委书记选拔任用按程序报经省级党委常委会议审议。
- 要求县委书记有地方基层领导工作经历，从上级机关和高等学校、科研院所、国有企业事业单位交流的干部，如无地方基层领导工作经历，一般不直接任用为县委书记。
- 要求县委书记队伍形成老中青梯次配备的年龄结构。
- 保持县委书记任期稳定，县委书记应当任满一届，无特殊原因任期内一般不得调动。
- 建立新任县委书记任职培训制度，由中央组织部统筹组织实施。
- 抓好县委书记的专题教育培训。
- 建立县委书记年度考核制度，县委书记要在县委全委扩大会范围内述职述廉，接受民主测评和民主评议。
- 省级党委巡视工作延伸到县。
- 总结宣传优秀县委书记先进事迹。
- 完善对县委书记的激励政策，把县委书记岗位作为培养锻炼干部的重要平台。

是党在农村基层的执政骨干。中央组织部高度重视乡镇党委书记队伍建设，2010 年下发了《关于加强乡镇党委书记队伍建设的意见》，第一次从中央层面对乡镇党委书记队伍建设下发专门文件。严格选拔培养，提出乡镇党委书记人选要在县委全委会和全县领导干部会议范围进行民主推荐。提出任用乡镇党委书记，一般应经过县委常委会或全委会票决；全委会闭会期间，在县委常委会决定任命之前，要征求县委委员的意见；乡镇党委书记的任免，须报市（地、州、盟）党委组织部备案。乡镇党委书记一般应任满一届。任期不到三年调整的，要报市（地、州、盟）党委组织部同意。着眼于进行重点培训，明确乡镇党委书记培训由市委主要负责。健全激励机制，提出从思想、工作、生活等方面关心爱护乡镇党委书记；明确要拓宽乡镇党委书记使用的主要渠道，提出"到 2012 年具有乡镇党委书记经历的在县级党政领导班子成员中达到 50% 左右，在省直机关处室副职人员和省辖市部门领导班子成员中达到一定数量"。完善考核监督，提出要制定和完善体现科学发展观要求的乡镇党委书记考核评价办法，合理设置考核指标及其权重，规范"一票否决"事项。提出探索完善乡镇重大事项决策、实施、监督分开的制度办法，强化日常监督和任期经济责任审计等。

10 省有关数据统计表

人员类别	省直部门处室副职	市直部门班子成员	县级党政班子成员	合计	乡镇数
数量	19524	61751	19175	99210	19168
有乡镇党委书记任职经历的	422	5957	6651	13028	—
所占比例	2.16%	9.65%	34.69%	13.13%	—

二、推进干部分类管理——干部管理系统化类别化精细化水平显著提升

对干部实行分级分类管理，是我们在长期的干部管理工作中形成的宝贵经验，也是提高干部工作质量的有效方式。党的十六大以来，各级组织部门根据党政机关、国有企业、事业单位三大领域的不同工作特点，分类实行不同的考察选拔、培养教育、管理激励政策措施，提高了干部人事工作的针对性实效性科学性，激发了各级各类干部干事创业的生机活力。

政策链接

• 要深化干部人事制度改革，探索和完善党政机关、事业单位和企业的干部人事分类管理制度。

——党的十六大报告

• 推进国有企业和事业单位人事制度改革，完善适合国有企业特点的领导人员管理办法。

——党的十七大报告

• 要加强干部队伍宏观管理，深化干部分类管理改革，完善公务员制度，推进企事业单位人事制度改革，制定符合企事业单位特点的人事管理办法。

——党的十七届四中全会决定

• 完善公务员职位分类制度。健全综合管理类公务员管理办法，建立专业技术类、行政执法类公务员职务序列和管理办法。根据公务员队伍建设和管理的需要，探索增设新的职位类别。

——《2010—2020年深化干部人事制度改革规划纲要》

• 要把系统化类别化精细化作为推进组织工作科学化的重要方法。

——2011年全国组织部长会议讲话

党政干部分类管理：综合管理类、行政执法类、专业技术类。按

实践案例

• 2000 年，在广东等五省（区、市）公安机关刑事科学技术、技术侦察部门开展了专业技术职位任职制度试点工作。

• 2004 年，专业技术职位任职制度扩大到全国公安系统全面试行。为进一步探索行政执法类公务员分类管理办法，在上海市开展了企业注册官试点。

• 2005 年，在质检系统开展了检验检疫官和质量技术监督官试点。在总结试点经验的基础上，公务员法充分吸收分类管理理念，确立了公务员分类管理的原则。

• 2010 年，深圳市全面启动公务员分类管理试点，编制了行政执法类公务员职位目录，划分职位类别，开展职务套转，在分类招录、分类培训、分类考核和工资分类上作了积极探索。同时，在市气象局开展了专业技术类公务员管理试点。

• 2011 年，按照铁路公安机关转制的有关要求，批准铁路公安机关纳入专业技术职位任职制度试行范围。

照中央要求和公务员法等有关法律政策规定，根据党政机关不同系统、不同职位干部的发展、成长规律，健全综合管理类公务员管理办法，建立行政执法类、专业技术类公务员职务序列和管理办法，探索增设新的职位类别，更好地拓展干部发展空间，调动工作积极性、主动性和创造性，建设高素质、专业化的干部队伍。先后在工商、税务、海关等系统开展了行政执法类公务员管理试点，在公安机关、监狱劳动教养机关和法检机关开展了人民警察职务分类工作，进一步加大了分类管理工作力度，规范了公务员进、管、出各环节的管理。制定出台了法官、检察官分类管理的制度规定。目前，行政执法类和专业技术类公务员管理试点已经涵盖了多个系统，取得明显成效。

事业单位人员分类管理：以实施聘用制度和岗位管理制度为基础，以管好领导人员为重点。各地各行业全面推行聘用制度和岗位管理制度，不断完善公开招聘制度和竞聘上岗制度，着力实现事业单位由固定用人向合同用人转变、由身份管理向岗位管理转变，优化了队伍结构，促进了科学管理。抓住中央分类推进事业单位改革的契机，2011年8月、2012年3月，先后出台《关于进一步深化事业单位人事制度改革的意见》和《关于在推进事业单位改革中加强和改进党的建设工作的意见》，积极探索事业单位分类后不同的人事管理制度，对从事公益服务事

实践案例

2011年，在吸收借鉴干部人事制度改革成果的基础上，中央组织部研究制定了驻外使节、事业单位、群众团体和高等学校中管干部4个分类管理办法，突出针对性，注重操作性，对不同类别干部的考核管理作出差异化、个性化规定，并认真抓好落实，提高了干部工作规范化、精细化管理水平。

业单位实行分类管理，公益一类在审批编制内设岗，规范人事管理，搞好内部用人机制，公益二类在备案编制内设岗，赋予单位灵活的人事管理权；对承担行政职能事业单位，转为行政机构的，实行公务员管理制度；对从事生产经营事业单位，转为企业的，实行劳动合同制度。切实加强对事业单位领导人员的管理，加快研究制定符合不同行业特点的事业单位领导人员管理办法和综合考核评价办法，突出行业和岗位特点，健全完善选拔任用和管理监督制度，进一步推进了事业单位领导人员管理工作的科学化、制度化、规范化。

企业人员分类管理：市场导向、业绩导向。各地各部门以健全适合企业特点的领导人员选拔任用、激励、监督机制为重点，把组织考核推荐和引入市场机制、公开向社会招聘结合起来，把党管干部原则和董事会依法选择经营管理者以及经营管理者依法行使用人权结合起来，初步建立了与社会主义市场经济体制和现代企业制度相适应的国有企业领导人员管理制度。中央办公厅、国务院办公厅印发了《中央企业领导班子和领导人员管理暂行规定》，中央办公厅印发了《中管金融企业领导班子和领导人员管理暂行规定》，中央组织部印发了

《中央企业领导
班子及领导人员
综合考核评价办
法（试行）》、《中
管金融企业领导
班子及领导人员
综合考核评价办
法（试行）》、《董
事会试点中央企
业董事会、董事
评价办法（试

面向海外公开招聘中央企业高级经营管理者。

行）》等文件政策，对企业中的不同领导职位人员进行分类管理、分
类考核。

第三节　突出结构优化合理配置，领导班子整体功能进一步增强

　　优化领导班子配备是增强班子整体功能和合力的基本途径。党的
十六大以来，各地各部门以地方领导班子换届为契机，深化领导班子
配备改革，形成班子成员年龄、经历、专长、性格互补的合理结构，
女干部、少数民族干部、党外干部配备更加合理，班子整体功能明显
增强。

　　**一、选优配强党政正职领导干部——带好班子、推动发展、造
福百姓**

　　党政正职尤其是党委书记在一个地区、单位的领导班子和全面工
作中处于核心地位，负有重要职责，具有较大的权力和影响力，选好
配强党政正职对各项工作的全面推动具有重要作用。中央对加强党政

正职干部队伍建设十分重视，党的十七届四中全会明确提出要选好配强各级党政正职领导干部。各地各部门认真落实中央要求，严格选任标准，完善选任程序，加强任职培训，健全考核评价，强化管理监督，着力把最优秀、最适合的干部放到党政正职领导岗位上来，更好地促进班子团结、发挥整体功能、领导一方发展、造福一方百姓。

严格选拔标准，注重基层领导经历。优化选拔标准，注重把那些政治上强、具有领导科学发展能力、能够驾驭全局、善于抓班子带队伍、民主作风好、清正廉洁的优秀干部选拔到党政正职领导岗位上来。突出基层领导工作经历，地方党政正职一般从具有下级党政正职任职经历的干部中选拔；对没有地方党政领导工作经历的，一般都先安排到党政领导班子副职岗位上培养锻炼，培养成熟后再合理使用。一些地方对工作实绩特别突出、群众公认度高、发展潜力大的党委正职干部，提拔为上一级领导班子成员并继续兼任原职务，鼓励干部扎根基层、长期工作。

实施"一把手"培养工程，增强推动科学发展能力。中央组织部统筹组织实施"一把手"培养工程，每年都举办若干期市（地、州、盟）党政主要领导干部和县（市、区、旗）长进修班，围绕中央重大工作部署对县委书记进行专题培训，在中央党校等国家级培训机构对新任县委书记进行任职培训。各省也积极围绕本地区经济社会发展和领导班子建设需要，大力开展市、县党政主要领导干部的培训工作。各地各部门还积极加强对"一把手"成长规律和培养路径的研究，努力把握科学规律，更好地指导推动"一把手"的培养选拔和管理工作。

二、加大年轻干部培养选拔力度——确保党的事业薪火相传、后继有人

着眼于党和国家事业的长远发展，坚持把培养选拔年轻干部和加强后备干部队伍建设作为关系党和国家长治久安的战略任务，加大工

作力度，加强教育培养，注重实践锻炼，为推动中国特色社会主义伟大事业提供了源源不断的优质干部资源和强大动力。

年轻干部：加强培养、基层历练、健康成长。 党中央一直把加大年轻干部培养力度作为事关事业兴旺发达、国家长治久安的根本大计来抓，采取一系列有力措施，促进大批优秀年轻干部脱颖而出，走上各级领导岗位。2002 年和 2008 年召开的两次全国组织工作会议，都对加大培养选拔优秀年轻干部工作力度提出了明确要求。各级组织部门认真贯彻中央要求，注意选拔经过基层艰苦磨炼、实践证明有培养前途、能够胜任重要岗位的优秀年轻干部。大力选派优秀年轻干部到基层工作，敢于给他们交任务、压担子，对比较成熟、发展潜力较大的加大培养力度。2009 年，中央组织部召开了全国培养选拔年轻干部工作座谈会，印发了《关于加强培养选拔年轻干部工作的意见》，对加强年轻干部的理论培训和党性锻炼、强化实践锻炼、完善选拔机制、从严管理监督、加强组织领导等作出整体部署，努力形成年轻干部"下得去、干得好、上得来"的良性工作机制。注重抓住换届有利契机，加大年轻干部选配力度。各省区市配备 45 岁以下市级党政正职、40 岁以下市级党政副职、35 岁以下县党政正职的数量比上次换届时有所增加。

后备干部：重在培养、同样使用、动态管理、优进绌退。 党政领导班子后备干部队伍建设是关系党和国家长远发展的重大战略任务和重要基础工程。党的十六大后，中央组织部按照《党政领导班子后备干部工作规定》和中央要求，严格标准，严把程序，认真做好省部级后备干部人选的推荐、考察、调整工作，各地各部门也同时做好地厅、县处两级后备干部的集中调整工作。2009 年 2 月，中央出台了《2009—2020 年全国党政领导班子后备干部队伍建设规划》，明确提出要建设一支具有坚定的马克思主义政治立场和领导科学发展的本领、结构合理的高素质后备干部队伍，为各级党政领导班子建设提供充足的干部储备和源源不断的人才支持。各级组织部门按照"重在培

实践案例

四川、青海、新疆、西藏等省区对在应对重大自然灾害、处置重大突发事件中表现突出的优秀干部及时补充进后备干部名单，同时将工作处置不力、群众反映大、廉洁自律有问题的干部调整出后备干部名单。

养、同样使用，动态管理、优进绌退"方针，以实施"百千万工程"为抓手，结合实际采取一系列措施，坚持标准抓选拔，强化党性抓培养，突出重点抓管理，好中选优抓使用，一大批德才素质好、发展潜力大的优秀年轻干部及时充实进后备干部队伍，为各级领导班子建设储备了充足的人选。中央组织部制定印发《关于加强省部级后备干部培养锻炼工作的实施意见》，选调省部级后备干部到中央党校和三所干部学院培训学习，选派部分省部级后备干部到国家重点工程、西部艰苦地区和信访岗位挂职锻炼，加强党性锻炼、交流锻炼和基层锻炼；在各地各部门推荐的基础上，汇总掌握了全国部分优秀年轻干部名单；出台《关于做好党政领导班子后备干部动态调整工作的通知》，对省部级后备干部管理信息系统进行升级改造，提升后备干部管理的信息化水平。

三、加强女干部、少数民族干部、党外干部培养选拔任用工作——中国特色社会主义民主政治建设的重要举措

各级组织部门加强女干部、少数民族干部和党外干部的培养选拔配备工作，严格坚持标准，完善政策措施，健全工作机制，有效推动了培养选拔女干部、少数民族干部和党外干部工作的制度化、规范化，取得了明显进展。从2007年开始，建立了女干部、少数民族干部和党外干部培养选拔年度工作报告制度和工作通报制度，加强对培养选拔工作的宏观指导和监督检查。

女干部配备数量有了新提升。中央明确提出，县级以上地方党委、政府领导班子，应至少各配备1名女干部；中央和国家机关部委、

省（自治区、直辖市）、市（地、州、盟）党委、政府的工作部门，要保证一半以上的领导班子配备有女干部，县级党委、政府工作部门领导班子中女干部的数量应有所增加；担任地方各级党政正职的女干部要有一定数量。各级党委（党组）及组织人事部门坚持把培养选拔女干部工作纳入干部队伍建设的总体规划。中央组织部 2006 年召开了培养选拔女干部、发展女党员工作座谈会，提出了系统培养、择优使用的机制和办法。为保证有充足的女干部来源，在公务员考试录用、选调生和选聘大学生村官等工作中，坚持男女平等，严禁性别歧视；在后备干部集中调整和公开选拔等工作中对女干部采取了定向选拔等方式。以各级领导班子换届为契机，对加大女干部培养选配力度进行专题研究、作出专门部署。为提高女干部的能力素质，在各培训班次注意提高女干部参训比例，开展各类特色培训。截至 2010 年年底，全国女干部达 159.6 万人，约占公务员总数的 23.2%。

少数民族干部工作得到新加强。中央明确提出，民族自治地方党政领导班子，按照民族区域自治法和有关规定配备少数民族干部；非民族自治地方的少数民族聚居地区党政领导班子，应根据实际需要选配少数民族干部；少数民族人口较多的少数民族散杂居地区，其党政领导班子也要注意选配少数民族干部。2005 年，中央组织部召开培养选拔少数民族干部工作座谈会，进一步明确了系统培养、择优使用的机制和办法。各级组织部门坚持以换届为契机，加强少数民族干部的选拔配备工作。中央组织部、中央统战部、国家民委举办各类少数民族干部培训班，着力提高少数民族干部宏观思维、大局意识和党性修养。同时，有针对性地加强培养锻炼，继续从西部地区和其他少数民族地区选派干部挂职锻炼，进一步提高他们的政策理论水平和实际工作能力。

党外干部选人用人方式有了新改进。各级组织部门会同统战部门加强党外干部的培养选拔工作，努力拓宽培养渠道，创新选拔方式。2004 年，中央组织部召开了培养选拔党外干部工作座谈会，进一步明确了党外干部培养的目标、原则、思路和方法。党的十七大后，中央组织部探索实行了"培训＋考察"的党外干部选人用人新方式。着眼于储备优秀党外干部，会同中央统战部举办党外干部专题培训班，把学习培训与考察了解干部结合起来，开班前请各单位提供学员现实表现材料，开班后对学员进行基本理论知识测验和领导干部心理素质测评，培训班结束时，对每位学员作出写实性评价鉴定，作为日后使用的重要依据。一些地方和部门也探索运用多种途径和方式加强党外干部选拔，取得了较好成效。

四、科学配备领导班子——建设优势互补、结构合理的领导集体

优化年龄结构：老中青梯次配备、合理使用各年龄段干部。各级组织部门既抓紧选拔优秀年轻干部，又防止简单地搞任职年龄层层递减，形成老中青梯次配备的合理年龄结构，充分调动各年龄段干部的积极性。中央组织部在对全国县乡干部任职年龄情况进行调查统计的基础上，印发《关于防止县乡领导干部任职年龄层层递减的意见》，明确要求统筹把握县乡党政领导班子不同年龄层次干部配备比例，除国家统一规定外，不得另行规定干部任职年龄界限，保持县乡党政领导班子年龄结构动态平衡。各级组织部门还加大政策研究力度，健全干部选拔任用和退出机制，完善相关配套制度，积极推动形成干部新老交替的正常机制。在地方领导班子换届中，注重统筹把握不同年龄层次干部的配备比例，形成年龄结构更为合理的领导班子。

优化经历结构：实践经验丰富、专业知识互补。注重领导班子成员的专业知识配套和领导经验互补，努力实现优化组合，增强整体功能。明确要求中央和国家机关各部委领导班子副职、内设机构业务司局级领导干部，省（自治区、直辖市）党政领导班子成员及其工作部门领导班子成员，市（地、州、盟）党政领导班子成员应具备相应的专业知识，成为分管工作的内行。

优化来源结构：面向基层一线、拓宽选拔渠道。注重从基层一线选拔党政领导干部，结合换届和届中调整，有计划地从农村、国有企业、高等学校、科研院所及其他经济组织和社会组织中选拔优秀人才进入党政领导班子。地方党政领导班子成员和党政工作部门领导班子成员出现空缺时，注重从具有基层一线工作经历的优秀人才中选拔。

五、积极推进干部交流——提升领导班子功能、促进干部健康成长

干部交流，是我们党管理干部的优良传统，是新时期我国干部人事制度改革的重要内容。党的十六大以来，着眼于培养锻炼干部，优化配置党政领导人才，改善领导班子结构，推动经济社会科学发展，以重要岗位为重点，干部交流力度不断加大，成为在实践中培养锻炼

政策链接

• 2006 年 6 月，中央办公厅印发《党政领导干部任期暂行规定》、《党政领导干部交流工作规定》、《党政领导干部任职回避暂行规定》3 个法规文件，把干部交流制度与干部任期、回避制度统筹考虑，整体推进。

• 2009 年 10 月，中央印发《2009—2013 年全国党政领导班子建设规划纲要》，明确提出加大干部交流力度的具体举措。

• 2009 年 12 月，中央印发《2010—2020 年深化干部人事制度改革规划纲要》，进一步明确了完善干部交流回避制度的主要任务。

干部的有效途径，推动区域协调发展的有效方式，保持干部队伍朝气与活力的有效手段，干部交流工作在改革创新中呈现出新特点、取得新成效。近 10 年来，平均每年全国党政干部交流总量约 33 万，占全国党政干部总数的 5% 左右。

关键岗位重点交流。坚持把县级以上地方党委、政府领导班子成员，纪委、人民法院、人民检察院和党委、政府部分工作部门的正职

领导成员，以及在同一职位任职时间较长的领导干部作为交流的重点对象。对新提拔的地方纪检机关（监察部门）、组织部门、人民法院、人民检察院、公安部门的正职领导成员实行异地任职。目前，31个省区市党委书记全部由交流干部担任，政府正职除民族自治区以外交流干部22人；市、县、乡党政正职干部全部实现交流任职。2004—2005年，分两批集中交流了10名省区市党委组织部长。2006—2007年省级党委换届时，从中央机关选派领导干部到北京、天津、上海、重庆4个直辖市任纪委书记。目前，31个省区市的纪委书记、组织部长中，交流干部分别占83.9%和90.3%。2008年抓住省级人大、政府、政协换届有利时机，积极推进省区市法检"两长"的集中交流，涉及20个省区市共26人，交流、轮岗面近50%，是历次换届交流人数最多的一次。2012年，省级人大、政府、政协领导班子换届前，集中交流了9名公安厅局长。目前，市、县、乡党政关键岗位干部全部实现交流任职。

服务发展专项交流。紧紧围绕党和国家的工作大局培养锻炼干部，选派中青年干部到国家重点工程、北京奥组委、上海世博会、四川汶川地震灾区、信访岗位挂职锻炼。服务于中央西部大开发、振兴东北老工业基地、中部崛起战略，近10年，中央组织部先后选派4批660名中央和国家机关干部到西部地区、东北老工业基地和革命老区挂职锻炼，选派了5批79名中青年后备干部到国家重点工程挂职锻炼。将干部培养锻炼和信访工作有机结合起来，从2009年开始，已选派8批359名中央和国家机关中青年干部到国家信访局挂职锻炼。

注重基层上下交流。采取多种方式，积极推进上下级机关的干部

实践案例

　　江苏省采取有效措施，从苏南地区选派干部到苏北任职，为推动苏北经济社会发展注入了新的活力，同时还从苏北选拔熟悉"三农"工作的干部交流到苏南任职，加强了苏南新农村建设。

交流。注重把缺乏艰苦环境锻炼的优秀中青年干部交流到条件艰苦、工作困难地方或急难险重任务中经受考验，注重把多岗位锻炼、交流任职、挂职锻炼等作为后备干部实践锻炼的主要方式，注重把缺乏基层领导工作经历的机关干部交流到基层和生产一线培养锻炼。建立健全干部交流激励机制，根据党政领导机关干部结构和职位需求，结合交流的去向和本人的条件，分别实行提拔交流和平级交流。同时，根据领导班子建设的需要，有计划地将具有基层或生产一线领导工作经历的优秀干部和人才安排进入党政领导班子，逐步形成了较为完整的基层一线党政人才培养选拔链。2010 年以来，连续 3 年集中组织开展中央单位与省区市中青年干部双向交流任职工作，共交流司局级干部 251 人，其中 129 人到地方任职，122 人到部委、中管企业任职。

打通壁垒横向交流。根据领导班子建设和干部成长的实际需要，不断加大地区、部门、重要企事业单位之间干部交流的力度。各地各部门积极探索内部轮岗和跨部门交流，党政机关内设机构处级及以上干部的轮岗交流逐步形成制度。党政机关、国有企业、事业单位之间干部的正常流动渠道进一步疏通。

六、加强机关、群团、企业、学校领导班子配备——统筹推进各领域领导班子建设

党的十六大以来，各级组织部门坚持党管干部原则，着眼于优化结构、提升功能，不断加大探索创新和工作力度，统筹推进机关、群团、企业、学校领导班子建设。在机关班子配备上，坚持德才兼备、以德为先用人标准，根据机关工作特点和事业发展需要，认真做好班子配备调整工作。在群团班子配备上，坚持拓宽选人视野，加强竞争比较，实现好中选优。2008 年，在全国总工会、团中央、全国妇联和中国残联换届工作中，专门请地方、部门和有关方面推荐优秀干部；创新选拔方式，采取差额考察、二次推荐等方式实现好中选优。2011 年、2012 年，在中国文联、作协、记协换届考察和中国工程院、

中国科协、国家自然科学基金委员会领导班子换届人事安排中，广泛听取各方面意见，切实把人选准选好。在国有企业班子建设上，坚持大力优化企业领导人员的资源配置，提升企业领导人员的年轻化、知识化、专业化水平。在高等院校班子建设上，不断创新选拔方式，突出抓好高校党政正职配备。坚持按照社会主义政治家、教育家标准，拓宽选人视野，规范选拔程序，开展差额比选，进一步选优配强中管高校党委书记、校长。

第四节　突出从严管理日常监督，干部健康成长环境进一步优化

党要管党、从严治党，关键是从严管理干部。党的十六大以来，中央对加强干部管理监督作出了一系列重大部署，出台了一系列制度文件。组织部门认真贯彻中央要求，落实标本兼治、综合治理、惩防并举、注重预防的方针，以干部行使权力过程中的表现为监督的主要内容，以完善干部管理机制、加强事前防范为监督的基本途径，以实施组织调整为监督的重要手段，大力执行和不断完善各项管理监督制度措施，对干部从严要求、从严教育、从严管理、从严

政策链接

- 2003 年 12 月，中央印发《中国共产党党内监督条例（试行）》。
- 2003 年 12 月，中央印发《中国共产党纪律处分条例》。
- 2005 年 1 月，中央印发《建立健全教育、制度、监督并重的惩治和预防腐败体系实施纲要》。
- 2009 年 6 月，中央办公厅、国务院办公厅印发《关于实行党政领导干部问责的暂行规定》。
- 2009 年 10 月，中央办公厅印发《关于进一步从严管理干部的意见》。

监督，切实防止和解决干部管理失之于宽、失之于软的问题，使干部不敢懈怠、不敢腐败、不敢专权、不敢失责，自觉做到为民、务实、清廉。

一、日常教育管理——常抓不懈、强化约束

干部的健康成长，既要靠自律，又要靠他律。组织部门切实履行在干部日常管理监督上的职责，坚持以正面教育为主，以预防为主，以事前监督为主，早抓早管，持之以恒，防微杜渐。突出党性教育促干部作风养成，结合实施大规模培训干部工作，把党性党风党纪和反腐倡廉教育列入干部教育培训整体规划和年度计划。各级干部教育培训机构设置专门课程，将其作为必修课、常修课，引导党员干部讲党性、重品行、作表率。开展谈心谈话促干部健康成长，党委（党组）主要负责同志与班子成员谈心并与下一级党政正职谈话，分管领导与所分管部门主要负责同志及其班子成员谈话，班子成员之间互相进行谈心，组织人事部门与所联系领导干部谈话，及时对干部的学习、工作、作风提出同志式的指导和帮助，并提醒注意干部群众反映的苗头性、倾向性问题。加强考察考核促干部务实清廉，加强干部的任职考察、日常考核、年度考核以及生活圈、社交圈考察，及时了解干部的日常表现，探索加强干部"八小时之外"监督，把考核结果作为干部选拔任用、培养教育、管理监督和激励约束的重要依据。加大治懒治庸力度促干部勤政有为，进一步加强对不胜任、不称职干部的组织调整工作，认真执行问责

实践案例

山东省建立各级组织部长与干部"双向约谈"制度，既主动约谈干部，也接受干部约谈，畅通与干部的沟通交流渠道，产生了"三多一高"的良好效果，即通过正常渠道找组织谈心的多了，聚精会神干事创业的多了，凭实绩公平竞争的多了，干部群众对组织工作和组织部门的满意度高了。

制度，督促广大干部忠于职守、履职尽责、秉公用权、奋发有为。对那些不负责任、不干事情、不思进取、无所作为的"懒官"、"庸官"，及时进行组织调整；对因工作失职造成严重后果或者恶劣影响的干部，严格进行问责。

二、诫勉谈话和函询——及时提醒、防微杜渐

在总结实践经验的基础上，2005 年 12 月，中央办公厅印发《关于对党员领导干部进行诫勉谈话和函询的暂行办法》，明确了对党员领导干部进行诫勉谈话和函询的方式、报批、承办、实施等程序内容。各地各部门认真落实中央要求，不断加大对党员领导干部的诫勉谈话和函询力度，针对发现的和群众反映的干部思想作风、道德品质、履行职责、选人用人、廉洁自律等方面的苗头忄生问题，及时进行诫勉谈话，提醒和督促干部纠正；或者发出函询，要求干部本人以书面形式说明情况、答复问题，有则改之、无则加勉。2009 年，中央组织部研究制定了《关于对反映中管干部选人用人问题进行函询的实施办法》，积极运用诫勉谈话、函询方式强化选人用人工作监督。诫勉谈话和函询逐步成为提醒在早、解决在小、事前预防、及时纠正的有效监督手段，同时也充分体现了对干部的关心爱护。

> **实践案例**
>
> 　　湖南省岳阳市自 2007 年实施《有错与无为问责办法》、《"不换状态就换人"实施意见》、《庸懒表现挂号销号制度（试行）》以来，先后问责处理不作为、乱作为的干部 1133 名，调整"不在状态"的干部 417 名，在干部群众中引起强烈反响。

三、个人事项报告——接受监督、促进自律

健全和完善领导干部报告个人有关事项制度，是党的十六大以来加强领导干部管理监督、促进领导干部廉洁自律、回应社会关切的一

项重要举措和制度创新。

路径回放

| 2006 年 9 月，中办印发《关于党员领导干部报告个人有关事项的规定》，明确规定县处级以上党员领导干部应如实向组织报告本人的婚姻变化情况等 8 个方面事项。 | 2009 年 9 月，党的十七届四中全会提出，完善党员领导干部报告个人有关事项制度，把住房、投资、配偶子女从业等情况列入报告内容。 | 2010 年 5 月，中办、国办修订出台《关于领导干部报告个人有关事项的规定》，将房产、投资、配偶子女从业情况列入报告内容，并将非党员领导干部纳入报告主体。 | 2010 年 12 月，中央纪委、中央组织部联合印发《关于进一步做好两项法规贯彻实施工作意见》，并出台了 5 项配套制度，进一步明确报告内容及报告材料的受理、查阅、保管等具体要求。 |

各级组织部门会同纪检监察机关，狠抓领导干部个人有关事项报告制度的贯彻落实，督促如实报告个人有关事项，自觉遵守廉洁自律有关规定，严格要求亲属和身边工作人员，主动接受监督，干干净净做事、清清白白为官、老老实实做人。2006 年至 2008 年，全国县处级以上领导干部共 262.9 万余人次报告了个人有关事项。2011 年 1 月，全国首次集中报告中，共有 105.8 万余人次报告了个人有关事项。一些领导干部反映，向组织上报告个人有关事项"亮家底"，对自己是一种很好的提醒和约束。

四、全面开展巡视——上级监督、集中深入

建立和完善巡视制度，是党中央从加强党内监督、提高党的领导水平和执政能力、保持党的先进性和纯洁性的战略高度作出的重大

决策。

按照中央的部署和要求，中央巡视工作领导小组及其办公室在总结实践经验的基础上，加强建章立制工作，不断提高巡视工作的制度化规范化水平，初步形成了以巡视工作条例为核心、《中央巡视工作领导小组工作规则》、《中央巡视工作领导小组办公室工作规则》、《中央巡视组工作规则（试行）》、《关于被巡视地区、单位配合中央巡视组开展巡视工作的暂行规定》等 4 个法规文件为框架、《中央巡视组信访工作办法（试行）》、《中央巡视组回访工作暂行规定》、《关于中央巡视组巡视发现中管干部问题线索的处理办法》、《中央巡视工作流程（试行）》等有关配套制度相互衔接统一的巡视工作制度体系。各省（区、市）和部分中央部门、企业、金融机构党委（党组）分别成立巡视工作领导小组、设立领导小组办公室，形成了中央统一领导、分级负责的领导体制和工作机制。党的十七大以来，中央巡视机构

路径回放

- 2002 年 10 月，党的十六大提出，要建立和完善巡视制度。
- 2003 年 8 月，中央纪委、中央组织部组建专门巡视机构和专职巡视队伍。
- 2003 年 12 月，《中国共产党党内监督条例（试行）》明确把巡视制度确立为党内监督的一项重要制度。
- 2007 年 10 月，党的十七大把巡视制度写入党章。
- 2009 年 9 月，党的十七届四中全会进一步提出，要加强和改进巡视工作，健全巡视工作领导机制，选好配强巡视干部，完善巡视程序和方式，提高巡视成效。
- 2009 年 7 月，中央颁布实施《中国共产党巡视工作条例（试行）》。
- 2009 年 11 月，中央作出了成立中央巡视工作领导小组，将中央纪委、中央组织部巡视工作办公室和巡视组更名为中央巡视工作领导小组办公室和中央巡视组的决定。

完成了对 31 个省（区、市）和新疆生产建设兵团、33 家国有重要骨干企业和中央金融机构、2 所中管高校的巡视。各省（区、市）巡视机构完成了对 333 个市（地、州、盟）、1923 个县（市、区、旗）及530 个省直部门和 273 家省属国有企业、高校的巡视。

通过开展巡视，发现和推动解决了被巡视地区和单位在贯彻落实科学发展观、加快转变经济发展方式、保障和改善民生、维护民族团结和社会稳定、加强和改进新形势下党的建设以及领导班子和干部队伍思想、工作、作风等方面存在的突出问题，发现和移交了一些反映领导干部涉及违纪违法问题线索，推动了改革发展稳定各项工作，推动了各级领导班子和干部队伍建设，推动了党风廉政建设和反腐败工作深入开展。

五、经济责任审计——拓展渠道、形成合力

党的十六大以来，在党中央和国务院的高度重视下，各级组织部门与纪检监察、审计等机关密切配合，认真执行和健全完善经济责任审计制度，强化审计监督，突出审计重点，运用审计结果，使其成为加强干部管理监督、推进依法行政和促进党风廉政建设的一项重要措施。2004 年 11 月，有关部门印发《关于将党政领导干部经济责任审计范围扩大到地厅级的意见》；2010 年 10 月，中办、国办印发《党政主要领导干部和国有企业领导人员经济责任审计规定》。党的十六大以来，全国共对 36.7 万名领导干部进行了审计，其中，党政领导干部 35.2 万人，国有企业领导人员 1.5 万人，省部级领导干部和中央企业领导人员 163 人。运用审计结果，全国共对 1.1 万人依法依纪依规予以处理。

第五节　突出让党放心让老同志满意，老干部
工作进一步加强

党的十六大以来，中央高度重视老干部工作，作出了一系列新部署，提出了一系列新要求。中央组织部按照中央精神，出台了《关于进一步加强新形势下离退休干部工作的意见》，对做好新时期离退休干部工作进行具体部署，指导各地各部门扎实推进老干部工作，全面落实老干部各项待遇，充分发挥老干部积极作用。各级组织部门、老干部工作部门不断加强工作力度，创新工作方式，推动老干部工作取得了新的进展，老同志的满意度不断提高。

一、加强"两项建设"——离退休干部思想政治建设和党支部建设扎实有效

各地各部门把加强离退休干部"两项建设"摆在重要位置。2008年，中央组织部召开了全国离退休干部党支部建设暨思想政治建设经验交流会，总结交流了党的十六大以来的成功做法和新鲜经验，明确了下一步的目标要求和工作重点。

思想政治建设：让老同志始终政治坚定、思想常新、理想永存。认真开展理论武装和形势政策教育，向老同志及时传达中央重大决策部署和要求，引导老同志进一步加深了对党的基本理论、基本路线、基本方针、基本政策的理解。坚持从政治上关心老同志，不断健全老同志阅读文件、听报告、参加重要会议和活动、通报情况、走访慰问、参观学习、听取意见建议等各项制度，老同志的政治待遇得到有效落实。结合重大活动组织老同志开展丰富多彩的纪念和庆祝活动，中央组织部分别于2004年和2009年两次召开全国离退休干部先进党支部和先进个人表彰大会，进一步激发了老同志永远跟党走的情怀，涌现出了以杨善洲、吴大观、解黎明、徐素珍等为代表的一大批

离退休干部先进典型。在建党 90 周年之际，中央组织部向全国老干部、老党员发出了《慰问信》，使广大老同志充分感受到了党的关怀。为进一步加强和改进离退休干部思想政治工作，中央组织部 2011 年创办《离退休干部党支部学习参考》，发放到全国每个离退休干部党支部。

党支部建设：组织健全、制度完善、管理规范、活动经常。2006年，中央组织部制定了《关于进一步加强和改进离退休干部党支部建设工作的意见》，对离退休干部党支部的主要职责、思想政治建设、组织建设、制度建设等提出了一系列新要求。各地各部门根据离退休干部身体状况、居住方式发生的新变化，不断创新和优化离退休干部党支部的设置方式、活动方式，许多地方和单位打破原有隶属关系，就近就便组织老同志参加组织生活，探索实行"支部建在楼宇、支部建在社区、支部建在社团"，进一步提高了组织覆盖和工作覆盖。许多地方探索在市、县建立离退休干部党工委，对本地区离退休干部党建工作实行统管。一些单位通过公推直选的方式产生离退休干部党支部书记，增强了支部班子的活力。一些离退休干部党支部还自发地建立 QQ 群、设立博客，打造了离退休干部思想政治工作新的平台和阵地。目前，全国 21 万多个离退休干部党支部，绝大多数组织健全、制度完善、管理规范、活动经常。

二、落实"两项待遇"——离休干部生活待遇和医疗待遇大幅提升

坚持以人为本、服务为先，为老同志办实事、做好事、解难事的力度不断加大，党的十六大以来是离休干部生活待遇、医疗待遇提高幅度最大、惠及人数最多的时期，充分体现了党中央、国务院对老同志的深切关怀和共享改革发展成果的执政理念。

离休干部生活待遇不断提高。2005 年、2007 年、2008 年，经党中央同意，中央组织部会同有关部门先后提高了红军时期、抗日战争

　　河南省于 2011 年成立"省敬老助老总会"，以实施"助老工程"为载体，通过向社会各界爱心人士和企业募集资金，为老同志做好事、办实事、解难事。

时期和生活长期完全不能自理离休干部的护理费标准，并将发放范围扩大到解放战争时期的离休干部。2011 年，对大革命时期、红军时期、抗日战争时期参加革命工作的离休干部，在原有基础上，每年再增发一个月基本离休费作为生活补贴，并将发放范围也扩大到解放战争时期的离休干部。各级组织部门大力推进困难离退休干部关怀、帮扶工作，通过走访慰问、减免各种费用、发放困难补助金等方式，为老同志解决实际困难和问题，并努力实现制度化长效化。

　　离休干部医疗待遇不断改善。党的十六大以来，先后 6 次提高了大革命时期、红军时期、抗日战争时期参加革命工作的离休干部的医疗待遇，涵盖范围之广、提高幅度之大、惠及人数之多是前所未有的，在老同志中和社会上产生了很好的反响。各地各部门在扩大离休干部定点医院范围、增加药品报销种类、简化报销程序、缩短就医等待时间等方面，出台了不少优惠措施，使老同志享受到了更为周到、便捷的医疗服务。据统计，干部离退休制度建立 30 年来，全国共有约 1 万名离休干部提高享受副省（部）长级以上医疗待遇，其中约 9000 人是十七大以来提高的；全国共有约 14 万名离休干部提高享受司局级医疗待遇，其中约 13.5 万人是十七大以来提高的。2010 年，中央组织部会同有关部门出台文件，使在京中央单位离休干部就诊医院选择范围由 3 家扩展到 200 多家，3.7 万名离休干部因此受益。2010 年以来，中央组织部会同有关单位，在北京市部分离退休干部集中居住区开展了医疗卫生服务试点工作，使老同志在社区实现了就近医疗。

　　"三个机制"经费保障力度不断加大。2003 年，中央组织部会同有关部门印发了《离休干部"两费"保障工作的基本要求》，对建立健全离休干部"三个机制"、确保"两费"落实，作出了具体规定。加大对各地"三个机制"运行情况的工作指导和督促检查，集中清理了部分地区和单位的"两费"拖欠。2008 年，中央组织部会

> **名词解释**
>
> "三个机制"：指离休干部离休费保障机制、医药费保障机制和财政支持机制。

同有关部门出台了《关于进一步落实中央企业离休干部医药费保障机制的意见》，中央纪委、中央组织部等 6 部委也对离休干部生活补贴标准作出明确规定，使"三个机制"进一步健全完善。

三、搭建有效载体——老干部作用得到充分发挥

各地各部门积极组织引导老同志在推动科学发展、促进社会和谐、加强党的建设、关心教育下一代等方面作出力所能及的新贡献。2004 年和 2005 年，中央组织部会同有关部门出台文件，对发挥老干部、老战士、老专家、老教师、老模范在未成年人思想道德建设中的作用、发挥离退休专业技术人员的作用等，提出了明确要求。弘扬党的优良传统作风，发挥广大离退休干部经过长期党内政治生活锻炼和艰苦环境磨炼，政治立场坚定、党性观念很强的优势，组织他们为广大党员干部和青少年宣讲党的优良传统，做好思想政治教育。推动经济社会又好又快发展，发挥广大离退休干部熟悉各方面情况、工作经验丰富的优势，组织他们为地区经济社会科学发展和推动各项工作出谋划策、凝聚智慧。维护社会和谐稳定，发挥广大离退休干部人生经验丰富、社会影响较高的优势，组织他们协助党委和政府倾听群众心声、协调利益关系、化解社会矛盾。关心教育下一代，发挥广大离退休干部具有党的优良传统、丰富历史知识和较高道德修养的优势，组织他们采取多种形式开展关心教育下一代活动，培养中国特色社会主义事业的合格接班人。截至 2011 年年底，全国参加关心教育下一代

工作的老同志已超过 900 万人，他们致力于向青少年宣讲革命历史和传统，致力于青少年的健康成长，为培养有理想、有道德、有文化、有纪律的社会主义建设者和接班人作出了积极贡献。同时，在近年来发生的雨雪冰冻灾害、汶川特大地震、甘肃舟曲泥石流等重大自然灾害中，广大老同志也踊跃捐款捐物，积极交纳"特殊党费"，为全社会树立了良好道德榜样。

四、精心精细精致——离退休干部服务管理水平迈上新台阶

根据经济社会发展和离退休干部队伍结构、需求等方面的变化，积极探索做好服务管理工作的新思路、新办法，不断提高老同志的满意度。

老干部活动中心和老年大学建设卓有成效。2006 年，中央组织部召开了全国老干部活动中心老年大学工作座谈会，总结了各地各部门的好经验好做法，提出了加强和改进工作的新要求。各地各部门不断加大投入，新建或改扩建了一大批老干部学习活动场所，基础设施条件得到明显改善。截至 2011 年年底，全国各级老干部活动中心（站、室）共有 7.7 万多个，建筑面积近 1900 万平方米，分别比 2002 年时增加了 35% 和 36%。截至 2011 年年底，全国由老干部工作部门管理指导的老年大学有 6800 多所，建筑面积 425 万平方米，分别比 2002 年时增加了 1 倍和 1.5 倍。各地各部门还普遍开展了老干部活动中心"达标创优"活动和创建老年大学"示范校"活动，不断提高老干部活动中心和老年大学的服务管理水平。

社区"四就近"工作取得突破进展。2009 年，中央组织部召开全国利用社区资源做好离退休干部服务管理工作经验交流会，总结了近年来各地各部门开展社区"四就近"工作的经验做法。2010年，中央组织部等 9 部门联合印发了《关于利用社区资源做好离退休干部服务工作的意见》，对社区"四就近"工作的指导思想、基本原则、基本形式、主要内容作出了明确规定。各地各部门深入学习

贯彻文件精神，普遍制定了实施意见，召开了专题会议，深化了试点工作，社区"四就近"工作进入了新的发展阶段。

老同志文化学习活动丰富多彩。坚持从离退休干部的身体状况和兴趣爱好出发，依托老干部活动中心和老年大学，举办了书法、绘画、摄影、音乐、舞蹈、健身、诗词、电脑等多种类型的

> **名词解释**
>
> 社区"四就近"工作：即利用社区资源做好离退休干部服务工作，在保持原有服务关系、管理关系的基础上，实现离退休干部就近学习、就近活动、就近得到关心照顾、就近发挥作用，为老同志提供更多更好的服务。

学习班、培训班，组织开展了书画展、运动会、艺术节等丰富多彩的文体活动。目前，每天在各级老干部活动中心（站、室）和老年大学活动、学习的老同志，分别达280多万人和近200万人，均比2002年翻了一番。许多老同志反映，在这里重新找到了年轻时的梦想，焕发了人生的"第二次青春"。

"双高期"离休干部服务更加精细化。根据进入高龄期、高发病期的离休干部足不出户多、独居空巢多、突发情况多的特点，普遍为老同志配备了应急呼叫电话、安装了"电子保姆"、开辟了就医"绿色通道"、开办了"老年饭桌"；许多社区为老同志提供了代购物、保洁、护理、上门巡诊、建立家庭病床等服务；许多地方和单位组织志愿者定期走访慰问老同志，陪老同志聊天谈心，提供精神慰藉等，使老同志享受到了更加多样化、个性化、亲情化的服务。

老干部工作部门自身建设进一步加强。十六大以来，各级党委、政府高度重视老干部工作部门自身建设，通过加强组织领导、强化学习培训、加大交流力度等措施，老干部工作队伍的政治素质和业务能力得到进一步提升，结构明显优化，活力显著增强，为全面做好新时期老干部工作提供了坚强组织保证。2006年和2011年，中央组织部

会同人力资源和社会保障部（人事部）先后对全国老干部工作先进集体和先进工作者进行表彰。

> ## 未来展望
>
> **政治素质进一步提高**：理想信念更加坚定，马克思主义理论水平有新的提高，贯彻落实科学发展观自觉性和坚定性明显增强。
>
> **能力进一步增强**：推动科学发展、促进社会和谐的本领，总揽工作全局、进行战略思维的本领，应对危机、驾驭复杂局面的本领，协调利益关系、服务人民群众的本领明显提高。
>
> **作风进一步改进**：求真务实、艰苦奋斗、勤俭节约、廉洁从政等优良作风进一步弘扬，领导班子更加团结和谐，党群、干群关系更加密切。
>
> **结构进一步改善**：形成班子成员年龄、经历、专长、性格互补的合理结构。
>
> **制度进一步健全**：领导班子贯彻民主集中制的各项制度更加健全，工作机制更加完善，运转协调高效。

第五章 加大力度、改进方法，创新机制、优化格局

——干部教育培训统筹性针对性实效性显著提高

高层声音

　　干部教育培训是建设高素质干部队伍的基础性工作，必须紧扣科学发展这个主题和加快转变经济发展方式这条主线，联系实际创新路，加强培训求实效。

——胡锦涛

　　党的十六大、十七大报告都提出了大规模培训干部、大幅度提高干部素质的战略任务，十七届四中全会作出建设马克思主义学习型政党的战略部署。各地各部门按照中央部署和要求，坚持服务科学发展、服务干部成长，认真贯彻落实《干部教育培训工作条例（试行）》、"十五"和"十一五"全国干部教育培训规划、《2010—2020 年干部教育培训改革纲要》等重要文件精神，把提高质量和效益摆在更加突出的位置，加大工作推进力度，加快改革创新步伐，干部教育培训的统筹性针对性实效性显著提高。2009—2012 年全国组织工作满意度调查结果显示，干部教育培训工作的满意度连年大幅跃升，是组织工

作12个单项指标中提升幅度最大之一。

第一节　干什么训什么、缺什么补什么，教育培训质量不断提升

把组织需求、岗位需求和干部个人需求有机结合起来，坚持以人为本、按需施教，坚持干什么训什么、缺什么补什么，加强顶层设计和宏观指导，统筹抓好理论武装、党性教育和能力培养，统筹抓好重点培训和分级分类培训，干部教育培训质量和效益不断提升。

一、突出理论武装、党性教育、能力培养

理论武装见效果：及时跟进、入脑入心。按照中央"理论创新每前进一步、理论武装就要跟进一步"的要求，始终把学习和掌握马克思主义中国化最新成果作为中心内容，着力推进党的创新理论进教材、进课堂、进头脑，帮助各级干部牢固树立马克思主义世界观、人生观、价值观，始终保持政治上的清醒和坚定，始终保持共产党人的先进性和纯洁性。全国54万多名县处级以上领导干部参加了"三个代表"重要思想的集中轮训，参加理论教育的干部达3000多万人次。

2010年2月，省部级主要领导干部深入贯彻落实科学发展观加快经济发展方式转变专题研讨班在中央党校举办。

党性教育创新路：现场教学、历史体验。以坚定信念、对党忠诚、服务人民、廉洁自律为

重点加强党性教育和道德品行教育。中央组织部会同中央党校、中国井冈山干部学院和中国延安干部学院等，对全国县处级以上领导干部进行以"加强党性修养、坚定理想信念、

中国延安干部学院开展现场教学。

保持优良作风"为主题的培训，其中，培训省部级后备干部1207人次、厅局级干部21000多人次。中国井冈山、延安干部学院建成以来开展党性教育共培训县处级以上干部10万余人次。

　　能力培训促发展：贴得紧、用得上。着眼于广大干部履行岗位职责的需要，有针对性地开展岗位必备知识和能力的培训，加强与业务工作密切相关的新理论、新知识、新规则、新技能的培训，帮助干部

2011年5月，省部级领导干部加强食品安全监管专题研讨班在国家行政学院举办。

及时更新知识、完善知识结构、提高科学文化素养、增强本领能力。围绕"十一五"经济社会发展目标和"十二五"主题主线，重点开展了城市化建设、社会主义新农村建设、自主创新、保障民生、应对危机、创新社会管理等内容的教育培训。

二、突出培训统筹、规划落实、宏观指导

注重整体规划，加大统筹力度。召开全国干部教育培训工作会议，出台全国干部教育培训5年规划，对全国干部教育培训工作作

出部署。召开全国干部教育联席会议，对重大问题、重大改革措施、重大培训计划进行审议会商，健全干部教育培训宏观管理体制。制定印发全国干部教育培训工作年度要点，明确干部教育培训的重点内容、重点对象及有关要求，为各地各部门开展干部教育培训提供基本遵循。近年来把增强统筹性作为干部教育培训工作的重中之重，充分发挥干部教育培训主管部门职能作用，加强对培训管理、培训渠道、培训计划、培训对象、培训内

容、培训资源的统筹，推动干部教育培训工作取得新进展。

需求调研为先，科学生成计划。将需求调研作为培训计划生成的逻辑起点，通过需求调研、组织申报、特色比对、统筹优化，准确把握组织需求、岗位需求和干部需求，以此为依据设计培训项目、

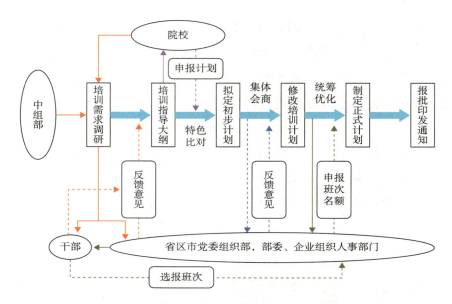

国家级干部院校年度计划生成机制示意图

提出培训计划。同时，建立培训计划协调会商机制，研究确定重点班次、培训专题、培训计划等事项。广大干部反映，在干部培训计划的生成机制上，实现了需求有效对接、班次统筹安排、横向相互协调、上下有序联动，有效避免了多头调训、重复培训、多年不训等现象，增强了干部培训的统筹性针对性实效性。中央组织部会同有关部门研究确定国家级干部院校年度计划，制订印发了《2004—2008年省部级领导干部脱产学习进修计划》和《2009—2012年省部级领导干部脱产学习进修计划》，对省部级干部学习培训作出系统安排。

打造交流平台，加强工作指导。改进《全国干部教育通讯》办刊方式，面向全国

党政领导干部和干教工作者，突出思想性、政策性、指导性和可读性，宣传党的干部教育培训方针政策，总结交流各地各部门教育培训经验做法，引导干部加强学习，成为传达上情、反映下情、服务基层、推动学习的重要载体。

三、突出抓好集中轮训、组织调训、专题培训

省部级主要领导干部专题研讨班：研究重大问题、统一思想认识。2003年以来，中央先后举办11期重点培训班，分别是新进中央

路径回放

中央直接举办重点培训班次

- 新进中央委员会的委员、候补委员学习"三个代表"重要思想和贯彻十六大精神研讨班（2003.2）
- 省部级主要领导干部学习贯彻"三个代表"重要思想专题研讨班（2003.9）
- 省部级主要领导干部树立和落实科学发展观专题研究班（2004.2）
- 省部级主要领导干部提高构建社会主义和谐社会能力专题研讨班（2005.2）
- 省部级主要领导干部建设社会主义新农村专题研讨班（2006.2）
- 省部级主要领导干部学习《江泽民文选》专题研讨班（2007.2）
- 新进中央委员会的委员、候补委员学习贯彻党的十七大精神研讨班（2007.12）
- 省部级主要领导干部深入学习实践科学发展观专题研讨班（2008.9）
- 省部级主要领导干部深入贯彻落实科学发展观加快经济发展方式转变专题研讨班（2010.2）
- 省部级主要领导干部社会管理及其创新专题研讨班（2011.2）
- 省部级主要领导干部专题研讨班（2012.7）

高层声音

2006 年 1 月 28 日，胡锦涛同志视察中国延安干部学院时指出："建设社会主义新农村这个战略任务的落实，要抓县委书记和县长，这很关键。因为县一级领导干部特别是县委书记、县长，他们是不是能够全面准确地领会和把握中央关于建设社会主义新农村的一系列指示精神，能不能联系实际制定措施，扎实推进，这很重要。这就要求对县委书记、县长进行培训。"

委员会的委员、候补委员学习"三个代表"重要思想和贯彻十六大精神研讨班，省部级主要领导干部学习贯彻"三个代表"重要思想、树立和落实科学发展观、提高构建社会主义和谐社会能力、建设社会主义新农村、学习《江泽民文选》专题研讨班，新进中央委员会的委员、候补委员学习贯彻党的十七大精神研讨班，省部级主要领导干部深入学习实践科学发展观、深入贯彻落实科学发展观加快经济发展方式转变、社会管理及其创新、学习胡锦涛总书记重要讲话精神迎接党的十八大专题研讨班。

县委书记、县长集中轮训：贯彻中央要求、推动基层落实。注重突出县委书记、县长等关键岗位的培训，确保中央重大决策、重大部署、重大任务在基层

2012 年 3 月，第四期县委书记任职培训班座谈会在中央党校召开。

落实、在基层见效。2006 年，以"建设社会主义新农村"为主题举办了 50 期专题培训班，组织 5474 名县委书记、县长深入学习和研究新农村建设的重大理论和实践问题。2008 年，以"学习贯彻党的十七届三中全会精神"为主题举办 6 期培训班，1982 名县（市、区、旗）委书记参加培训，学习领会推进农村改革发展的指导思想、目标要求、重大原则和工作部署，深入研究农村改革发展面临的新情况、新问题、新任务、新挑战，不断提高领导农村改革发展的本领。2010 年以来，中央组织部连续举办 4 期"新任县委书记培训班"，920 人参加培训，全国培训新进市、县领导班子成员 1.6 万人。

　　实施各项专题培训：紧扣战略规划实施、服务重大任务推进。 2003 年 2 月，根据中央要求，中央组织部会同有关部门组织了新任全国人大代表和全国政协委员学习十六大精神和"三个代表"重要思想，学习宪法及有关法律、政协章程活动，共有 2614 名全国人大代表、1120 名新任全国政协委员参加了学习。围绕"十一五"经济社会发展目标和"十二五"主题主线，深入开展转变经济发展方式、城市化建设、社会主义新农村建设、应对金融危机、自主创新、推进教育改革与发展、创新社会管理、加强食品安全监管、文化体制改革与文化建设等专题培训。各地结合实际加强专题培训，东部地区围绕率先发展、中部地区围绕中部崛起、西部地区围绕西部大开发、东北地区围绕振兴老工业基地等国家发展战略布局，开展了各具特色、亮点纷呈的培训。问卷调查显示，76.4% 的党政机关干部、80.8% 的企业经营管理人员认为，干部教育培训工作服务科学发展、服务干部成长的效果"明显"或"较好"。

四、突出分级管理、分类培训、区域特色

　　分级管理：明确责任、逐级落实。 坚持组织部门牵头抓总，有关部门各尽其责，分级培训，一级抓一级、层层抓落实。中央组织部负责全国干部教育培训的整体规划、宏观指导、协调服务、督促检查、

制度规范；各省区市党委组织部负责本地区干部教育培训的统筹规划、工作指导、协调服务、督促检查；市县党委组织部负责研究制定本地区干部教育培训方案和计划，

政策链接

　　全国干部教育培训工作实行在党中央领导下，由中央组织部主管，中央和国家机关有关工作部门分工负责，中央和地方分级管理的体制。

　　　　　——《干部教育培训工作条例（试行）》

并抓好组织实施；干部所在单位负责组织实施本单位的干部教育培训工作。按照优质培训资源向下倾斜，重点培训对象适当上收的原则，中央和省区市抓好示范培训，市、县抓好重点对象培训，部门（单位）抓好全员培训。

　　分类培训：突出特点、各有侧重。坚持把干部教育培训的普遍性要求与不同类别、不同层次、不同岗位干部的特殊需要结合起来，统筹抓好党政干部、企业经营管理人员、专业技术人员"三支队伍"教育培训。培训中注意突出重点，增强针对性和实效性：坚持把加强"一把手"的培训放在优先位置，切实提高思想政治素质和开拓创新、驾驭全局、科学决策、危机管理等方面的能力；坚持把加强后备干部培训作为重要战略任务来抓，突出理论武装、实践锻炼、党性修养，

党政干部

培训重点：以提高思想政治素质为重点，增强贯彻落实科学发展观、把握全局、科学决策、处理利益关系、务实创新等能力。

培训目标：以发展着的马克思主义武装头脑，政治上靠得住、工作上有本事、作风上过得硬、人民群众信得过，善于治国理政的党政干部队伍。

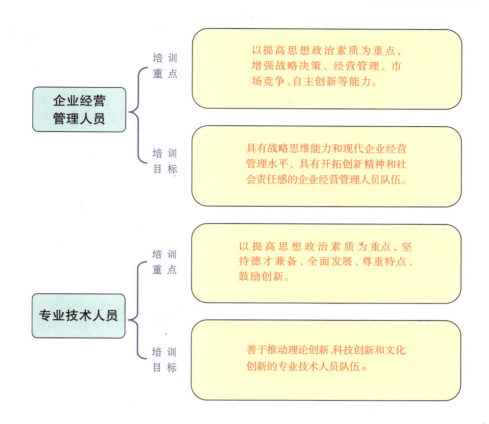

引导干部真正坚定信仰、坚定信念、坚定信心，提高科学发展、为民谋利、廉洁自律的意识和能力；坚持突出抓好特殊急需人才培训，尤其是关系国家竞争力和安全的战略科技领域的高水平学科带头人、科技领军人才的培训。

　　区域特色：立足实际、因地施训。坚持为不同地区经济社会发展战略服务，针对不同地区干部队伍的实际和需要进行培训。对西部地区，紧密联系推进西部大开发、加强基础设施建设和生态环境保护、加快科技教育发展和人才开发、大力发展特色产业等来开展干部教育培训。对中部地区，紧密联系促进中部崛起、发展有比较优势的能源和制造业、加快建立现代市场体系、发挥承东启西和产业发展优势来开展干部教育培训。对东部地区，紧密联系实现率先发展、提高自主创新能力、加快实现结构优化升级和发展方式转变、增强国际竞争力和可持续发展能力来开展干部教育培训。近年来，中央组织部加大对东中西部地区合作培训指导力度，通过对口支援培训，推动优质培训资源向受援地区干部倾斜。

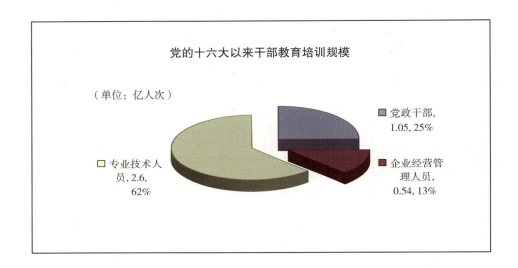

党的十六大以来干部教育培训规模

（单位：亿人次）

党政干部，1.05, 25%

企业经营管理人员，0.54, 13%

专业技术人员，2.6, 62%

党的十六大以来大规模培训干部数据

（单位：万人次）

注：2003—2007年不包括网络培训和干部选学

第二节　完善培训方式、拓宽培训渠道，教育培训改革创新不断推进

实践案例

中央党校创新开展中国特色社会主义理论体系教学：从 2011 年开始，中央党校专门开设省部级、厅局级中国特色社会主义理论体系研修班，着眼于帮助学员提高理论水平、增强党性修养、提升战略思维能力和执政能力，以研究式教学为主，突出经典原著研读，突出历史和国别比较分析，突出现实问题剖析，把课堂讲授与现场教学相结合，收到了很好的培训效果。

改革创新是中央对干部教育培训工作的一贯要求，是干部教育培训工作保持生机活力的必由之路，是提高教育培训质量和效益的根本所在。各地区各部门紧紧围绕经济社会发展需要和干部队伍建设实际，积极推进改革创新，干部教育培训工作呈现新气象。

《改革纲要》新蓝图：更加开放、更具活力、更有实效。 2010 年 6 月，中央颁布《2010—2020 年干部教育培训改革纲要》。同年 8 月，中央组织部召开全国组织系统视频会议，对贯彻落实《改革纲要》、推进干部教育培训改革作了动员部署。《改革纲要》的颁布实施，标志着干部教育事业进入以改革创新为鲜明特征的新阶段。《改革纲要》提出了未来 10 年干部教育培训改革的指导思想、基本原则和主要目标，并从办学体制、运行机制、内容方式、师资管理、宏观管理五个方面，全面部署了改革的主要任务，是指导当前和今后一个时期干部教育培训工作的重要文件。《改革纲要》颁布后，各地各部门和培训机构加大改革力度，干部教育培训改革驶入"快车道"。两年来，市县党校办学体制改革稳步推进，体现培训需求的计划生成机制逐步形成，组织调训为主、干部选学为辅的参训机制已具雏形，及时学习、自主学习、

互动学习的途径
不断拓展，双向
互动的国际合作
培训机制正在建
立，考核评价和
质量评估机制迈
出新步伐，改革
观念逐渐深入人
心，创新举措不
断取得实效。

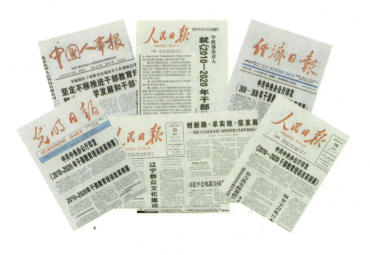

培训方法新实践：研究式、案例式、体验式、模拟式。遵循干部
学习规律和特点，改进培训班次设置方式，推广专题研究、短期培
训，突出按干部类别开展培训，收到良好效果。改进讲授式教学，推
广研究式、案例式、体验式、模拟式教学，培训的吸引力感染力不断
增强。倡导探索异地培训、免职脱岗培训、跨地区培训等模式，针对
重点地区、重点领域和基层干部，积极开展送教上门，力求做到培训
全覆盖。

任职培训新思路：突出关键岗位、注重学以致用。开展领导干部
任职培训，既是加强领导班子思想政治建设和领导干部队伍建设的一
项重大举措，也是帮助新任领导干部尽快提升能力、进入角色、胜任

体验式教学：重走井冈山红军挑粮小道。　　案例式教学：开展分组研讨。

实践案例

　　安徽、湖北、江苏等地创新开展任职培训：结合新进领导班子成员的岗位职责要求，在内容设计上紧贴地方经济社会发展需要，在班次设置上坚持分类培训与分专题培训相结合，在培训方式方法上综合运用案例式、研讨式、情景模拟式、现场教学等多种教学形式，切实帮助新任领导干部开阔视野、开阔思路，提高培训实效。

工作的有效途径，是最重要、最直接、最管用的培训之一。各级组织部门把加强任职培训作为一项重要任务来落实，结合换届工作进展，及时开展换届后领导干部任职培训。2010 年以来，中央组织部直接开展了市委书记、市长、县委书记、县长任职培训班，举办了乡镇党委书记任职示范培训班。中央纪委、中央宣传部、中央政法委、公安部等部委进一步加大本系统新任职领导干部培训力度，多次组织省级、市级甚至县级领导干部的大规模集中轮训。公安部组织 2000 多名县级公安局长、400 多名地市公安局长进京培训；中央宣传部开展了新任宣传部长专题培训；中央政法委对省市县三级 3400 多名政法委书记进行了集中培训。截至 2012 年 5 月，全国各地市、县两级班子换届后新进成员总数分别为 4038 名、28020 名，已参加任职培训的分别为 1689 名、14011 名，参训率分别为 41.8%、50%。

　　项目管理新模式：经费跟着项目走、竞争择优出精品。探索建立干部教育培训项目管理制度，出台培训经费跟着项目走、跟着干部走

2010 年 4 月，山东省干部专题培训项目推介招标洽谈会现场。

的管理办法，对部分培训项目采取直接委托、招标投标等方式，在干部教育培训主渠道、高校培训基地和经过资质认证的社会培训机构中择优确定培训项目承担者。在干部培训中引入项目化管理，形成公平参与、规范运作、能进能出的竞争择优机制，对于提升培训质量、降低培训成本、激发培训活力起到了重要作用。

　　干部选学新探索：满足个性化、多样化、高层次培训需求。干部选学是组织调训的重要补充，是深受干部欢迎的培训方式。中央组织部把推动干部选学作为干部教育培训改革创新的重要突破口，加大探索力度。2009 年 6 月，在内蒙古召开干部选学工作交流会，对开展干部选学工作提出明确要求。2010 年 3 月， 在中央统战部、工业和信息化部、人民日报社等15 家单位启动中央和国家机关司局级干部选学工作试点，2100 多名司局级干部参加了选

2012 年 3 月，中央和国家机关司局级干部选学北京大学开学典礼现场。

学。中央党校、国家行政学院、国防大学和北京大学、清华大学、中国人民大学、北京师范大学七所院校作为施教院校精心组织教学，受到司局级干部普遍欢迎，到课率超过 90%，教学质量和管理服务满意度均超过 98%。2011 年，干部选学工作在 100 多家部委全面铺开，中央纪委、国务院办公厅等 101 家单位近 4000 名司局级干部参加选学。55 个专题班、57 门讲座教学质量测评得分在 94 分以上。省区市干部选学向下延伸，2011 年，全国参加干部选学的党政干部达 988 万人次。2012 年 1 月，中央组织部、中央直属机关工委、中央国家机关工委联合印发《中央和国家机关司局级干部选学工作实施意见》，

司局级干部选学迈入制度化规范化轨道。

网络培训新趋势：建设信息化平台、打造"没有围墙"学校。网络培训是伴随着多媒体计算机技术和网络通信技术发展而形成的一种新型教育培训方式，具有覆盖面广、资源丰富、学习便捷、管理高效、成本低廉等明显优势，是信息化时代干部教育培训的重要载体。《干部教育培训工作条例（试行）》和《2010—2020年干部教育培训改革纲要》都明确提出推广网络培训。2012年9月，中国干部网络学院正式开通，成为党政领导干部网上学习、交流、研讨的新平台。各地各部门积极开展网络培训，截至2011年年底，全国已有24个省区市、59个中央和国家机关部委、42家中央企业、23所中管高校开展了干部网络培训，2011年全年培训干部3109万人次。

境外培训新进展：开阔国际视野、树立世界眼光。党的十六大以

来，坚持"以我为主、为我所用、趋利避害、注重实效"的指导方针，与时俱进，改革创新，进一步加大领导干部境外培训力度，合作渠道

2009 年 7 月，由中央组织部、商务部与联合国开发计划署合作举办的"小康社会领导者培训项目"交流会在北京举行。

不断拓宽，培训专题更加贴近工作需要，培训内容更加务实管用，培训方式方法更加灵活有效，开创了具有中国特色的境外培训工作新局面。中央组织部举办境外培训班次 191 期，培训领导干部 5530 人次，年度举办境外班次和培训总数从 2002 年的 11 期、344 人次上升到 2011 年的 23 期、717 人次。培训主题主动增强服务大局和中心工作的力度，比如，与联合国开发计划署合作举办"小康社会领导者培训项目"；四川汶川地震后，会同住建部等部门开展赴日本等国的灾后恢复重建培训；2008 年国际金融危机发生后，举办金融风险防范和后金融危机发展等专题培训。2011 年 7 月，中央组织部和外交部、国家外专局联合印发《关于加强和改进领导干部境外培训工作的意见》，推动境外培训从严管理、规范运作、健康发展。2010 年，中央组织部、外交部和国家外专局决定用 3 年时间，集中组织实施领导干部境外培训"182"计划，选派 1000 多名市委书记和市长到境外参加城市规划建设专题培训，800 名左右省区市、中央国家机关有关部委的省部级副职和优秀厅局级正职领导干部参加公共服务和社会管理专题培训，200 名左右中管企业和金融机构领导人员参加企业创新发展专题培训，境外培训走出了一条新路。截至 2011 年年底，境外培训覆盖国家和地区已达到 35 个，承办高校和境外机构近 100 所。

第三节　整合培训资源、加强基础建设，
大教育大培训格局不断完善

干部教育培训工作要适应全面提高干部队伍素质的需要，必须按照大教育、大培训的要求进一步整合资源、拓宽途径，建立更加开放、更有活力的干部教育培训格局，把主渠道与其他干部教育培训机构有机结合起来，把内容建设与师资、教材、制度等基础建设统筹起来，提高整体水平。

一、整合教育培训资源——强化主阵地、构建培训链

坚持放开视野看教育、集中力量抓培训，充分发挥各级党校、行政学院、干部学院在干部教育培训中的主渠道、主阵地作用，指导各级党校、行政学院、干部学院强化基础、发挥优势、突出特色、互相

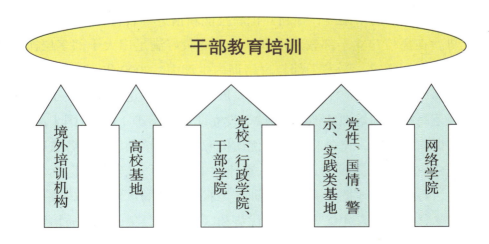

学习，推动形成特色鲜明、优势互补、功能完备的培训格局和有机联系的培训链，大教育、大培训的干部教育培训格局基本形成。

实践案例

　　建立中国浦东、井冈山、延安干部学院，是党中央从推进中国特色社会主义伟大事业和党的建设新的伟大工程全局出发作出的一项重大决策。三所学院是国家财政全额拨款的中央直属事业单位，由中央组织部直接管理，学院所在省（市）党委协助管理，实行院务委员会领导体制。三所学院以短期培训和专题研究为主，开设独立设置班次、专设班次和委托班次，学制一般在 1 个月以内。

　　——中国浦东干部学院重点进行改革开放意识、中国特色社会主义信念、现代化建设知识和能力教育，着力打造干部教育培训"浦东模式"。

　　——中国井冈山、延安干部学院重点进行中共党史、党建理论、革命传统教育和基本国情教育，着力打造干部教育培训"井冈模式"、"延安模式"。

二、建立高校培训基地——培训借外脑、引智增活力

　　高校人才多、学科齐、研究力量强、国际交流广，是思想、文化、科技资源的聚集地，在新知识新技能新信息等教育方面具有独特优势。在高校建立干部教育培训基地，能较好满足广大干部多层次、多样化培训需求，激发干部教育培训内生动力。2009 年 10 月，中央组织部、教育部适应干部教育培训发展新形势，制定下发《关于建立和规范高校干部培训基地的意见》，设立北京大学等 13 所全国干部教育培训高校基地，充分利用高校优质资源为干部培训服务。各省区市普遍建立了省级高校培训基地，累计达 140 多所，培训干部 40 多万人次。各高校基地把开展干部培训作为服务社会的重要内容，发挥自身的学科优势、人才优势、科研优势和区位优势，集中最优质培训资

全国干部教育培训高校基地

- 北京大学
- 清华大学
- 中国人民大学
- 北京师范大学
- 复旦大学
- 西安交通大学
- 哈尔滨工业大学
- 浙江大学
- 南京大学
- 四川大学
- 南开大学
- 武汉大学
- 中山大学

源，努力打造特色项目和品牌项目，培训了大量干部，得到广泛好评，产生了良好的社会效益，成为干部教育培训的重要方面军。

三、加强师资队伍建设——优化结构、提高素质

师资队伍建设，是提高教育培训质量的关键。探索建立符合干部教育培训特点的师资准入和退出机制，引导优秀师资积极参与干部教育培训，做到不求所有、但求所用、优胜劣汰、有进有出。坚持专兼结合，面向社会公开选拔、择优聘用专职教师。实施"名师培养工程"，通过挂职锻炼、跟班学习、进修访学、教育培训等方式加强专职教师培养。中央组织部会同国家级干部教育培训机构，组织实施骨干教师培训计划，5年来为各地培训骨干教师6000多名。优化兼职教师选聘工作，一大批理论功底扎实、实践经验丰富的领导干部、企业高管、专家学者以及先进模范人物走上讲台。

四、推进培训教材建设——管用、及时、可读

党的十六大以来，全国干部培训教材编审指导委员会共编写两批全国干部学习培训教材。胡锦涛总书记为两批教材撰写序言。第二批全国干部学习培训教材编写过程中，坚持以中国特色社会主义理论体系为指导，充分体现党中央提出的一系列重大战略思想，反映全面建设小康社会提出的新任务新要求，满足广大干部对学习培训的需求。

高层声音

全国干部培训教材编审指导委员会组织编写了以科学发展为主题的 10 本案例教材。这些案例既有成功经验，也有深刻教训，具有较强的实践性、典型性、针对性。

——胡锦涛

第三批全国干部学习培训教材以科学发展为主题，中央宣传部、国务院办公厅、国家发改委、科技部等 10 部委分别牵头，中央纪委、中央党校、教育部、国家行政学院等 26 家单位的 1000 多名专家学者、领导干部参与。整套教材主题鲜明，内容丰富，形式新颖，得到有关方面领导和专家的肯定，受到广大干部的热烈欢迎。

第二批全国干部学习培训教材

- 《"三个代表"重要思想概论》
- 《科学发展观》
- 《加强党的执政能力建设》
- 《中国共产党历史二十八讲》
- 《宪法学习读本》
- 《当代世界问题概论》
- 《世界历史十五讲》
- 《外国艺术精粹赏析》
- 《外国文学》
- 《领导科学概论》
- 《人权知识干部读本》
- 《公共危机管理》
- 《中外企业管理经典案例》
- 《中国公共财政》
- 《社会保障制度建设》

第三批全国干部学习培训教材

- 《自主创新》
- 《城乡规划与管理》
- 《社会主义新农村建设》
- 《生态文明建设与可持续发展》
- 《金融发展与风险防范》
- 《民生保障与公共服务》
- 《社会服务与管理》
- 《基层民主建设》
- 《突发事件应急管理》
- 《公共事件中媒体运用和舆论应对》

五、加强基层干部培训——优质教育资源向下延伸倾斜

没有基层干部的高素质，就没有整个干部队伍的高素质。中央对加强基层干部教育培训提出了明确要求，中央组织部将基层干部教育培训作为一项重点工程来落实，研究制定了《关于加强和改进基层干部教育培训工作的意见》，明确培训的重点对象为县直部门主要负责人、乡镇街道党政正职、县乡级后备干部、县域企事业单位主要负责人和村（社区）党组织书记。其中县直部门机关干部、乡镇街道干部每年参加各类学习培训的时间累计一般不少于 100 学时或 12 天，其他干部一般不少于 40 学时或 5 天。同时，积极实施基层干部"科学发展主题培训行动计划"，在全国广泛开展基层党组织书记加强社会管理集中轮训。各地各部门认真贯彻落实中央精神，采取各种措施，积极开展基层干部教育培训，取得了实际成效。

相关链接

优质教育资源向基层延伸的方式

· "强阵地"：推进市、县党校办学体制改革，提高办学水平，发挥各级党校（行政院校）的主渠道主阵地作用。

· "往下送"：通过省送市县、市送县乡、县送农村（社区），将高端师资送到基层一线，促进基层教学水平提升。

· "向外派"：通过异地办班、挂职培训、现场教学等，让基层干部接受外地特色资源的培训。

· "结对帮"：高校和企业发挥人才、知识、技术密集的优势，派教师到基层授课或请基层干部进高校、进企业培训，与市县开展结对帮扶培训。

· "对口援"：中央和国家有关部门、发达地区，对口支援贫困地区、边疆民族地区和革命老区的基层干部教育培训工作。

未来展望

　　到 2020 年，建立健全与中国特色社会主义事业相适应，与建设马克思主义学习型政党要求相符合，与干部人事制度改革相衔接，更加开放、更具活力、更有实效的中国特色干部教育培训体系。

　　——形成党校、行政学院、干部学院主渠道作用充分发挥，高等学校和其他培训机构积极参与，网络培训广泛运用，开放竞争、优势互补、充满活力的办学体制。

　　——形成以培训需求为导向，组织调训为主、自主选学为辅，激励与约束相结合，规范有序、健全高效的运行机制。

　　——形成遵循干部成长规律和教育培训规律，培训理念、内容和方式不断创新，更具针对性实效性和吸引力感染力的教育培训模式。

　　——形成适应科学发展新要求、广大干部新期待，吸引各类优秀人才，并充分发挥其聪明才智的师资选聘、培养、评价机制。

　　——形成促进干部教育培训科学化，指导与服务相结合，职责明确、制度健全、保障有力、效能显著的宏观管理体制。

第六章 立足实际、探索创新，规范完善、循序渐进

——党的组织制度和党内民主建设取得新进展

党内民主是党的生命，也是党的一面旗帜。党的十六大以来，以胡锦涛同志为总书记的党中央高度重视党的组织制度和党内民主建设，提出党内民主是增强党的创新活力、巩固党的团结统一的重要保证；尊重党员主体地位、保障党员民主权利；以扩大党内民主带动人民民主，以增进党内和谐促进社会和谐；必须坚持用制度管权管事管人，健全民主集中制，不断推进党的建设制度化、规范化、程序化等一系列新思想、新观点、新论断，丰富和发展了党内民主理论，标志着我们党对自身建设规律的认识达到了新的高度。在党中央坚强领导下，党的组织制度和党内民主建设扎实推进，取得丰硕成果。

- 增强党的创新活力
  巩固党的团结统一
- 尊重党员主体地位
  保障党员民主权利
- 健全民主集中制
  积极发展党内民主

第一节 落实任期制、试行常任制

——党的代表大会制度建设迈出新步伐

党的代表大会制度是党的组织制度的重要组成部分，党的代表大会代表是各级党的代表大会活动的主体。党中央历来十分重视发挥

名词解释

党的代表大会代表任期制

　　即党的代表大会代表每届任期与同级党代表大会当届届期相同。如下一届党代表大会提前或者延期举行，其代表任期相应地改变。代表在党的代表大会召开和闭会期间，享有代表资格，行使代表权利，履行代表职责，发挥代表作用。

党的代表大会代表的作用。党的十六大以来，各地严格遵循党章，按照民主集中制原则，积极探索党代表大会和代表发挥作用的途径和方式。

一、落实党的代表大会代表任期制——代表有序参与常态化、代表作用发挥经常化

　　党的十七大作出"实行党的代表大会代表任期制"的决定，并写入党章。2008 年 5 月，中央印发《中国共产党全国代表大会和地方各级代表大会代表任期制暂行条例》（中发[2008]8 号，以下简称《暂行条例》）。从中央到地方，认真落实《暂行条例》规定，扎实有效地推进党代会代表任期制工作，基本实现各级代表有序参与常态化、代表作用发挥经常化，广大党员干部群众对这项工作给予充分肯定。

　　创新方式、拓宽渠道，充分发挥代表作用。作为各级党的代表大会活动的主体，代表的作用发挥情况直接关系到党代表大会职权的行使，关系到党代表大会制度的健全，关系到党内民主建设的整体水平。各地严格遵循党章，认真落实代表权利与职责，不断探索和完善代表开展工作的方式方法，组织引导代表正确履职行权。

创新亮点

发挥党代表大会代表作用的主要途径

- 开展联系党员群众活动
  　　——充分发挥代表宣传群众、组织群众、服务群众作用
- 探索开展提案、提议工作
  　　——充分发挥代表对党委决策的参谋作用

- 开展征求意见活动
  ——充分发挥代表的桥梁纽带作用
- 邀请参与干部工作
  ——充分发挥代表对领导干部和领导班子评议监督作用
- 组织开展调研
  ——充分发挥代表对党委重要工作任务的推动促进作用
- 邀请列席同级党委有关会议
  ——充分发挥代表对党内事务的参与作用

方式一：党代表联系服务群众。各级党委普遍建立代表联系党员群众制度，一些地方还探索实行委员联系代表、代表联系党员、党员联系群众的做法，形成"党群联系链"，宣传讲解政策，掌握社情民意，帮助解决困难，密切党群关系。一些地方通过建立党代表工作室，接访党员群众，畅通代表联系党员群众和反映其利益诉求的渠道。有的通过开展党代表"进万家、结万户、解万难"活动组织党代表进村入户，帮助困难群众解决实际问题。

实践案例

广东省建立各级党代表工作室

从落实代表任期制、充分发挥党代表作用出发，在乡镇（街道）、机关企事业单位等领域建立4278个党代表工作室，组织全省18万名各级党代表开展联系服务党员群众活动。据统计，2010年以来，全省各级党代表接待党员群众10000多次，收集并上报意见建议3449条，帮助解决实际问题2745个，受到了广大党员群众普遍欢迎。

方式二：探索开展提案、提议工作。许多地方在党代表大会召开期间，党代表联名或以代表团为单位，就同级党代表大会职权范围内的重要事项向大会提出提案，提案内容以经济建设、社会建设和党的建设为主，同时涉及政治建设、文化建设和生态文明建设等方面。在党代会闭会期间，代表以个人或者联名的方式，就同级党代会和党委职权范围内的有关问题采取书面形式向同级党委提出提议。

方式三：开展征求意见活动。各级党组织普遍在党代会、党委全

> **实践案例**
>
> ### 辽宁省鞍山市创新开展代表提案工作
>
> 提案内容主要涉及党的建设、经济建设、社会事业发展、精神文明建设四大类别。提案程序做到"四个统一"：统一提案格式、统一提案要求、统一提案时限、统一组织审查。中共鞍山市第十一次代表大会期间，全市 398 名代表中共有 275 名代表提出书面意见建议 180 条，确定为提案的有 12 件，参与联名的代表 198 人。

委会、民主生活会和作出涉及党员群众切身利益的重大决策前，通过组织代表参加座谈会、发放书面征求意见函等多种方式，征求代表意见、建议。党的十七大以来，中央率先垂范，历次全会决定均事先征求了十七大代表意见。2011—2012 年地方党委换届中，各级党委在党代会召开前，普遍征求了同级本届代表和下一届代表对党委、纪委工作报告的意见；在党代会召开期间，组织代表认真审议党委、纪委工作报告，并改进审议方式，保障代表充分讨论，发表意见。

方式四：评议监督领导班子和领导干部。多数地方通过组织党代

> **实践案例**
>
> 吉林省长春市委邀请基层一线党代表在公开选拔干部工作中担任评委，并对公选工作全程监督。
>
> 安徽省委组织部在 2010 年全省公推公选副厅级领导干部工作中，邀请 25 名省八次党代会基层党代表参加了面试工作，其中 7 名代表担任评委。

　　　　新疆温宿县组织党代表近400人次，对县委书记、县长进行民意调查和民主评议。

　　　　河北省怀来县结合党代会常任制试点，建立党代会代表督导党代会报告工作落实制度，每年将县乡两级党委工作报告任务分解，组织党代表逐项督促检查，推动各项任务落实。

表参与干部民主测评、民意调查和民主评议以及干部选拔任用工作"一报告两评议"等活动，进一步落实代表对干部工作的参与权、选举权和监督权。

　　方式五：组织开展调研活动。 各级党委普遍组织本级和上级党代表在本地区对涉及同级党代会和党委职权范围内的重大决策、重要事项开展调研，引导代表为地区发展建言献策，对重大事项进行检查督导。据统计，党的十七大以来，各级党委共组织省党代表调研835次，市党代表调研1.18万次，县党代表调研4.84万次。

甘肃省党代会代表调研基层党建工作。

　　方式六：列席党的有关会议。 各级党委普遍邀请同级党代表列席党委全委会、党员领导干部民主生活会等会议，有的地方还邀请基层一线代表列席党委常委会，听取代表意见，接受代表监督。一些市、县还探索邀请党代表列席会议并发表意见的做法。据统计，党的十七届三中、四中、五中、六中全会均邀请了与会议主题相关的基层一线代表列席会议。

　　健全机构、创新管理，确保任期制工作规范有序。立足增强党代表的主体意识和履职能力，抓好代表的学习培训、管理服务，努力提供工作保障。加强教育培训。普遍以党校、行政学院为依托，组织党代表参加学习培训，增强代表意识，提高履职能力。主要是结合代表履行职权的实际需要确定培训内容，组织代表认真学习党章、《暂行条例》和党代表大会制度的有关规定以及经济社会发展、和谐社会建设等相关知识。同时，创新培训方式，采取集中培训和日常培训相结合、分类培训和普遍培训相结合等方式，开展对党代表的教育培训。据统计，党的十七大以来，各地共举办省党代表培训班 302 期，培训9829 人次；市党代表培训班 3077 期，培训 21.4 万人次；县党代表培训班 2.1 万期，培训 167.3 万人次。严格日常管理。各地注重抓好代表的考核、激励和监督等，使代表的日常管理工作更加规范科学。多数地方党委组织部门每年对党代表在思想政治、联系党员群众、提案建议、调研报告、遵纪守法等方面情况进行全面考核，对评为优秀的予以表彰奖励，对考核排名靠后的进行教育帮助。各级党组织及时做好代表资格管理，对因组织关系迁出或者工作需要等原因调离同级党代会所属范围的代表，及时停止执行代表职务；对一些受留党察看以上党纪处分、因出国出境停止党籍或丧失国籍、辞去代表职务的代表，及时终止其代表资格。理顺工作机制。代表任期制工作在党委的统一领导下，一般由党委组织部门具体牵头抓总，在组织部门成立代表联络工作机构，纪委和党委办公厅（室）等部门承担相关工作任务。健全工作机构。大多数党委根据《暂行条例》规定，及时组建党代表大会代表联络服务工作机构，落实工作人员，主要负责同级党代表联络服务、闭会期间开展活动的组织实施、指导本地区党代表任期制等工作。有的还负责同级党代会筹备中的有关组织工作。保障工作经费。多数地方参照同级人大代表工作经费标准，将党代表联络机构工作经费和党代表活动经费列入财政预算，专款专用。

　　代表认可、各方肯定，代表任期制工作取得明显成效。从各地实行代表任期制工作情况看，各级党组织大力推动，党代表积极参与，党员群众和社会各方充分肯定，任期制工作取得了明显成效。增强了代表意识。实行代表任期制，改变了过去五年"只举一次手"的现象。党代会召开期间，组织代表审议"两委"工作报告，代表联名提出提案，选举"两委"委员；闭会期间，组织代表开展联系党员群众活动、向党代表征询意见和建议活动、调研活动以及党代表述职评议活动等，为党代表作用发挥提供了舞台，激发了代表履职尽责的意识和动力。密切了党群关系。通过建立健全代表定期接待走访和服务党员群众制度，构建起党代表与党员群众广泛联系的链条，既有利于党委各项工作建立在深厚的群众基础之上，也有利于党委及时了解和化解基层矛盾，拉近党员干部与基层群众的距离。强化了党内监督。通

浙江省第十二次党代会代表提议交办会会场。

过开展党代表民主评议党委工作和"两委"委员、调研、询问、质询等活动，强化了代表的民主监督意识，拓宽了党内监督渠道，促进了党员领导干部的勤政廉政。提高了决策水平。实行代表任期制后，广大代表紧紧围绕党的工作大局，对党委贯彻落实科学发展观以及涉及改革发展稳定等重大问题，积极建言献策，拓宽了党委了解掌握基层情况的途径和渠道，有利于党委的意见主张与基层的客观实际有机对接，进一步提升了党委决策民主化、科学化水平。

　　实践证明，在党的代表大会定期召开的背景下实行代表任期制，充分发挥代表的经常性作用，特别是党代表民主评议和提案提议制度的具体实施，赋予了党代表直接参与党内事务的重要职权，丰富了党

的代表大会制度的内涵。

二、开展党代表大会常任制试行、试点——进一步完善党的代表大会制度的内涵和功能

党的十六大提出扩大在市、县进行党的代表大会常任制的试点，党的十七大提出选择一些县（市、区）试行党代表大会常任制，党的十七届四中全会提出继续选择一些县（市、区）试行党代表大会常任制。按照中央要求，一些省（区、市）先后选择部分县（市、区）和乡镇开展党代会常任制试行、试点工作。

各级党委精心组织。试行、试点单位紧密结合落实党代表大会代表任期制工作，稳妥有序推进县、乡党代会常任制试行、试点工作。省（区、市）党委高度重视。河北、辽宁、内蒙古、浙江、广东、四川等地党委主要领导作出批示，要求把握常任制工作的正确方向，认真开展试行、试点工作，抓出成效。省区市党委组织部合理确定试行、试点单位，加强跟踪指导。有试行、试点任务的市委高度重视，随时掌握工作动态，帮助解决试行、试点工作中遇到的实际问题。县（市、区）、乡镇党委精心组织。试行党代会常任制的县（市、区）和开展常任制试点的乡镇党委认真研究制定工作方案，明确工作思路，建立党代会常任制工作领导小组及其办公室等机构，落实编制、配备力量，加强经费保障，确保党代会常任制试行、试点工作顺利进行。

试行、试点工作扎实推进。实行年会制度。县（市、区）有的

> **实践案例**
>
> 1988年年底和1989年年初，浙江省台州市的椒江市（现为台州市椒江区）、绍兴市和黑龙江、山西、河北、湖南等省的10个县（市、区）先后开展了党代会常任制试点。在一些县（市、区）试行党代会常任制的同时，浙江省台州市椒江区于1993年选择了11个乡镇试行党代会常任制，随后贵州、江苏、广西等省区也相继开展了试点工作。

每年召开 1 次党代会，有的届中召开 1—2 次，乡镇普遍实行了年会制，即每年召开 1 次。依据党章和党内有关规定，各地在丰富年会内容方面进行了探索。县（市、区）党代会年会内容，一般包括审议上年度党委和纪委工作报告，讨论决定下年度重大事项。有的地方开展代表提案工作，民主评议党委和纪委领导班子及其成员，安排代表作大会发言等。乡镇党代会年会内容，一般是听取和审查乡镇党委、纪委工作报告；听取和审查代表提案、意见建议办理情况报告；对乡镇党委班子及成员进行民主评议；讨论和决定重大问题等。在会议组织上，试行、试点的县（市、区）、乡镇党代会年会一般不设大会主席团，会议由党委主持。有的取消预备会议，大会议程和筹备工作报告在年会前的全委会上讨论通过。在会议时间上，普遍为年底或年初，安排在人代会、政协会之前召开，县（市、区）党代会年会一般为一至两天；乡镇党代会年会一般为半天至一天。同时，一些地方将党代会年会与同级的干部大会、党建工作会议、年度考核会议等统筹安排，提高效率，节省了会议成本。充分发挥代表作用。各试行、试点县（市、区）、乡镇认真落实《暂行条例》，切实发挥代表作用。在县（市、区）党代会召开前，研究起草党代会报告时，广泛听取代表的意见建议。党代会召开期间，组织代表对"两委"工作报告进行审议；积极引导代表开展提案工作。党代会闭会期间，组织代表就本地区有关重大问题开展调研、联系服务党员群众、列席党内相关会议、参加有关干部工作等。乡镇党代会代表通过深

江苏省海安县设立党代会代表工作室。

入调查研究，广泛了解社情民意，及时提出提案、提议或意见建议，积极反映党员群众诉求。代表普遍与党员群众建立联系，特别是与困难群众建立联系，帮助党员群众解决实际困难。代表还就党员群众关心的问题，向乡镇党委领导班子及其成员提出询问或质询。广东、浙江、江苏、湖北、湖南等省在各级建立了党代会代表工作室，经常接待党员群众来信来访，加强代表同党员群众的联系。

试行、试点工作成效明显。县、乡党代会常任制试行、试点工作经过多年探索，在健全和完善党的代表大会制度，激发代表发挥作用的积极性、主动性，提高党委决策的科学化、民主化水平，强化党内民主监督等方面取得了明显成效。主要体现在：一是通过定期召开会议，使党的领导核心作用得到进一步体现，使党代表大会作为党的最高决策机关的作用得到进一步发挥。同时，通过探索改善代表结构，扩大代表选举的差额比例，加强代表管理，探索实行代表提案制度，扩大党内监督等，进一步丰富了党代表大会制度的内容。二是每年召开年会，代表就本地区的重大事项、重要问题决策进行研究讨论，充分发表意见；对同级党委和纪委领导班子及其成员进行监督；就一些经济社会发展、党的建设等方面的重大问题提出提案。闭会期间，代表受同级党委委托，应邀列席党委有关会议，广泛联系党员群众，及时向同级党委反映情况，增强了代表的积极性和主动性。三是通过召开年会和发挥代表作用，更广泛、更及时地听取代表的意见建议，通过健全和完善党代会、全委会、常委会的决策程序，明确和规范决策内容，使党委的决策更加符合地方实际，更能体现科学性和民主性。四是通过组织全体代表在年会上审议党委和纪委工作报告，对党委和纪委领导班子及成员进行测评和评议，实现了对"两委"工作的监督，使党内监督更加制度化、经常化。

第二节　改进代表产生方式、完善党内选举办法
——党内选举制度改革取得新成效

党内选举制度是党内民主建设的一项根本制度，是党内民主的直接实现形式，也是衡量党内民主发展程度的重要标志。改革和完善党内选举制度，对于调动广大党员的积极性、主动性、创造性，不断提高党的领导水平和执政能力，在党内形成生动活泼的政治局面，

政策连线

党章规定，"党的各级领导机关，除它们派出的代表机关和在非党组织中的党组外，都由选举产生"，"党的各级代表大会的代表和委员会的产生，要体现选举人的意志"。

确保我们党永葆先进性，保证党的事业兴旺发达和国家长治久安有着极其重要的意义。

路径回放

• 党内选举制度在党的建设中一直占有重要地位。从建党时起，我们党就把选举制度作为党的一项基本制度确立下来。在各个历史时期，选举制度在党的制度建设中始终占有重要位置。无论是革命战争年代还是改革开放时期，党章都对党内选举制度提出明确要求、作出基本规定。

• 1990年和1994年，中央分别颁布《中国共产党基层组织选举工作暂行条例》和《中国共产党地方组织选举工作条例》，以此为标志，党内选举制度建设迈上了制度化、规范化轨道。两个文件对地方和基层党组织选举工作的原则、代表和委员会的产生、选举的实施以及监督处分等问题作了基本规定，是指导地方和基层党组织选举的规范性文件。在此之后，各级党组织按期进行换届选举成为常态。通过选举

产生的党的各级代表大会代表、委员会以及党的各级领导机关和领导成员，为推进党的建设和中国特色社会主义事业提供了坚强保证。

• 党的十六大以后，党内选举制度建设进入一个新的时期。党的十六大报告提出，"从改革体制机制入手，建立健全充分反映党员和党组织意愿的党内民主制度"，"改革和完善党内选举制度"。

• 党的十七大要求，"改革党内选举制度，改进候选人提名制度和选举方式。推广基层党组织领导班子成员由党员和群众公开推荐与上级党组织推荐相结合的办法，逐步扩大基层党组织领导班子直接选举范围，探索扩大党内基层民主多种实现形式"。

• 党的十七届四中全会提出，"完善党内选举办法，改进和规范选举程序和投票方式，改进候选人介绍办法。推广基层党组织领导班子成员由党员和群众公开推荐与上级党组织推荐相结合的办法，逐步扩大基层党组织领导班子直接选举范围"。

一、党内选举中发扬民主的探索日益活跃

党的十六大以来，各地注意将发扬民主贯穿于选举工作全过程，在改革和完善党内选举制度、落实党员民主权利等方面进行了积极探索，积累了重要经验。

代表选举：自下而上、上下结合，反复酝酿、逐级遴选，增强政治先进性和党员代表性。代表的推荐和选举是完善党内选举制度、搞好党内选举的重要环节。各级党组织在推荐代表人选时，坚持代表结构与代表素质并重，既注重代表性和广泛性，又

党的十七大代表在投票选举。

注重代表的政治素质和议事能力。在党的十八大代表选举工作中，各选举单位按照履行党章、发扬民主、加强领导、选好选优，确保代表的先进性和广泛代表性的总体要求，既充分借鉴党的十七大代表选

青海省选举出席党的十八大代表会议现场。

举工作的经验，又与时俱进、改革创新，采取了一系列有效举措，取得了圆满成功。各级党组织充分发扬民主，进一步扩大了党员的知情权、参与权、选举权和监督权；采取多种形式扩大党员参与，参与代表人选推荐提名的党员比例达98%。严把代表质量关，实行差额考察，全国31个省（区、市）代表人选差额考察的比例平均达13.4%，并对代表候选人初步人选名单进行公示；召开代表大会或代表会议选举代表时，差额比例多于15%。突出基层一线导向，基层一线党员代表比例提高，工人党员代表比例较大幅度提高；先进模范党员代表比例提高，基层一线代表中97.8%获得过全国优秀共产党员、全国优秀党务工作者、全国劳动模范、全国先进工作者和全国道德模范等荣誉称号。

　　选举产生的2270名出席党的十八大代表，代表结构与分布比较合理，实现了中央提出的各项比例要求，具有广泛的代表性。从选举结果看，当选代表中，党员领导干部占69.5%，比十七大时降低了2.1个百分点；生产和工作第一线党员占30.5%，比十七大时提高了2.1个百分点。工人党员由十七大时的51名增加到169名（包括农民工党员26名），占7.4%；女党员521名，比十七大时增加76名，占23%；少数民族党员249名，比十七大时增加了7名，占11%。当

选代表平均年龄为 52 岁，其中 35 岁以下的占 5%，比十七大时提高 1.9 个百分点。1976 年 11 月以后入党的占 72.2%，比十七大时提高 20.5 个百分点。

党的基层组织选举：推广基层党组织领导班子成员由党员和群众公开推荐与上级党组织推荐相结合的办法，逐步扩大基层党组织领导班子直接选举范围。 按照党的十六大和十七大要求，一些地方着眼于扩大党内基层民主，改革和完善党内基层选举制度，在农村普遍开展了"两推一选"，即分别由党员和群众民主推荐党支部委员候选人，经上级党组织考察后进行党内直接选举，取得了较好效果。同时，部分地方在农村、社区、机关、企业、学校等领域开展了公开推荐、直接选举基层党组织领导班子成员试点，即采取党员和群众公开推荐与党组织推荐相结合的办法产生候选人，由党员大会或党员代表大会直接选举基层党组织书记、副书记和其他委员。

各地开展基层党组织领导班子公开推荐、直接选举试点的基本程序一般包括"公开推荐、组织考察、党委研究、直接选举"四个大的步骤。具体有九个环节：一是设定条件，按照党章和有关规定，结合领导班子结构和职位要求，设定基层党组织领导班子成员应具备的资格和条件，以适当方式向党员和群众公布；二是公开报名，采取党组织推荐、党员和群众推荐、党员自荐等方式，组织公开报名；三是资格审查，按照任职资格和条件，对报名人员进行资格审查；四是民主推荐，根据基层党组织领导班子的实际情况，召开民主推荐大会推荐候选人；五是组织考察，由上级组织部门采取多种方式，对推荐人选进行认真考察，提出建议人选；六是确定人选，上级党组织根据考察结果和班子建设需要，研究确定基层党组织书记、副书记和其他委员候选人预备人选；七是介绍人选，召开党员大会或党代表大会，组织候选人与选举人见面，采取候选人竞职陈述、履职承诺、回答选举人提问等方式，增进选举人对候选人的了解；八是直接选举，由党员或代表直接投票选举产生基层党组织书记、副书记和其他委员；九是审

实践案例

"公推直选"使南京社区党组织充满活力

2009 年 7 月下旬至 8 月底，江苏南京 363 个城市社区普遍采取"公推直选"方式产生新一届党组织领导班子，取得了良好社会效果。"公推"，在坚持组织推荐的同时，采取党员个人自荐、党员群众联名举荐相结合的方式，产生报名人选。全市共有 19456 名党员群众参与推荐工作，4562 名报名人选中，党员个人自荐的 1944 人，党员群众联名举荐的 1139 人，仅区和街道机关就有 443 名年轻干部报名。同时还有一批驻区单位、物管公司、业主委员会中的党员以及驻区党员民警、党员大学生社工被推荐出来。"直选"，所有社区通过召开党员大会或党代表大会差额选举出书记、副书记和委员，选举中设置了竞职演讲、现场答辩等环节，让候选人充分竞争，让党员群众好中选优。从公推到直选，推荐、考察、票决等关键环节都实行差额，党员的知情权、参与权、选举权、监督权得到了有效保障和落实，党员权利意识和参与热情空前提高，许多党员专门请假或调班来参会，363 个社区选举大会的平均到会率 93%，最高的达 99%。这次社区"公推直选"，不仅让 7 万多党员动了起来，也让 270 万社区居民参与进来，群众直接向候选人反映利益诉求，社区干部公开承诺，群众对党组织认同感进一步增强，党群干群关系不断密切。

批备案，选举结束后，按照党内有关规定，将选举结果报上级党组织审批或备案。

党的地方组织选举：发扬民主、完善程序，改进方式、加强指导，实现组织意图与党员、代表意愿有机统一。各地在实践的基础上，不断改进和完善代表产生、候选人提名以及选举程序等，增强选举的科学性和严密性。一些地方鼓励和支持候选人与选举人见面，增强选举人对候选人的了解。在地方党委集中换届时，各地注意扩大人选提名、考察环节的民主，在提出人事安排方案的过程中，运用会议集中投票推荐和谈话推荐相结合的办法，对新一届党委领导班子

青海省第十一次党代会代表在填写选票。

人选进行全额定向民主推荐。有的地方还在会议推荐的基础上，根据实际情况，按一定差额比例进行了二次会议推荐。一些地方还探索个人自荐、组织推荐、党员群众联名推荐、领导干部署名推荐等多种方式产生候选人。在呈报、批复换届人事安排方案时，候选人均按姓氏笔画排序，不搞先入为主。许多地方适当提高候选人差额比例，实现了好中选优。

二、党内基层选举制度的改革与创新丰富多彩

改进提名方式，人选来源更丰富。候选人的提名是党内选举的一个关键环节。为确保党内选举充分体现选举人的意志，一些地方在改革候选人提名方式上进行了有益探索，由过去单一的组织提名，变为由组织推荐、党员和群众联名推荐、党员自荐等多种方式提名。

丰富介绍方式，对候选人了解更深入。在乡镇、村换届选举中，一些地方采取竞职演讲、回答党员群众提问、实地调研、召开座谈见面会、公布工作实绩等方式介绍候选人，较大程度地改善了"选前不识人、选后人不识"的状况，克服了投票时的盲

河南省卢氏县沙河乡党委候选人与代表见面会。

目性和随意性。一些地方统一制作展板，采取图文并茂的形式让代表了解每位候选人的基本情况。一些地方还利用多媒体进行全面展示，将候选人的情况拍摄成影像片，生动直观地介绍候选人情况。

完善选举办法，选举人意志表达更真实。选举程序是党内选举制度的重要组成部分，选举的方法、途径、步骤做到合理、规范和严格，有利于选举人意志的表达，有利于保证选举的民主性。一些地方基层党组织在改革试点中，改变以往换届选举中，先由党员大会或党员代表大会选举产生委员会，再由委员会选举产生书记、副书记的做法，探索由党员大会或党员代表大会直接选举产生书记、副书记和其他委员的做法。

扩大差额范围，比较择优更充分。贯彻差额原则，实行差额推荐、差额考察、差额选举等。一些地方基层党组织在改革试点中，除委员实行差额选举外，书记和副书记也采取差额选举的方式产生。

全面落实"四权"，公开监督更有效。扩大选举中的民主，全面落实党员的知情权、参与权、选举权和监督权。一些地方基层党组织在改革试点中，坚持全程公开，资格条件、程序办法、选举结果等全部公开，有的对人选多次公示，将各个环节置于党员群众的监督之下，保证了选举阳光操作、公开透明。

三、党内选举制度改革实践成效明显

落实了党员民主权利，激发了党员群众的参与热情。广大党员参与提名、推荐和选举的全过程，知情权、参与权、选举权、监督权得到较好落实，党员主体地位得到了尊重，作用得到了充分发挥，党员群众参与党内事务的热情普遍提高。

拓宽了选人用人视野，提高了党组织的公信度。多数地方通过改革党内选举制度，打破身份、资历、地域等方面的限制，改进报名和推荐方式，使更多符合条件的干部有参与竞争的机会。通过公开、公平、公正竞争，党组织发现和选拔了一批有热情、有能力、群众公

认的优秀干部，实现了多数人在多数人中选人，提高了选人用人公信度。

　　增强了领导干部的责任感，密切了党群干群关系。通过民主选举产生的代表和各级党组织的负责人，与党员有了天然联系。他们千方百计为党员群众着想，责任心、进取心明显增强。同时，选举制度的改进，也促使一些干部改变过去那种只对上负责、忽视对下负责的心态，作风有了明显转变。

　　探索完善了党内选举制度，推进了党内民主建设。通过扩大提名、推荐、介绍、选举等各个环节的民主，更好地体现了党员和代表的意愿，为改革和完善党内选举制度积累了宝贵经验。许多地方把成功经验规范化、制度化，为进一步推进党内民主建设奠定了基础。

第三节　积极发扬党内民主、维护党的团结统一
——党委民主集中制建设得到新加强

民主集中制是党的根本组织制度。根据党章和相关党内法规规定，党的各级委员会向同级党代表大会负责并报告工作；全委会闭会期间，由常委会行使全委会职权，向全委会负责并报告工作。党的十六大以来，各地坚持以民主集中制为根

名词解释

民主集中制

　　民主集中制是民主基础上的集中和集中指导下的民主相结合。它既是党的根本组织制度和领导制度，也是群众路线在党的生活中的运用。贯彻执行民主集中制原则，一是坚决维护中央的领导权威，同党中央保持一致。民主集中制的"四个服从"，最重要是全党服从中央；二是党的各级委员会要认真执行集体领导和个人分工负责相结合的制度；三是逐步完善民主科学决策制度，建立健全领导、专家、群众相结合的决策机制。

本，健全完善党的委员会制度，探索完善党内民主决策、民主监督机制，党委集体领导作用进一步加强，执政能力进一步提高。

增强全委会委员、党代会代表对常委会工作的了解。各地进行了积极探索。一是建立常委会向同级党代会代表、全委会通报情况制度。一些地方规定，在党代会、全委会闭会期间，常委会应通过工作简报、专报信息和情况通报等不同形式和途径，及时向党代会代表、全委会委员通报常委会的重大决策、重点工作进展和常委会成员廉洁自律情况。不少地方还积极运用网络、手机等推进信息公开。二是组织党代会代表、全委会委员列席常委会各种重要会议。这既是对常委会工作进行监督的有效形式，也是推动常委会工作信息向党代会代表、全委会委员公开的重要途径。一些地方邀请党代会代表、全委会委员列席常委班子民主生活会。

健全完善党委工作运行机制。各地在规范和完善全委会运行机制方面进行了大胆探索。各地普遍推行"一报告两评议"制度。一些地方规定常委会每年应向全委会报告贯彻执行中央决策部署、全委会决定决议和廉洁从政情况，全委会采取讨论、批评、建议等形式，对常委会工作进行评价。许多地方在全委会决策范围、监督职能等方面

名词解释

一报告两评议

地方各级党委常委会每年向全委会报告工作时，专题报告年度干部选拔任用工作情况，并在一定范围内接受对本级党委干部选拔任用工作和新选拔任用领导干部的民主评议。

进行研究探索，进一步理顺全委会、常委会关系，全委会领导地位得到加强。此外，一些地方开展了地方党委委员、纪委委员提出罢免或撤换所在同级党委或纪委中不称职委员和常委的试点。一些地方还开展了代表质询或询问党委领导班子成员的工作。

完善集体领导和个人分工负责相结合的制度。2008年，中央印

发《关于进一步完善地方党委领导班子配备改革后工作机制的意见》，对地方党委常委会集体领导制度、分工负责制、工作协调机制等作出明确规定。各地普遍建立健全常委分工负责制，注重领导班子成员合理搭配和优势互补，进一步巩固了领导班子配备改革成果，党委班子结构优化，整体功能和合力不断增强。各地坚持按照集体领导、民主集中、个别酝酿、会议决定的原则，进一步完善并严格执行常委会的议事规则和决策程序。

推行地方党委讨论决定重大问题和任用重要干部票决制。1996年，中央印发《中国共产党地方委员会工作条例（试行）》（简称《地方党委工作条例》），对党的各级地方委员会及其常委会的职责、组织原则、议事和决策、思想作风和工作作风以及监督和处分等作了明确规定。《地方党委工作条例》的出台，为坚持和健全党的民主集中制原则，加强和改进党的地方委员会的领导，提供了基本依据和政策遵循。各地按照《地方党委工作条例》规定，进一步健全议事规则和决策程序，普遍实行党委讨论决定重大决策、重要干部任免、重要项目安排和大额资金使用票决制，切实扩大了决策中的民主。一些地方实行下一级党政领导班子正职以及其他一些重要部门主要负责人拟任人选和推荐人选，由全委会审议、无记名投票表决。

广泛开展党代会代表、全委会对常委会民主测评。在测评内容范围上，突出重大决策、重要人事任免、重大事项安排等常委会重点工作和廉洁自律等关键内容。一些地方组织党代会代表对常委承诺履行情况进行测评。在民主测评方式方法上，各地普遍出台规范性文件，对民主测评时间频率、会前准备、结果统计等作出具体规定。有的地方在搞好定性测评同时，积极探索推行量化分值测评。在民主测评结果运用上，大力推行民主测评结果公开。

开展县委权力公开透明运行试点。中央纪委、中央组织部出台了《关于开展县委权力公开透明运行试点工作的意见》。全国试点县(市、区、旗)积极探索，科学划分党代表大会、全委会、常委会及其成员职权和权限，为规范县委权力运行尤其是县委书记职权积累了实践经验。

加强对民主生活会的指导。按照中央有关开好县以上党和国家机关党员领导干部民主生活会的要求，指导各地各单位党委（党组）认真开好民主生活会。抓好组织学习，广泛听取意见，深入进行谈心，开展批评与自我批评，剖析思想根源，制定整改措施，自觉接受监督等环节的工作，民主生活会取得较好效果。一些地方积极探索广大党员干部和同级代表大会代表列席领导班子民主生活会、

福建省福安市邀请"两代表一委员"、基层干部和离退休老同志等列席"开放式"民主生活会。

对班子和成员进行民主测评等做法。一些地方常委会及时向全委会报告年度民主生活会召开情况、整改措施落实情况等。

第四节　尊重党员主体地位、保障党员民主权利
——党内基层民主建设取得新突破

党内基层民主是党内民主建设的基石。党的十六大以来，党中央高度重视党内基层民主建设，提出了"党内民主是党的生命"、"以党内民主带动人民民主"，"探索扩大党内基层民主多种实现形式"，党的十七大提出了"尊重党员主体地位，保障党员民主权利"等重要论断。各级党组织贯彻落实中央要求，积极稳妥推进党内基层民主建设，党

员民主意识进一步增强，党内基层民主的实现形式不断拓展，党内基层民主制度不断完善，基层党组织和党员队伍的活力不断增强。

一、基层党务公开全覆盖，党员群众了解党内事务的渠道更加畅通

> **十六大以来党内基层民主建设的主要特点**
>
> • **主题更加鲜明**。始终紧扣科学发展主题，从中央到地方、从理论到实践、从整体到局部、从制度到程序，都围绕这一主题来谋划、推进、发展党内基层民主。
>
> • **主体更加明确**。坚持在党内生活中确立党员主体地位，保障和落实党员知情权、参与权、选举权、监督权。
>
> • **重点更加突出**。以完善基层党代表大会制度、基层选举制度、党内基层民主议事制度以及党务公开制度为重点，从改革体制机制入手，建立健全全党充分反映党员和党组织意愿的党内基层民主制度。
>
> • **路径更加清晰**。以基层的实践创新推动党内民主建设，以党内民主带动人民民主，实现两者的良性互动。

2010 年，中央颁布《关于党的基层组织实行党务公开的意见》，对基层党务公开的内容、程序和方式进行规范。中央组织部率先将中管党费在全党公开，地方党委管理的党费也全面公开。广大基层党组织采取多种形式推进党务公开，全国基层党务公开基本实现全覆盖，党员了解党内信息的渠道进一步畅通。群众反映，党务公开让大家看得清、看得懂、看得透，监督起来心里更有底了。

明确党务公开内容。基层党组织普遍制定了党务公开目录，明确了党务公开的内容、范围、方式和时限等，一般不涉及秘密的，都及时向党员公开，公开的内容真实、具体，不能公开的事项，及时向党员作出说明。各地普遍把党务公开和政务、财务、村务、厂务公开有机结合，基本形成了民主开放的党务公开工作新机制。

规范党务公开程序。一般按照提出、审核、实施、反馈等程序进行公开，坚持例行公开和依申请公开相结合，定期公开和随时公开相结合，做到固定内容长期公开、常规工作定期公开、阶段性工作逐段公开、热点问题及时公开，实现事前、事中、事后的全程公开。

广西武宣县黄茆镇党员群众观看党务村务公开栏。

采取多种形式公开。各地以向党员公开为主，根据公开内容，坚持因地制宜、灵活多样、简便及时、利于监督的原则，通过党内有关会议、文件、简报等方式进行公开。对适合向群众和社会公开的内容，普遍采取公开栏、报纸、电视、党建网、电子屏幕等形式公开。有的地方还通过新闻发布、文件超市、手机短信等形式进行公开。

落实党务公开责任。各级党委把党的基层组织党务公开工作列入重要议事日程，建立了由党委主要领导任组长的党务公开领导小组。基层党组织是党务公开的责任主体，基层党组织书记是第一责任人，党务公开工作纳入基层党建工作责任制考核内容，有些地方还成立党务公开工作监督小组或聘请党务公开监督员。基层党组织注意听取党员对党务公开的意见建议，及时作出整改，并将结果向党员反馈。

二、基层民主议事决策积极推进，党员参与党内事务的积极性、主动性进一步增强

拓宽党员民主议事决策的有效途径与形式。各地通过搭建多种有效载体和平台，拓宽党员参与党内事务的渠道。广西推行党员旁听党委班子专题民主生活会、群众旁听支部专题组织生活会"两个旁听"制度；浙江省基层党组织推行"民主恳谈会"制度，全省有 77% 的村推行了党内民主恳谈制度，并已经延伸到了乡镇、社区和企业。河北省推行干群恳谈例会制度，一般每月召开一次。一些地方还探索建立"民主议政日"、"党员议事日"，为党员参与党内事务搭建平台。

完善基层党组织领导班子议事决策规则和程序。 各地基层党组织坚持按照"集体领导、民主集中、个别酝酿、会议决定"的原则进行决策，并结合实际，探索形成了各具特色的民主议事决策机制。河南邓州市探索"四议两公开"工作法，中央组织部已向全国进行推广。此外，湖北黄石的村级民主决策"五议五公开"、广东惠州的"四民主工作法"、浙江台州的村级重大事务民主决策"五步法"、广西百色的"四议两公开一报告"等，丰富和创新了基层党组织民主决策机制。他们的共同特点，就是体现了党员知情、参与和监督的权利，体现了党内基层民主与基层人民民主的有机结合。

> **名词解释**
>
> ### "四议两公开"工作法
>
> "四议两公开"即所有村级重大事项都在村党组织领导下，按照党支部会提议、"两委"会商议、党员大会审议、村民代表会议或村民会议决议，决议公开、实施结果公开的程序决策实施。"四议两公开"工作法的核心是民主决策。它保障了党员和村民的民主权利，为实现党组织领导、村民自治、依法办事的有机统一，找到了一条有效途径。2009 年 11 月，中央组织部会同民政部、农业部专门召开会议，向全国各地推广了"四议两公开"工作法。目前，已有 57.5 万个村实行了这套制度。

充分发挥党员大会（党代表大会）民主议事决策作用。 浙江、江苏、贵州等地开展乡镇党代会常任制试点，以召开年会、落实代表任期制等为重点，充分发挥党代会和代表的作用。凡是重要事项决策，先召开党员大会（党代表大会）讨论，再由党员群众共同参与议事决策，使党员大会（党代表大会）发挥作用制度化、经常化。

建立健全社情民意的搜集机制。通过汇报、会议、信访及开展专项活动等，建立健全社情民意的搜集机制，保证反映渠道的畅通。广东、江苏等地依托社区居委会设立"党代表工作室"、"党代表接待日"，经常性收集党员群众意见建议，群众将党代表工作室比做"利民超市"、"爱民会所"，党员称它是"和谐工场"。湖北黄石开通"民情快车"，党员群众通过网络、短信、电话等信息平台，直接向市委提出意见建议。广东惠州自 2005 年在农村推行"四民主工作法"以来，全市党员群众通过这个平台"提事"1.8 万件，其中 50% 以上是由党员牵头提出的。

三、加强党内基层民主监督，充分保障党员的监督权

完善党员民主监督机制。各地实行基层党组织领导班子成员述职述廉、接受党员（代表）民主评议，并把评议结果作为选拔任用、考核奖惩的重要依据。各地还着力提高党的组织生活的质量和水平，认真开好民主生活会和组织生活会，定期进行党员党性分析，开展党员民主评议，及时处置不合格党员。四川在乡镇党代会常任制试点中，实行党代会代表评议乡镇党委领导班子成员并当场公布结果，产生了良好效果。成都等地开放党务会议，邀请党员和群众代表列席全委会、常委会和党代会。广西有 80 个乡镇开展了党员旁听县（市、区）党委常委会议、乡镇党委会议。

拓宽社会监督评价渠道。各地采取民意调查、满意度测评等，对基层党组织工作进行评价。大连市建立基层党组织建设工作群众满意度测评制度。四川、海南等地探索实行社会评价制度，组织党代会代表、党员群众代表对基层党组织领导班子工作进行评价。

探索党员询问和质询制度。浙江、山东、湖北、广东、广西等一些地方，在基层党组织中探索建立了党员向基层党组织及领导班子成

员提出询问和质询制度。大家反映，基层党员群众对关系切身利益的事是很"上心"的，开展询问和质询为他们监督基层党组织负责人提供了平台，当面"对质"，直接、透明、有力。

实践证明，党内基层民主建设顺应时代发展要求，适应中国特色社会主义民主政治发展需要，改革创新、探索实践，积极稳妥、循序渐进，呈现百花齐放、欣欣向荣的生动景象。

未来展望

适应依法执政依法治国的需要，以党章为遵循，以健全民主集中制为核心，以加强党内基层民主建设和完善党的代表大会制度、党的委员会制度、党内选举制度为重点，建立健全内容协调、程序严密、配套完备、有效管用的组织制度。

第七章　拓宽领域、强化功能，
夯实基础、创先争优

——党的基层组织和党员队伍建设卓有成效

党的十六大以来，按照党要管党、从严治党的要求，各级组织部门适应新形势下加强党的基层组织和党员队伍建设需要，坚持立足基层实际，创新组织设置，改进工作方式，丰富活动内容，加强工作保障，基层组织体系、骨干队伍、活动载体、工作制度、场所阵地等建设取得重大进展，党的组织和党的工作向各领域加速覆盖，基层党组织的战斗堡垒作用和广大党员的先锋模范作用得到有效发挥，为全面建成小康社会、加快推进社会主义现代化提供了坚强组织保证。

第一节　推进创先争优，党内集中性教育活动成果丰硕

党的十六大以来，党中央先后在全党部署开展三次教育实践活动。2005 年 1 月至 2006 年 6 月，开展了以实践"三个代表"重要思想为主要内容的保持共产党员先进性教育活动；2008 年 9 月至 2010 年 2 月，开展了深入学习实践科学发展观活动；从 2010 年 4 月开始，在党的基层组织和党员中深入开展创先争优活动。

三次教育实践活动，是我们党自觉适应新世纪新阶段世情国情党

相关链接

深入开展创先争优活动

　　创先争优活动是党的十七大作出的重要部署。2010年4月全面启动，400多万个基层党组织、8200多万名党员积极参加，带动了基层单位和广大群众踊跃参与，取得了显著成效。推动了科学发展，广泛开展公开承诺、对标定位、党群共建等活动，为推动中心工作提供了强大动力；促进了社会和谐，创新基层社会管理方式，形成了社会稳定、干群团结的新局面；服务了人民群众，深入开展窗口单位为民服务和"三亮三比三评"活动，使群众看到了变化、得到了实惠；夯实了基层组织，集中开展基层组织建设年活动，全面提升基层组织建设水平。

情的新变化，用发展着的马克思主义武装全党的重大举措，是在新的历史条件下以改革创新精神加强党的建设的生动实践，是保持和发展党的先进性纯洁性的伟大创举，对推进党的建设新的伟大工程和中国特色社会主义伟大事业具有重要的现实意义和深远的历史影响。党中央高度重视、加强领导，各级党组织精心组织、认真实施，广大党员干部群众积极响应、踊跃参与，全党教育实践活动紧扣党和国家中心工作，着力服务改革发展稳定大局，取得了丰硕的实践成果、制度成果和理论成果，赢得了广泛赞誉。

三次教育实践活动主题和目标任务

名称	主题	目标任务
先进性教育活动	实践"三个代表"重要思想	提高党员素质，加强基层组织，服务人民群众，促进各项工作。
学习实践活动	深入学习实践科学发展观	提高思想认识，解决突出问题，创新体制机制，促进科学发展。
创先争优活动	深入学习实践科学发展观	推动科学发展，促进社会和谐，服务人民群众，加强基层组织。

一、凝聚思想共识，努力提高全党马克思主义理论水平和解决实际问题的能力

三次教育实践活动，都把用马克思主义中国化最新成果武装和统一全党思想作为根本任务，使广大干部、党员普遍受到深刻的马克思主义教育，思想政治水平得到极大提高。

进一步坚定理想信念。广大干部、党员深入学习和掌握马克思列宁主义、毛泽东思想，深入学习和掌握中国特色社会主义理论体系，牢固树立辩证唯物主义和历史唯物主义世界观和方法论，进一步坚定中国特色社会主义信念，坚定不移地走中国特色社会主义道路。

深入贯彻落实科学发展观。广大干部、党员准确把握科学发展观的科学内涵、精神实质和总体要求，增强贯彻落实科学发展观的自觉性和坚定性，着力转变不适应、不符合科学发展观的思想观念，着力解决影响和制约科学发展的突出问题，把科学发展观贯彻落实到经济社会各个方面。

牢固树立和践行创先争优理念。基层党组织和广大党员更加自觉地以创先争优精神投身推动科学发展和加快转变经济发展方式的生动实践，扎实做好改革发展稳定各项工作；更加自觉地以创先争优精神提高党的建设科学化水平，切实加强党的基层组织建设；更加自觉地把创先争优作为理念融入思想、作为动力融入工作、作为追求融入人生，使创先争优成为内化于心的价值追求、外化于形的先锋形象，在全社会形成争科学发展之先、创社会和谐之优的浓厚氛围。

二、围绕中心、服务大局，为经济社会发展注入强大动力

三次教育实践活动，努力做到与中央重大决策部署相契合、与各地区各部门各单位中心工作相契合、与人民群众的期待要求相契合，紧扣中心，立足全局，扎实有力推进各项工作。

推动党和国家重大决策部署的贯彻落实。各地区各部门各单位把贯彻落实中央精神，推进改革发展稳定各项工作作为教育实践活动最

大实践，结合实际分解落实中央各项部署要求，深入贯彻中央关于稳增长、扩内需、调结构以及保障和改善民生等一系列政策措施，保持我国经济社会发展良好势头。

促进本地区本部门本单位中心工作的开展。紧密结合本地区本部门本单位的工作实际，使教育实践活动与各项工作"两不误、两促进"。学习实践活动中，各地普遍开展"科学发展攻坚克难行动"、"科学发展先锋行"、"我为科学发展献计出力"等主题活动；创先争优活动中，北京开展"领航工程"、"聚力工程"、"先锋工程"，湖南推进"四化两型先锋行"，广东实施"南粤先锋行动"，等等，为推动本地区科学发展集中智慧、注入动力。

办成一批大事、喜事、难事。各级党组织和广大党员在重大任务、重大事件和关键时刻快速反应、积极作为，团结带领人民群众成功举办北京奥运会、上海世博会、广州亚运会，隆重庆祝改革开放30周年、新中国成立60周年和建党90周年，取得了抗击非典疫情、四川汶川特大地震、青海玉树地震、甘肃舟曲泥石流灾害和开展灾后恢复重建的全面胜利，积极应对国际金融危机冲击等，充分体现了社会主义制度的优越性，集中展示了党的凝聚力和战斗力。

三、坚持群众满意的价值导向，着力打造群众满意工程

三次教育实践活动，按照重在解决问题、重在取得实效的要求，突出解决人民群众最关心最直接最现实的利益问题，使人民群众得到更多实惠，取得群众满意的实效。

推动党和政府惠民政策的落实。各地区各部门各单位紧密结合自身实际，认真贯彻党中央、国务院关于保障和改善民生的一系列决策部署，认真落实强农惠农政策，认真落实创业就业、增收致富等政策措施，切实提高人民群众生活水平，努力实现发展成果由人民共享。

兴办一批利民惠民的实事好事。有的地方大幅度增加教育投入，全面实行城乡免费义务教育，推动教育均衡发展，促进教育公平；有

的地方全面推进深化医改任务的落实，努力为人民群众提供优质、高效的基本医疗卫生服务；有的地方深入开展平安创建活动，不断健全治安防控体系，加大社会矛盾纠纷排查调处力度，使人民群众进一步增强了安全感。据统计，在学习实践活动中，各地区各部门各单位共为群众办实事好事 1780 多万件，解决党员干部党性党风党纪方面群众反映强烈的突出问题 140 多万个。

促进城乡特困群体的帮扶工作。各地区各部门各单位普遍加大扶贫开发、移民帮扶、灾民救济力度，着力帮助残疾人、企业困难职工、低保户等特困群体解决实际困难。据统计，先进性教育活动期间，各地区各部门各单位党组织和党员与生活困难群众结成帮扶对子 1347 万个，走访慰问生活困难群众 2157 万户，为生活困难群众捐款捐物价值 138.7 亿元，受到直接帮助的生活困难群众 4059 万人次。创先争优活动中，各级党组织和党员与生活困难群众结成帮扶对子 2097.8 万个，为群众办实事好事 4962.8 万件，人民群众深切感受到教育实践活动带来的变化和好处。

四、注重抓基层、打基础，不断夯实党执政的组织基础

三次教育实践活动，既把基层党组织建设作为重要目标，又作为教育实践活动取得成效的组织保障，按照"围绕中心、服务大局、拓宽领域、强化功能"的要求，以改革创新精神加强和改进基层党组织建设，扎实做好抓基层打基础各项工作。

加大组织建设力度。先进性教育活动期间新建党组织 13 万个，整顿软弱涣散党组织 15.6 万个；学习实践活动期间新建党组织 6 万多个，整顿软弱涣散党组织 5 万多个；创先争优活动中新建基层党组织 32.8 万个，整顿后进基层党组织 16.9 万个，扩大了党的组织覆盖和工作覆盖，增强了党的生机活力。

推进基层党组织带头人队伍建设。在先进性教育活动中，各地区各部门各单位调整和充实基层党组织负责人 16.5 万名，集中培训基

层党组织负责人 291.9 万名。在学习实践活动中，各地区各部门各单位集中举办学习班、培训班等 470 多万期，培训党员和干部 1.2 亿多人次。创优争优活动期间，分层次对 240 多万名乡镇（街道）、村（社区）和企事业单位党组织书记进行创新社会管理专题培训。

强化基层党组织保障条件。在农村落实"一定三有"政策，在社区积极解决基层干部报酬待遇问题，调动了基层干部工作的积极性；建立基层党建工作经费保障机制，把农村、社区党组织经费纳入地方财政预算，保证了基层党组织活动的正常开展；加大农村、社区活动场所建设力度，为基层党组织凝聚党员、服务群众创造条件。先进性教育活动和学习实践活动期间，中央财政和中央管理的党费加大投入，各地积极落实配套资金，帮助村级组织解决活动场所近 10 万个，建设农村党员干部现代远程教育站点 60 多万个，2010 年底基本完成村级活动场所、远程教育网络一体化建设任务。

五、创新体制机制，建立健全务实管用的长效机制

三次教育实践活动，抓住重点领域和关键环节，加大体制机制探索创新力度，为构建基层党建内容协调、程序严密、配套完备、有效管用的制度体系奠定坚实基础。

建立健全保持共产党员先进性长效机制。中央制定下发《关于加强党员经常性教育的意见》、《关于做好党员联系和服务群众工作的意见》、《关于加强和改进流动党员管理工作的意见》和《关于建立健全地方党委、部门党组（党委）抓基层党建工作责任制的意见》等 4 个长效机制文件，各地区各部门各单位结合实际建立健全相应工作机制。

建立健全保障和促进科学发展的体制机制。着力破解影响和制约科学发展的制度缺失、制度障碍问题，各地区各部门各单位共制定新的规章制度 210 多万项，废止规章制度 140 多万项，修订完善规章制度 250 多万项。

建立健全基层党组织和党员作用发挥机制。认真总结提炼创先争优成功经验，建立基层党组织晋位升级、党员承诺践诺、党员群众评议、机关干部直接联系服务群众、学习先进争当优秀等方面的长效机制，推动每个支部至少建立一项创先争优的制度，不断激发基层党组织和党员创先争优的内在动力。

第二节　优化组织设置，基层党组织向各领域加速覆盖

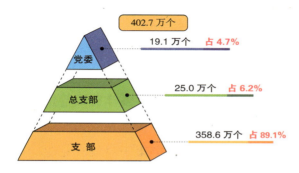

402.7 万个

党委　19.1 万个　占 **4.7%**

总支部　25.0 万个　占 **6.2%**

支 部　358.6 万个　占 **89.1%**

2011 年年底基层党组织的类型情况

党的十六大以来，按照便于党员参加活动、党组织发挥作用的原则，不断创新基层党组织设置形式，拓展延伸党组织覆盖面，健全完善基层党组织体系，全面推进农村、企业、城市社区和机关、学校、社会组织等党的基层组织建设，努力实现党的组织和党的工作全覆盖，做到哪里有群众哪里就有党的工作，哪里

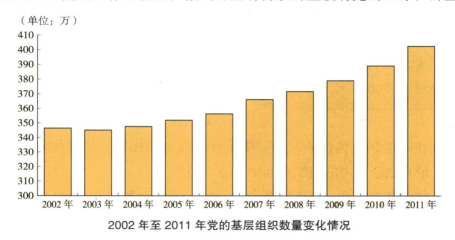

（单位：万）

2002 年至 2011 年党的基层组织数量变化情况

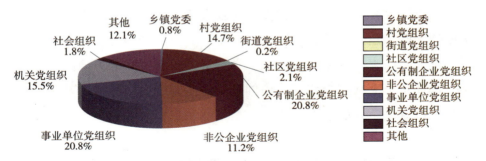

2011 年年底基层党组织的分布情况

有党员哪里就有党组织，哪里有党组织哪里就有健全的组织生活和党组织作用的充分发挥。

一、由传统领域向新兴领域延伸

农村、社区、高校：创新组织设置方式、灵活多样务实管用。在农村，以地域、单位为主设置党组织的基础上，推广在农民专业合作社、专业协会、产业链、外出务工经商人员相对集中点建立党组织的

实践案例

　　吉林省由农村基层党组织和党员干部领办创办的经济合作组织达 7553 个，其中建立党组织 2600 个，发展党员 3500 多人，辐射带动农户 60 万户。

做法，农村基层党组织设置形式更加灵活便捷。在社区，健全和优化社区党组织设置，基本实现了"一社区一支部"目标，探索在村转社区、新建小区建立党组织，不断扩大城市基层党组织覆盖面。在科研院所，适应经济体制和科技体制改革的需要，将党组织建立在科研团队、科研项目和课题组中。在高校，探索在师生集中居住的社区、学生社团以及新体制科研机构等最活跃、最具创新能力的组织单元中设立党组织。

非公有制企业：加大组建力度、扩大"两个覆盖"。2003 年，中央组织部召开全国非公有制企业党建工作经验交流会，强调要进一

步加大非公有制企业党组织组建力度，扩大党的组织覆盖。在 2012 年 3 月召开的全国非公有制企业党的建设工作会议上，习近平同志强调要进一步抓好非公有制企业党的组织和工作"两个覆盖"。各地在巩固规模以上非公有制企业建立党组织成

实践案例

浙江省开展集中攻坚行动，采取摸清底数、多种模式推进组建、落实责任强力推进等，加大非公有制企业组建党组织工作力度。截至 2011 年底，全省已组建党组织的非公有制企业 19 万户，比上年新增 1.2 万户，党组织组建率达到 56.4%。

果基础上，着力扩大规模以下非公有制企业党组织覆盖面。以先进性教育活动、学习实践科学发展观活动、创先争优活动为契机，大力开展"百日攻坚行动"、"推进月"、"攻坚季"、"组建年"等活动，采取单独组建、区域联建、行业统建等方式扩大党的组织覆盖，取得突破性进展。在创先争优活动中，全国非公有制企业新组建党工团组织共 21.4 万个。

2011 年底全国非公有制企业党组织覆盖情况

内容 项目	企业数 （万家）	党员数 （万名）	党组织数 （万个）	覆盖企业数 （万家）	覆盖率
规模以上	21.2	222.1	17.8	20.5	96.7%
规模以下	240	161.9	20.8	77.8	32.4%

社会组织：重点行业突破带动、分类分层灵活组建。党的十六大提出，要加大在社会团体和社会中介组织中建立党组织的工作力度。党的十七大和十七届四中全会对推进社会组织党建工作提出明确要求。各地以规模较大、业务主管部门明确、工作基础较好的律师、注册会计师等行业为突破口，以点带面，切实加大社会组织党组织组建力度。针对社会组织规模差异大、分支机构多、党员分散等特点，采取"建、联、挂、派"等形式，分类、分层、灵活地组建党组织，律

实践案例

　　山东省威海市按照"司法局党委领导、律师协会党委主管、支部建在所上"的思路，凡是有 3 名以上正式党员的律师事务所都单独建立党支部，党员人数达不到 3 人的建立联合党支部。目前，全市 36 个律师事务所建立党支部 16 个。

师、注册会计师行业基本实现了党的组织和工作全覆盖。

2011 年底全国律师和注册会计师党组织覆盖情况

项目　　　内容	单位数	单独建立数	建立联合党支部
律师行业	18312	5030	9169
注册会计师行业	7976	2653	2352

二、由单位向区域延伸

　　在街道社区，建立网格型区域化党组织。按照纵向到底、横向到边、网格覆盖的要求，把社区划分为若干个网格，在网格内组建党组织，实现辖区内党组织组建全覆盖。发挥社区党组织的"兜底"作用，积极帮助辖区内具备条件的非公有制企业、民办非企业单位、社会中介组织建立党组织。2009 年以来，街道社区共在非公有制经济组织和社会组织中建立党组织 11.9 万个。突破社区党员组织关系和居民工作单位限制，一些地方探索建立地缘、趣

实践案例

　　浙江省推行"网格化管理、组团式服务"，以家庭为单位，将 100—150 户居民划分为一个网格，将网格内的党员编入党小组，形成"一个网格团队＋一个党小组"的组织架构，每一网格内设置服务团队，实现管理服务结构由条状向网状转变。

缘、业缘特色党支部或者党小组，推进社区功能型党组织组建。

在工业园区，建立覆盖型区域化党组织。按照区域统筹、突出特色、共建共享的原则，以开发区、工业园区、高新技术园区为依托，根据非公有制企业党建基础、党员数量和分布情况的差异，划分若干党建区域，设立区域党组织。对暂不具备单独组建条件的中小企业，采取"建、联、挂、派"和"以大带小、以点带面"等方式灵活设置党组织，做到成熟一个、组建一个、巩固一个，实现区域内企业党的组织和工作全覆盖。

> **实践案例**
> 武汉市汉阳区在工业园区采取"组织联设、队伍联建、工作联动、阵地联用、经费联筹，党建工作区域化"的方式，推动园区企业党的组织和工作全覆盖。近两年，园区新发展党员228名。

> **实践案例**
> 北京市开展商务楼宇"党工共建"试点工作，探索加强非公有制企业党建工作的新途径。目前，163栋试点商务楼宇新建非公有制企业党组织33个，工会组织350个。

在商贸区，建立功能型区域化党组织。针对商贸企业总体规模偏小、党员人数较少、缺乏活动场地等情况，在商贸区、集贸市场根据经营类型、商铺位置、产销环节等实际，灵活设置功能型党组织。根据商务楼宇人员聚集和流动的新趋势，采取先突破工作基础薄弱的难点企业、形成示范带动效应的办法，或采取先实现大面积覆盖、再着力攻克难点企业的方式，积极探索商务楼宇党组织组建工作。

三、由实体向网络延伸

截至2012年6月，我国网民数量已达5.38亿，互联网普及率达到39.9%，超过世界平均水平，99.3%的乡镇和91.5%的村接通了互联网；手机用户超过 7 亿，其中手机网民 3.88 亿。据调查，我国 80% 的网民利用互联网获取新闻信息，超过 66% 的网民经常在网上发表言论、表达思想观点和利益诉求。网络已成为加强党组织建设不容忽视的重要阵地。

阵地在网上建设：信息、管理、服务、培训、互动一体化。 在大力组建实体性党组织的同时，一些基层党组织建立"e 支部"、"党务通"平台、"万村网页"，组织党员在网上学习讨论、在网上交流、在网上开会，架起了党组织之间、党员与党组织之间以及党员之间沟通的桥梁。许多地方党组织在网络上建立流动党员信息、管理、服务、培训、互动一体

2011 年 6 月，广东省东莞市首批网络党支部成立。

化平台，使党组织工作形态由有形拓展到无形，工作范围由现实空间拓展到网络空间，提高党组织在虚拟社会的影响力和凝聚力。

活动在网上开展：随时随地接受组织教育、参加组织生活。 通过开展"网上咨询"、"网上谈心"、"网上调查"、"网上征求意见"等活动，打造网上"党建社区"、培养党员"意见领袖"，增强党组织和党员的网上引导功能。不少地方党组织开展活动时，将活动内容、时间、地点等在网上发布，广泛吸引辖区党员和群众参加。一些地方探索实行党员凭"电子活动证"和"一卡通"，在任何地方都能接受组织教育、参加组织生活的新模式。

服务在网上拓展：服务党员群众、体现组织关爱。 依托网络建立服务系统，为党员提供党务、政策、法律、就业等信息咨询服务，开

展网上"维权行动"，
帮助农民工党员解决工
资待遇、工伤索赔等劳
务纠纷。利用网络平
台，动员和组织党员奉
献爱心，开展结对帮扶
活动。

实践案例

重庆市探索"网络党建"新模式，实行党员管理、教育、服务"三上网"。全市建立网络党组织 1038 个；每年开展活动 5000 多次，参加党员 10 万人次。

四、由基层党组织向其他各类基层组织延伸

坚持党建带群建：组织引领群团、党员凝聚群团、群团服务群众。 为充分发挥基层党组织的政治引领和社会整合功能，坚持以党的基层组织建设带动其他各类基层组织建设，把各类基层组织和社会群体团结凝聚在党组织周围。2010 年 9 月，中央组织部、团中央召开全国基层党建带团建暨共青团系统深入开展创先争优活动座谈会，对加强党建带团建工作作出部署和安排。近年来，各地党委普遍成立了党群共建工作领导机构，制定出台有关指导性、规范性文件，合力推进党群共建工作，发挥党建对工会、共青团和妇联组织发展的引领作用。

发挥群团组织作用：扩大覆盖、联系群众、培养人才、推优入党。 各地把扩大群团组织覆盖面作为加强群团组织建设工作的一项基础工程，在已有党组织但没有群众组织的各类社会组织中，建立工会、共青团等群团组织，积极开展党群共建活动。对暂时不具备建立党组织条件的，先行建立工会、共青团、妇联组织，做好推荐优秀群众入党工作，为建立党组织和开展党的工作创造条件。截至 2011 年底，全国工会组织覆盖非公有制企业数达到 285 万家，非公有制企业工会会员数达到 1.38 亿人；全国共在 31.4 万非公有制经济组织中独立建立团组织，覆盖青年 1611 万人；女职工权益组织覆盖企业 156.3 万家、女职工 5931 万人。

第三节　创新活动方式，基层党组织作用得到充分发挥

围绕中心、服务大局、拓宽领域、强化功能，是党中央对基层党组织建设一以贯之的要求，也是党的十六大以来基层党建工作最显著的特征。广大基层党组织立足自身基本职责，适应形势任务发展变化，切实找准开展活动、发挥作用的着力点，不断创新活动内容方式，扩大参与面，提高实效性，基层党组织的创造力、凝聚力、战斗力不断增强。

路径回放

• 党的十六大强调，"党的基层组织是党的全部工作和战斗力的基础，应该成为贯彻'三个代表'重要思想的组织者、推动者和实践者。要坚持围绕中心、服务大局，拓宽领域、强化功能，扩大党的工作的覆盖面，不断提高党的基层组织的凝聚力和战斗力"。

• 党的十七大强调，"全面推进农村、企业、城市社区和机关、学校、新社会组织等的基层党组织建设，优化组织设置，扩大组织覆盖，创新活动方式，充分发挥基层党组织推动发展、服务群众、凝聚人心、促进和谐的作用"。

• 党的十七届四中全会强调，"必须坚持围绕中心、服务大局、拓宽领域、强化功能，进一步巩固和加强党的基层组织"。

一、农村基层党组织成为团结带领农民群众建设社会主义新农村的坚强战斗堡垒

大力发展现代农业，带领农民增收致富。广大农村基层党组织主动帮助农民群众寻找符合实际的发展路子，从政策指导、资金支持、项目引进、信息咨询、科技推广等方面，为农民群众发展现代农

实践案例

辽宁省开展党群共同致富活动，以发展专业化生产为基础，以共同致富为目标，在全省农村建立 11.5 万个党群共同致富组织，参加党员 33 万名，占农民党员的 80.6%，参加农户 256 万户，占农户总数的48.1%。

实践案例

2003 年 2 月，甘肃省率先全面开展"双培双带"工程，把党员培养成致富能手，把致富能手培养成党员；党组织带领致富带头人、党员带领群众。先进性教育活动期间，这一做法在全国农村基层推广。

业、实现增收致富提供支持。通过领办、创办、发展专业合作组织、专业协会、龙头企业、社会服务组织等，组织带领农民群众闯市场、奔小康。

倡导健康文明新风，着力培养新型农民。大力发展农村教育事业，大规模开展农村劳动力技能培训，不断提高农民素质，培育有文化、懂技术、会经营的新型农民。坚持用先进文化占领农村阵地，大力开展多种形式、生动活泼的文化活动，满足农民群众多层次、多方面的精神文化需求。积极开展社会主义荣辱观教育和群众性精神文明创建活动，引导广大农民群众讲文明、讲科学、讲道德，崇尚科学、抵制迷信、移风易俗、破除陋习，形成健康文明的新风尚。

加强民主法制建设，维护农村和谐稳定。农村基层党组织团结带领广大群众不断改善农村生产生活条件，着力解决农民群众上学难、看病难、行路难等实际问题。切实加强农村社会管理，化解农村矛盾纠纷，协调各种利益关系，维护群众合法权益。积极推进农村基层民主，推行"四议两

实践案例

广西壮族自治区推行农事村办，在村里设服务点，定期为群众服务。

天津市宝坻区实行"一村一站一助理"工作模式，直接服务群众。

公开"、党员议事会、村情民意恳谈会等方式，健全村党组织领导的充满活力的村民自治机制。广泛开展和谐家庭、和谐村组、和谐村镇创建活动，扎实做好思想政治工作。主动为群众生产生活提供服务，突出做好困难群众帮扶工作，不断提高服务水平。

二、社区党组织成为建设文明和谐社区的坚强领导核心

路径回放

• 2002 年 12 月，胡锦涛同志对上海街道社区党组织"支部建在楼上"的经验作出重要批示，给予充分肯定。

• 2004 年 10 月，中央办公厅转发中央组织部《关于进一步加强和改进街道社区党的建设工作的意见》，中央组织部召开全国街道社区党的建设工作座谈会，对以服务群众为重点，构建城市社区党建工作新格局作出全面部署。

• 2009 年 11 月和 2010 年 6 月，中央组织部先后召开全国街道社区党的建设工作经验交流会和街道社区创先争优活动调研座谈会，强调进一步强化街道社区党组织服务和管理功能。

服务功能不断提升。各地普遍建立健全社区组织和驻区单位相结合、无偿服务和低偿服务相结合、社会化和产业化相结合的社区服务体系，依托社区服务中心、社区服务工作站、各类服务网点，实行"一站式"服务，积极开展面向社区居民的便民

浙江省宁波市划船社区开展"党员奉献日"活动为社区居民服务。

甘肃省兰州市"民情流水线"工作流程示意图

辖区居民群众	民情受理	限期办理	公示反馈		跟踪监督		辖区居民群众
	街道政务大厅集中受理 社区居务大厅集中受理	即办件	固定公开	办事程序、办事依据 服务标准、办事时限 办事纪律、收费标准 办事结果、责任人员	个体监督	"一事一评" 交互式 评议系统	
	三维数字社区 "民情通"呼叫服务中心	承诺件	集中公示	电子显示屏 街道、社区触摸屏 街道党(政)务公开栏 社区居民公开栏	社会监督	政风行风监督员 民情监督员 民主监督 新闻媒体舆论监督	
	民情信息员队伍 主动入户上门受理	上报件	单项反馈	当面答复 专项反馈	网上监督	因特网网上 考核系统	
	"两代表一委员" 民情联络站 民情接待日 民情恳谈会	建议件	分散答复	电话答复 信函答复 网络答复	评议监督	实行双向考核办法 公开述职和民主 评议制度	
	民情信箱 民情热线 网络民情信箱 民情连心卡	补办件	约定告知	主动上门告知	专门监督	"两代表一委员"	

利民服务。许多地方推行服务全程代理制、错时制、承诺制、成立志愿者服务队、开办"爱心超市"、开通服务热线、开展"夕阳红"活动，不断拓宽服务领域，丰富服务内容，创新服务手段，打造服务品牌，提升服务质量。

凝聚功能不断强化。各地街道社区普遍建立健全干部定期走访、党代表定点接访、党员分片包户联系群众制度，及时倾听群众呼声、了解群众意愿、反映群

湖北省武汉市百步亭社区召开居民恳谈会了解社情民意。

众意见。建立健全社区事务决策听证、监督评议等制度，完善社区居民自治机制，拓宽居民参与社区事务的渠道，引导广大居民群众自我教育、自我管理、自我服务。加强对居民群众的教育引导，开展"文明家庭"、"文明楼院"创建活动，培育积极向上的社区文化，把广大居民群众紧紧团结在党组织周围。

管理功能不断拓展。各地普遍建立健全社区党组织领导的社区"两委"议事协商机制，理顺社区党组织与社区居委会、社区服务站、业主委员会、物业管理企业之间的关系。推行街道"大工委"、社区"大党委"、"兼职委员制"，引导驻区单位参与社区建设，形成加强社区管理和社区建设的合力。建立机关党员到居住地社区报到、

浙江省杭州市上城区成立"湖滨晴雨"工作室，架起党委政府和人民群众的经常性沟通桥梁。

党员社区表现反馈机制，引导广大党员在社区发挥作用。

维稳功能不断增强。建立定期排查和经常走访制度，及时掌握辖区情况，对影响稳定的隐患早发现、早排除，对暴露出的矛盾和问题早化解、早处理。健全社区治安联防机制，组织动员居民群众开展社区治安联防联治，维护社区稳定。加强社区法制宣传和安全教育，引导居民理性表达诉求，自觉依法办事，妥善处理利益纠纷，积极创建"安全文明小区"，使街道社区党组织成为保平安、促和谐的战斗堡垒。

三、国有企业党组织政治核心作用得到充分发挥

路径回放

- 党的十六届四中全会强调，"国有企业党组织要适应建立现代企业制度的要求，完善工作机制，充分发挥政治核心作用"。
- 2004 年 10 月，中央办公厅转发中央组织部、国务院国资委党委《关于加强和改进中央企业党建工作的意见》。
- 2009 年 8 月，中央组织部和国务院国资委召开全国国有企业党的建设工作会议，对以改革创新精神加强和改进国有企业党建工作进行研究部署。

积极参与企业重大决策。根据国有经济布局调整，企业产权结构和组织结构变化的实际，把党组织的机构设置、职责分工、工作任务纳入企业的管理体制、管理制度、工作规范之中，推行"双向进入、交叉任职"，妥善处理党组织与董事会、经理层、监事会的关系，形成企业党组织与公司法人治理结构相适应的领导体制。企业党组织积极参与涉及企业改革发展全局的重大问题、重要人事任免，以及涉及职工群众切身利益的重大问题的决策，保障党的路线方针政策和国家法律法规在企业的贯彻执行。

推动企业科学发展。2005 年 4 月，中央组织部、国务院国资委党委印发《关于在国有企业开展"四好"领导班子创

2010 年 7 月，湖北省武汉市神龙汽车公司召开庆祝建党八十九周年暨"四强四优"争创活动推进表彰会。

建活动的意见》；2009 年 10 月，印发《关于在国有企业开展争创"四强"党组织争做"四优"共产党员活动的通知》。各企业在创建活动中，紧紧围绕提高企业经济效益、增强企业市场竞争力，深入开展党员责任区、党员先锋岗、党员品牌工程、党员攻关项目等活动，在破解生产经营难题、完成急难险重任务、应对国际金融危机中，企业党组织和党员的作用得到充分发挥。

维护企业和谐稳定。加强职工队伍建设，扎实做好思想政治工作，推进企业文化建设，提高职工素质，反映职工诉求，维护职工利益。加强企业民主管理，保障职工合法权益，团结凝聚职工群众。一些生产经营困难、停产关闭破产和改制重组企业，坚持做到党的组织不散、党的工作不停、党的作用不减，在帮助下岗失业职工党员增强信心，渡过难关，维护企业和社会稳定等方面发挥了积极作用。

四、非公有制企业党组织在企业职工中的政治核心作用、在企业发展中的政治引领作用不断凸显

路径回放

• 党的十六大修改的《党章》增加了非公有制经济组织中党的基层组织主要任务的规定。

• 2007 年 4 月，胡锦涛同志作出重要批示，强调在继续抓好组建党组织工作的同时，努力探索和总结党组织在非公有制企业中发挥作用的经验。

• 2012 年 3 月，中央办公厅印发的《关于加强和改进非公有制企业党的建设工作的意见（试行）》，明确非公有制企业党组织在企业职工中发挥政治核心作用，在企业发展中发挥政治引领作用。

推动企业生产经营管理。非公有制企业党组织积极宣传、坚决贯彻党的路线方针政策，引导和监督企业遵守国家法律法规，诚信经

营、规范管理，自觉履行社会责任。主动关心、认真研究关系企业科学发展、长远发展的重大问题，积极提出意见建议。建立党组织与企业管理层双向互动工作机制，及时沟通协商有关情况，定期恳谈重要事项。广泛开展

2012年3月，全国非公有制企业党的建设工作会议在北京召开。

"双强六好"创建活动，通过设立党员示范岗、党员责任区，带领工会、共青团等群众组织，组织动员职工群众开展劳动竞赛、技能比武、技术创新，有效增强了企业竞争力。

维护职工群众合法权益。把维护职工群众合法权益尤其是职工生产安全保护作为非公有制企业党组织义不容辞的职责，领导工会等群众组织积极反映群众诉求，依法依规为职工群众争取合法权益和应得利益。积极协调各方利益关系，及时化解劳资纠纷，构建和谐劳动关系，促进企业和社会稳定。不断加强和改进企业思想政治工作，注重对职工的人文关怀和心理疏导，帮助解决实际困难，企业党组织

浙江省绍兴市开展"发展强、党建强"非公有制企业党组织创建活动。

成为广大职工群众的贴心人。

　　引领企业文化建设。把党建工作与企业文化建设互通共融，引领企业建设符合社会主义核心价值体系的先进文化。引导党员、职工和企业出资人，坚定中国特色社会主义共同理想信念。积极开展企业精神文明创建活动，丰富职工群众精神文化生活。加强社会公德、职业道德和法

浙江省吉利控股集团在生产一线设置"党员示范岗"。

制教育，促进诚信经营，抵制造假欺诈、见利忘义等歪风邪气。以学习型党组织建设带动学习型企业建设，提高职工群众综合素质，增强企业创新能力。

　　五、机关党组织在完成本部门各项任务中的协助和监督作用得到有效发挥

路径回放

　　• 在 1997 年 4 月召开的全国机关党的建设工作座谈会上，胡锦涛同志强调，"机关党建工作必须适应新形势、新任务的要求，走在党的基层组织建设的前头"。
　　• 2009 年 5 月，中央组织部召开全国机关党的建设工作会议，对以改革创新精神加强机关党建工作作出全面部署。

党员干部思想政治素质不断提高。组织机关党员、干部深入学习中国特色社会主义理论体系，引导机关党员、干部增强政治意识、大局意识、责任意识，自觉按照中央的要求统一思想和行动。引导机关党员、干部加强党性修养，牢记党的宗旨，严守党的纪律，树立为民、务实、清廉的良好形象，推动建设人民满意机关。

> **实践案例**
>
> 　　公安系统开展"创人民满意警队，做群众喜爱警察"活动，医药卫生系统开展"三好一满意"活动，工商系统开展"争创三满意"活动，质检系统开展"质量提升、服务先行"活动，提高机关干部履职尽责、服务群众的能力和水平。

　　服务中心任务更加紧密。各级机关围绕实施"十一五"、"十二五"规划，紧扣本部门本单位的中心工作开展党的活动，主动发挥参谋助手和服务保障作用，引导机关党员、干部树立正确的世界观、权力观、事业观，以高度负责的精神履行岗位职责，爱岗敬业、争创一流，兢兢业业完成各项工作任务，提高了机关的执行力和战斗力。

贵州在全省领导干部中开展"四帮四促"活动，推动做好新形势下的群众工作。

　　学习型机关建设得到大力推进。按照"干什么学什么，缺什么补什么"的要求，认真抓好现代科学文化知识学习和业务技能培训，创

实践案例

国家人口计生委宣教司党支部开展"听说读写练",组织机关党员听民声、察实情,开展"读讲一本书"活动,共同分享读书心得,自己动手撰写《共享笔记》,开展岗位练兵,有效提高了党员素质。

新学习方式,探索推行干部选学、网络培训,使机关党员干部不断开阔眼界、开阔思路、开阔胸襟。广泛开展理论学习、业务培训、技能竞赛、岗位练兵等活动,着力提高机关党员、干部业务素质。加强实践锻炼,组织年轻干部到艰苦和边远地区去,到矛盾多、困难大、任务重的地方去,提高解决实际问题的本领。

机关干部直接联系群众深入推进。积极推动机关党员干部走出机关、服务群众,接地气、知民情、解民忧,广泛开展结对帮扶、建立基层联系点等活动,加强与人民群众的直接联系。中央有关部门广泛开展"走基层、转作风、改文风","百乡万户大调查","百村调研"等活动,许多地方建立机关干部直接联系群众制度,广泛开展

山西省开展干部下乡住村"六个一"活动。

"五级书记大走访"，"万名干部进村入户"、"三进三同"、"万名干部下基层、万名群众评机关"，"下基层、解民忧、帮发展、促和谐"，"联村联户、为民富民"等活动，改进了

云南省开展干部直接联系群众"四群"教育活动。

机关作风，提高了服务水平，密切了干群关系。

六、社会组织党组织在加强社会管理、促进社会和谐中的作用得到充分体现

路径回放

- 在 2002 年全国组织工作会议上，胡锦涛同志强调："积极探索在各类社会团体和社会中介组织中开展党建工作的有效途径和方法。"

- 在 2005 年全国组织部长会议上，曾庆红同志强调："适应经济社会生活的新变化，进一步加大城市社区、新经济组织、新社会组织的党建工作。"

- 在 2008 年全国组织工作会议上，习近平同志强调："紧紧围绕协调利益、化解矛盾、规范服务加强新社会组织党的建设，以行业规模较大、业务主管部门明确、工作基础较好的律师、会计师等行业为突破口，以点带面，积极探索加强新社会组织基层党建工作。"

- 2008 年 3 月，中央组织部和司法部党组联合下发《关于进一步加强和改进律师行业党的建设工作的通知》，同年 7 月，在山东威海召开全国律师行业党的建设工作会议。

- 2009 年 10 月，中央组织部和财政部党组联合下发《关于进一步加强和改进注册会计师行业党的建设工作的通知》，财政部党组依托中国注册会计师协会成立中国注会行业党委，加强对行业党建工作的指导。
- 2010 年 8 月，中央办公厅、国务院办公厅转发了《司法部关于进一步加强和改进律师工作的意见》，明确律师事务所党组织在执业活动中发挥政治核心作用。同年 11 月，中央组织部、司法部在北京召开了全国律师行业党的建设工作会议。

实践案例

江苏、湖北、广西等地在开展"结对帮扶促民生"、"送服务、树形象"等实践活动中，组织社会组织党组织开展各种公益活动，帮助解决实际问题，展示了社会组织党组织的良好形象。

社会组织党组织紧紧围绕行业发展抓党建，把党的活动融入社会组织执业活动的全过程，融入日常管理的各个环节，融入文化建设的各个方面，引导和监督社会组织贯彻执行党的路线方针政策，遵守国家的法律法规，扎实做好群众工作，维护各方合法权益，有力促进了社会组织健康、规范、有序发展。律师行业党组织团结带领广大律师牢固树立并自觉践行社会主义法治理念，忠诚履行中国特色社会主义法律工作者的职责使命，把推动科学发展、促进社会和谐、服务人民群众作为执业活动的主要任务，自觉维护宪法和法律尊严、维护当事人合法权益、维护法律正确实施、维护社会公平正义。注册会计师行业党组织围绕事业发展和诚信建

实践案例

北京市西城区以成立区律师协会为契机，组织党员律师开展法律服务进社区、进学校、进企业、进机关、进工地活动，为当地经济社会发展提供法律服务。

设，坚持党建工作与业务发展"双融合、双促进"，深入推进"党员诚信先锋岗"、"诚信执业"、"践行科学发展、争做诚信模范"等活动，积极开展援建希望小学、慰问生活困难群众、向公益组织提供免费审计、环保志愿行动等各种社会公益活动，产生了良好社会反响。

七、高校和科研、文化、卫生、体育、中小学等事业单位党组织做好思想政治工作、促进事业发展的作用不断强化

路径回放

- 党的十六大强调："全面做好机关党建工作和学校、科研院所、文化团体等事业单位的党建工作。"
- 党的十七大和十七届四中全会对加强事业单位党建工作提出明确要求。
- 2012 年，中央办公厅印发《关于在推进事业单位改革中加强和改进党的建设工作的意见》。

事业单位党组织根据自身特点，切实找准发挥领导核心作用或政治核心作用的切入点和突破口，为事业单位改革和发展提供了坚强的组织保证。

高校各级党组织深入推进高校改革、发展、稳定。自 1990 年以来，中央组织部、中央宣传部和教育部党组根据高校党建工作形势任务的发展变化，坚持每年一个主题，召开全国高校党建工作会议。各地不断创新高校党委工作机制，坚持加强党对高校的领导，健全和完善高校党委领导下的校长负

2012 年 1 月，第二十次全国高等学校党的建设工作会议在北京召开。

责制，努力把高校党委建设成为体制健全、机制完善、运转协调、作用突出的坚强领导核心。完善院（系）级单位党组织工作机制，坚持党政联席会议制度，健全党组织工作机制和决策方式，为院（系）级单位党组织发挥作用和履行职责提供有力保障。紧紧围绕提高人才培养质量、服务经济社会发展，创新教师和学生党支部活动方式方法，搭建党员发挥作用的平台，扎实做好青年教师和大学生思想政治工作。

科研、文化、卫生、体育和中小学校等事业单位党组织积极推动和促进本单位中心工作。通过加强党员教育管理，广泛开展党员先锋岗、党员示范岗等活动，不断提高党组织活动的针对性和实效性。结合推进事业单位改革，扎实做好思想政治工作，理顺情绪，化解矛盾，凝聚人心，把事业单位广大党员干部群众紧紧团结在党的周围。组织窗口服务单位广泛开展"为民服务创先争优"活动，争创群众满意窗口、优质服务品牌、优秀服务标兵，引导广大党员立足本职岗位创先进争优秀。

首都儿科研究所举行"我是一面旗帜"主题党日活动。

北京友谊医院专家为百姓送健康义诊。

第四节　健全体制机制，基层党建工作制度化规范化水平显著提高

党的十六大以来，各级党组织高度重视基层党建工作的制度建设，积极探索、大胆创新，示范引领、狠抓落实，努力在加强基层组织带头人队伍建设、推进各领域基层党组织活动阵地建设、健全基层党建工作领导体制等方面下功夫，不断提高基层党建工作的制度化规范化水平。

一、注重选优训强，形成提高基层带头人队伍素质长效机制

基层党组织带头人是党在基层的执政骨干，建设高素质基层党组织带头人队伍是加强基层组织建设的战略任务。各地认真落实中央部署要求，按照守信念、讲奉献、有本领、重品行的要求，不断创新培养选拔、教育培训、考核管理和激励保障的思路、方式和机制，充分调动基层党组织带头人的主动性创造性，使他们真正成为基层党组织发挥作用最关键的领导核心和骨干力量。

政策链接

2009年，中央组织部出台《关于加强村党支部书记队伍建设的意见》，2010年出台《关于加强乡镇党委书记队伍建设的意见》以及制定一系列促进大学生村官"下得去、待得住、干得好、流得动"的政策意见，对加强基层党组织书记队伍和大学生村官队伍、党务工作者队伍建设提出了明确要求。

（一）建设高素质的基层党组织书记队伍

培养选拔更重标准：素质过硬、群众公认。坚持德才兼备、以德为先的用人标准，注重把"两推一选"、"公推直选"和上级党组织委派、面向社会公开选拔等方式结合起来，把一大批素质过硬、群众

公认的优秀党员干部选拔到基层党组织书记岗位上。在农村，坚持"思想政治素质好、带富能力强、协调能力强"的选人标准；在城市社区，坚持"服务意识强，善于做群众工作"的选人标准；在机关，坚持"党性强、品行好、作风正"的选人标准；在企业，坚持"守信念、讲奉献、重品行、懂经营、会管理、善协调"的选人标准。同时，坚持五湖四海，拓宽选人视野，打破地域、单位、行业、身份限制选人用人，一大批优秀大学生村官、党政机关和企事业单位优秀人才被选拔为农村、社区、非公有制经济组织和社会组织党组织书记。

教育培训更重实效：基层书记大轮训、履职能力大提升。近年来，中央组织部先后印发《关于换届后组织开展乡镇领导干部培训工作的通知》、《关于开展基层党组织书记轮训工作的通知》等文件，把乡镇（街道）党委书记、村（社区）党组织书记纳入整个干部培训规划，重点培训乡镇（街道）、村（社区）、机关、事业单位、国有企业、非公有制经济组织和社会组织等各领域新任职的基层党组织书记。各地按照分级、分类培训原则，采取集中轮训、实地考察、实践培训、"菜单"选学和学历教育等方式，重点组织学习党的理论、市场经济、法律法规、实用技术、民主管理、服务群众等方面的知识和技能，有效提高了他们的履职能力和水平。2012年4至5月，中央组织部联合有关部委，以"加强基层组织建设，当好党组织书记"为主题，举办了5个批次16期基层党组织书记示范培训班，共有2500多名基层党组织书记参加培训。

考核管理更重规范：强化公开监督、严格兑现奖惩。各地加强对基层党组织书记的日常管理和规范约束，探索完善各领域基层党组织重大事项决策、实施、监督分开的制度和办法。健全议事规则、决策程序和离任审计等制度，大额资金支出、重点项目建设等重要事项必须经集体讨论决定。全面推行党务、政务和村（居）务公开，强化党员群众监督。健全和完善各领域基层党组织书记实绩考核办法，准确评价履职情况，考核结果作为基层党组织书记的选拔任用和奖励惩戒的重要依据，严格兑现奖惩，切实加强对基层党组织书记的监督管理。

激励保障更重长效：让基层党组织负责人真正想干事、能干事、干成事。各地注重从制度机制上保障基层党组织书记的经济待遇，强化政治激励。对农村、城市社区党组织书记，制定了"一定三有"、拓宽乡镇（街道）和村（社区）党组织书记的成长渠道、推荐"两代表一委员"等政策措施，目前，全国95%以上的涉农县（市、区）按照不低于当地劳动力平均收入水平兑现村党组织书记基本报酬，85%以上的涉农县（市、区）为现任村党组织书记办理养老保险，90%以上的涉农县（市、区）建立村党支部书记正常离任生活补助制度。对机关和事业单位，明确提出了关心关注基层党组织书记的成长进步，加大党务干部与其他岗位干部的交流力度等措施要求；对企业，探索建立非公有制企业党组织书记报酬待遇、政治待遇保障机制，以及到党政机关、国有企业、事业单位挂职锻炼等制度。

名词解释

一定三有

定权责立规范
工作有合理待遇
干好有发展前途
退岗有一定保障

（二）推动大学生村官健康成长

选聘高校毕业生到村任职，是党中央着眼于推进社会主义新农村建设，培养党和国家事业可靠接班人作出的一项重大战略决策。2007

年 12 月 18 日，胡锦涛总书记批示指出："此事具有长远战略意义。"
自 2008 年以来，中央组织部联合相关部门先后出台了《关于选聘高校
毕业生到村任职工作的意见》、《关于进一步加强大学生村官工作的意
见》等 10 余个文件，建立健全了选聘录用、管理考核、教育培训、培
养使用、期满流动等一系列配套制度，初步形成了大学生村官"下得
去、待得住、干得好、流得动"的长效机制，推动了大学生村官工作
的健康、有序发展。自 2008 年实施大学生村官计划以来，全国已累
计选聘 30 万名大学生村官，目前在岗 21.2 万人，其中进入村"两委"
班子的 8.2 万人，担任村党组织书记和村委会主任的 5000 多人，进入
乡镇领导班子的 3000 多人，列入县级和科级后备干部的 8000 多人。

注重好中选优，队伍结构明显优化。各地在明确选聘条件和程序
的基础上，坚持学生党员优先、优秀学生干部优先、回原籍任职优先
等"三个优先"原则，以及"大学本科以上学历的比例和中共党员的
比例都达到 80% 以上"的要求，采取高校推荐与毕业生自愿报名相
结合、考试与考察相结合等方式选好人，从源头上提升选聘工作质
量。目前，在岗大学生村官中本科以上学历占 66.1%，党员占 57%，
部属院校毕业生占 16.1%，较 2008 年分别提高 18.2%、22.2% 和 2.3%。

加强教育管理，整体素质明显提高。各地健全和完善大学生村官的岗位职责、教育培训、日常管理、跟踪培养、监督考核等制度办法，将大学生村官纳入干部教育培训规划，建立健全岗位培训制度，全面加强能力素质培训。

实践案例

天津市宁河县实施大学生村官管理"12345"工程成效明显，即一线培养、两级帮带（1 名乡镇领导和 1 名村干部帮带），三级考核（县、乡、村三级考核机制），四步工作法（月例会、季度讲评、半年总结、年终评比），五个一活动（记好一本民情日记、掌握一项实用技术、参与或领办一个致富项目、建立一个帮扶对子、写好一篇调研报告）。

支持干事创业，富民成效逐步显现。各地通过资金扶持、技术培训、兴办创业基地等措施，引导大学生村官在带领群众发展致富中增长本领、丰富经验。建立完善报酬待遇、医疗保障以及政治激励等制度，为他们扎根基层、干事创业提供了良好条件。截至 2011 年底，全国有 3 万名大学生村官创办致富项目 2 万多个，总投资 60.8 亿元，领办创办各类专业合作社 6451 个，为 24.3 万名村民提供了就业岗位。

拓宽流动渠道，基本实现多元流动。 2010 年 5 月，中央组织部联合有关部门出台了《关于做好大学生村官有序流动工作的通知》，引导服务期满大学生村官通过留村任职、考录公务员、自主创业发展、另

2011 年 11 月，神华集团公司劝推大学生村官创业行动启动仪式在京举行。

行择业、继续学习深造等"五条出路"流动。鼓励神华集团、农业银行等中央企业、单位和其他国有企事业单位、非公有制企业、城市社区、社会组织招聘大学生村官。截至 2011 年底，全国累计有 20 万名大学生村官服务期满，基本形成了有序流动、多元发展的局面。

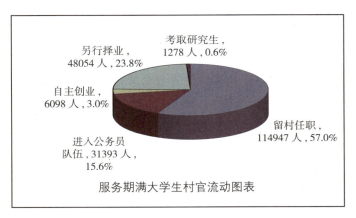

服务期满大学生村官流动图表

（三）建立数量充足、作用突出的基层党务工作者队伍

党务工作者，是党政机关、企事业单位、村（居）和社区组织党建工作的规划者、组织者和实施者，是单位党建工作的骨干和中坚力量。基层党务工作者，主要包括乡镇（街道）党（工）委组织委员、机关事业单位专兼职党务工作人员，以及非公有制经济组织和社会组织党建工作指导员等。基层党务工作者队伍建设，事关党的路线方针政策在基层的贯彻落实，事关基层党建工作的成效。

培养乡镇（街道）组织员队伍。坚持把政治觉悟高、热心于党的工作作为推荐组织员人选的首要条件。拓宽选任渠道，采取定向公选、提拔任用等方式，面向乡镇（街道）党员干部、优秀大学生村官党员、优秀村（社区）党支部书记和村（居）主任中的党员统筹进行选拔，一大批群众基础好、党员信得过的优秀人才被选拔为组织员。

> **实践案例**
>
> 四川省广安市乡镇有了组织员，党建工作不再难。2010年，四川省广安市结合乡镇换届，通过定向公选、交流调整等方式，为172个乡镇全部配备了组织员，确保农村党建工作"有人抓、有人管"。

选拔专兼职党务工作者。各地坚持民主、公开、竞争、择优原则，扩大选人视野，完善公开选拔、竞争上岗、差额选举等办法，提高选人用人公信度，促使各类优秀人才脱颖而出。对机关党务工作人员，各地普遍按照机关总人数1%—2%的比例配备；对高校，普遍按照全校师生员工总数1%左右的比例配备。

> **实践案例**
>
> 浙江省温州市成立有460名会员的非公有制企业和社会组织党务工作者协会，创办协会党建刊物和网站，建立30个企业党建"红色示范"基地，开展"党建促交流、关怀送温暖"活动，为党务工作者搭建宣传引导、探索交流、人才培养的重要平台。

通过积极努力，各级机关和各类高校普遍建立起了一支以专职人员为骨干、专兼职干部相结合的党务工作者队伍。

派驻党建工作指导员。在非公有制经济组织、社会组织中有组织、有计划地派驻专兼职党建工作指导员。各地积极鼓励机关党员干部、新招录公务员、大学生村官、"三支一扶"工作人员，特别是党政机关、企事业单位退休或退居"二线"、具有党建工作经验的党员干部到非公有制经济组织、社会组织等领域担任党建工作指导员，有力推进了各领域基层党建工作。

二、加大投入力度，基层基础保障取得突破性进展

各级党组织坚持权力下放、资源下沉、重心下移，真心实意重视基层，真金白银投入基层，精兵强将充实基层，开展了大规模村级组织活动场所建设，在农村推广"一定三有"、在城市社区推广"三有一化"等经验，切实加强城乡统筹，保证基层党组织工作有力量、办事有经费、活动有阵地，为正常运转、发挥作用提供了有力保障。

（一）村级组织活动场所基本实现全覆盖

2005年6月，中央明确提出，以地方财政投入为主、中央财政

重要举措

第一轮建设

（2006至2007年）

中央投入补助资金17.8亿元，东、中、西部地区补助比例分别为10%、30%、60%。各地落实配套资金101.3亿元，其中各级财政64.7亿元，党费6.48亿元，社会各界捐助及其他渠道筹集30.1亿元。

建设效果

第一轮建设结束后

各地共建设完成村级组织活动场所15.59万个，建筑面积均达到了中央提出的指导标准90平方米，平均建筑面积达166平方米，极大地改善了农村基层组织的工作条件。

重要举措

第二轮建设

（2009 至 2010 年）

中央组织部会同国家发改委、财政部投入 16.8 亿元，各地落实配套资金 108.4 亿元，中央补助东、中、西部地区的比例与活动场所建筑面积、家具及办公用品配置标准与第一轮保持一致。

建设效果

第二轮建设结束后

在各地的共同努力下，实现了覆盖全国行政村的目标，结束了一些村干部"公章随身带、办公靠膝盖"的历史，为党员干部开展活动、服务群众创造了条件。

适当补助、党费予以支持的办法解决村级组织无活动场所问题。党的十七届三中、四中全会明确提出，2010 年底前要实现村级组织活动场所覆盖全部行政村。中央组织部从 2006 年起启动了两轮村级组织活动场所建设，基本实现了覆盖全国行政村的目标。村级组织活动场所建成以后，各地注重在管好用好上下功夫，按照一室多能、一室多用的原则，把活动场所建设成为村里开展办公议事、党员活动、教育培训、便民服务、文体娱乐等工作的综合阵地，为农民群众了解党的政策、参与村务管理、加强学习交流提供方便，有效地增强了村党组织的凝聚力、战斗力。

安徽省绩溪县临溪镇孔灵村村民在新建的村级组织活动场所排演节目。

（二）实现"三有一化"目标

有人管事。各地拓宽选人视野，改进选拔方式，按照守信念、讲奉献、有本领、重品行的要求，选优配强社区党组织书记。采取公开招聘、民主选举、竞争上岗等办法，选聘专业化、高素质的社区工作者。有计划地选聘高校毕业生到社区任职。把社区党组织书记培训纳入干部培训和社会工作人才培训规划，重点加强党的建设、社会管理、公共服务和维护稳定等方面的培训。建立激励保障机制，加大从优秀社区干部中考录公务员的力度，合理确定社区党组织书记和其他社区工作者的报酬，激励他们扎根社区、干事创业、服务群众。

有钱办事。各地积极拓宽筹资渠道，建立健全社区党组织经费保障机制，逐步形成以财政投入为主、社会支持为补充的经费保障体系。各地根据本地实际合理确定社区党组织经费保障最低标准，制定经费管理、使用和监督办法，保证社区党务干部报酬和党组织办公、活动设备购买等经费的必要支出，保证社区党组织有一定的财力和资源为群众办实事、好事。

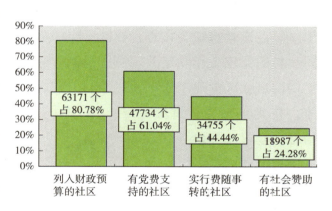

街道社区党建落实"三有一化""有钱办事"情况

有场所议事。各地切实加强社区组织活动场所和服务设施建设，解决社区组织的办公用房和活动场所。把社区组织活动场所和服务设施建设，纳入城市新建、改建住宅小区和城市公益性服务设施建设规划。加强对活动场所和服务设施的管理，提高综合利用效益，建成集党员活动、便民服务、文化宣传、信息传播等多种功能于一体的

河北省承德市西大街街道碧园社区一站式大厅。

党员之家、群众之家、社区服务之家。

截至目前，全国81.8%的社区按照城镇居民年平均收入水平确定了党组织书记报酬，78.5%的社区解决了工作用房，61.7%的社区办公活动用房面积达到200平方米以上，社区党组织服务居民群众的能力进一步增强。

构建城市基层区域化党建格局。按照条块结合、优势互补原则，建立以街道党组织为核心、社区党组织为基础、驻区单位党组织共同参与的党建工作联建共建协调机制。驻区单位党组织积极参与和支持街道社区党建工作，通过结对共建、联建、帮建，从政策、人才、技术、物资、资金、信息、教育、阵地等方面支持街道社区党组织。探索建立党员在居住地发挥作用机制，突破党员隶属单位、行业和党组织的局限，充分利用街道社区阵地和资源，为各类党员发挥作用创造条件。

社区志愿服务全国联络总站揭牌。

建立党员向居住地社区报到、党员志愿服务、党员社区表现评价制度，形成"工作在单位、活动在社区、奉献双岗位"的党员管理新机制。

路径回放

• 2004 年，中央办公厅转发中央组织部《关于进一步加强和改进街道社区党的建设工作的意见》。

• 2005 年，民政部、中央组织部等十部委出台《关于进一步做好社区组织的工作用房、居民公益性服务设施建设和管理工作的意见》，对改善社区组织工作条件提出了明确要求。

• 2009 年 11 月召开的全国街道社区党的建设工作经验交流会，针对当前不少地方存在的缺优秀人才、缺工作经费、缺活动场所和协调共建机制不完善等突出问题，鲜明地提出"三有一化"的要求。

（三）非公有制企业党建工作保障机制不断完善

多渠道解决活动经费。一是税前列支。一些省（区、市）以公司法为依据，规定非公有制企业党组织活动经费按职工年度工资总额3‰—8‰的比例在企业管理费中税前列支。二是党费返还。一些地方明确规定非公有制企业党员缴纳的党费全额返还，帮助工作经费确有困难的非公有制企业党组织开展工作。三是财政扶持。由财政用以奖代补的形式拨付非公有制企业党组织活动经费。四是企业支持。一些非公有制企业明确将党建工作经费写入企业章程，对党建工作经费实行实报实销。

实践案例

沈阳开展"三建三送"活动：即面向非公企业党组织"建一个党组织活动场所、建一个党建宣传专栏、建一套党建工作制度，送一块党组织牌匾、送一面党旗、送一套党建图书"，帮助非公有制企业党组织加强规范化建设。

加大活动场所建设力度。各地引导非公有制企业建立党员活动场所，依托开发区、工业园区、专业市场、商务楼宇等，统一规划建设区域性、开放性、综合性的党群活动服务中心，为党组织搭建服务群

武汉金牛经济发展有限公司党员职工活动中心。

众的平台。按照"有场所、有设施、有标志、有党旗、有书报、有制度"的标准，推进非公有制企业党组织活动场所规范化建设，倡导国有企事业单位、机关和乡镇（街道）、村（社区）党组织与非公有制企业党组织活动场所共用、资源设施共享。

（四）构建城乡统筹的基层党建工作新格局

以城带乡。广泛开展城乡基层党组织结对共建活动，组织街道、机关、企业、高校、科研院所等党组织与经济相对贫困、工作基础薄弱村的党组织结对帮扶。深入开展党员志愿服务活动，引导党员根据个人特长和实际情况，创新党员联系服务群众的途径和方式。加大从各级机关、国有企事业单位选派干部驻村帮扶工作力度，组织农业专家教授和科技人员为农民群众提供服务，推动经济交流与合作，促进和带动项

路径回放

● 十七届三中全会适应城乡经济社会发展一体化趋势的客观需要，第一次明确提出构建城乡统筹的基层党建新格局。

● 十七届四中全会明确要求，统筹城乡基层党建工作，促进以城带乡、资源共享、优势互补、协调发展。各地着眼于构建城乡统筹的基层党建新格局，推进城乡基层党组织结对共建，加强城乡基层党建资源整合，加大对老少边穷地区基层党建工作支持力度，基层党组织工作条件明显改善。

目、资金、信息、技术、管理等资源向农村流动。2008年以来，各地先后选派167万名机关和企事业单位干部到农村基层挂职任职、帮扶指导。

资源共享。各地通过组织推动、市场配置等手段，有效整合城乡人才、信息、阵地、经费等党建工作资源，提高资源的综合效益。打破行政管辖行业领域和单位属性等界限，集约利用资金，建设区域化党员服务中心，逐步形成覆盖城乡、辐射区域内各类组织的党员服务中心网络。积极拓宽资金筹集的社会化、市场化途径，引导政府部门、金融机构、驻社区单位、社会组织、农业产业化企业的支农资金、项目资金、扶持资金等，向农村和城市社区基层组织投放。

优势互补。各地深入开展农村经验进城区、城区经验进乡村活动，把城市基层党建的社会管理经验、市场化运作理念、党务工作者

实践案例

上海市各街道社区和乡镇全部建立党员服务中心，并向商务楼、居民区、行政村延伸建立党员服务站点，形成了覆盖城乡基层组织、互联互通的完整网络。全市共有650个机关企事业单位党组织与村级党组织、3千多个城区党组织与3万多名农村困难群众进行结对帮扶。通过社保卡、居住证、学籍卡植入党员信息，建立流动党员信息采集系统；全市城区98%以上的商务楼宇建有党组织，郊区农村探索建立了"新村民"党支部；依托党员服务中心设立流动党员党支部，各工业园区全部建立了综合工作党委，建立了城乡一体的党员动态管理机制。

队伍建设方法等，引入农村基层党建工作；把在农村党建工作中行之有效、符合基层党建工作规律的"三级联创"、阵地建设、党员承诺等做法，推广应用于城市基层党建中，通过党建成果的相互借鉴、

黑龙江开展"百局联百村"活动推动城乡共发展。

双向嫁接、互帮互助，实现城乡党建工作有机融合、共同提高。

协调发展。 把构建城乡统筹基层党建新格局工作列入当地经济社会发展和党建工作的整体布局，建立健全城乡一体党员动态管理机制，加强对流动党员特别是农民工党员的服务和管理，为流动党员提供信息咨询、困难求助、就业推荐、技能培训和权益保障等服务，鼓励流动党员带产品、带技术、带人员外出创业，引资金、引项目、引人才回家乡发展。

三、健全体制机制，基层党建规范化水平显著提高

党的十六大以来，各级党委坚持把制度建设贯穿始终，充分发挥制度建设的保证作用，努力构建符合党的基层组织建设特点和时代发展要求的组织制度体系，切实加大制度执行力度，提高了基层党组织建设的制度化、规范化水平。

（一）建立健全领导体制

基层党建工作点多、量大、面广，仅靠一个部门、一级组织抓不过来，也管不好。各地各部门在健全基层党建工作领导体制、完善工作机制上做了大量探索，初步形成了党委统一领导、组织部门牵头抓总、行业系统具体指导、有关方面齐抓共管的工作格局。

健全地方党委党建工作机构。 各地党委健全党建工作领导小组，建立基层组织建设协调机构，明确职责分工，完善工作制度和议事规则，切实履行好对本地区基层党建工作的领导和指导责任。按照"建

得起、管得住、叫得动、起作用"的要求，在省、市、县成立非公有制企业党工委或"两新"组织党工委。

2010 年底非公有制企业党建工作领导机构设置情况

单位	数量（个）	成立领导机构（个）	领导机构类型					人员编制		建立联席会议制度（个）
			单独成立（个）	依托组织部（个）	依托统战部或工商联（个）	依托工商局（个）	依托其他部门（个）	编制数（人）	实有数（人）	
省（区、市）	31	15	2	2	8	2	1	224	236	22
市（地、州、盟）	336	204	31	81	49	23	20	366	570	248
县（市、区、旗）	2856	2003	334	896	355	150	268	3046	4948	2264

行业系统加强对基层党建工作的指导。在学习实践科学发展观活动与创先争优活动中，部门党组（党委）承担起指导本行业系统基层党建工作的职责。各级统战、工商、民政、财政、司法、工信、商务、农业、教育、文化、卫生、国资委、工商联等部门发挥职能优势、队伍优势、感情优势，积极探索，勇于创新，加强对行业系统党建工作的具体指导，有效提升了党建工作水平。

实践案例

2009 年 10 月，财政部依托中国注册会计师协会成立中国注册会计师行业党委。目前，30 个省区市、192 个地级市成立注册会计师行业党委（党总支）。中国注会行业党委探索建立事务所综合评价指标体系，基层行业党组织加强对事务所党建工作的直接指导，推动行业党建工作三年大变样。

健全工作运行机制。地方党委、部门党组（党委）定期召开会议，听取基层党建工作汇报，研究决定基层党建工作重要问题。采取督察、巡回检查和随机抽查等方式，对基层党建工作进行督促检查。各地建立党建工作联席会议制度，定期研究部署基层党建工作。科技部连续 13 年召开国家级高新技术产业开发区党建工作座谈会，商务部连续 20 年召开国家级经济技术开发区党建工作座谈会，国家工商总局在"登记申报、年检年报"时加入党建工作内容，从源头上抓非公有制企业党建工作。

（二）落实党建工作责任制

坚持党要管党、从严治党，全面落实党建工作责任制，营造求真务实良好氛围，使党员、干部真正把心思用到干事业上，把功夫下到察实情、出实招、办实事上。

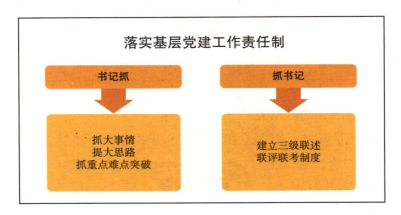

坚持"书记抓"。各级党委（党组）书记牢固树立主业意识和"不抓党建就是失职、抓不好党建就是不称职"的观念，身体力行，率先垂范，落实好第一责任人职责。坚持带头建立联系点，推动联系点成为示范点。坚持深入调查研究，研究解决基层党建工作的实际问题。坚持完善领导体制和运行机制，抓重点难点问题突破，着重解决好基

实践案例

浙江省先后出台《关于建立党委书记抓基层党建工作述职制度的意见（试行）》、《关于建立市委书记履行党建工作责任制专项述职制度的意见》，建立市、县、乡三级党委书记专项述职工作制度体系，并连续 2 年开展市、县、乡三级党委书记专项述职工作。

层党组织书记待遇、活动场所建设、经费保障等问题。

坚持"抓书记"。建立健全"三级联述联评联考"制度，市、县、乡三级党组织书记就抓基层党建工作情况向上一级党委进行专项述职；组织基层党组织、党员和群众代表，对县、乡镇（街道）和村（社区）三级党组织抓基层党建工作情况进行评议；把抓基层党建工作情况作为市、县、乡镇（街道）三级党组织和部门党组（党委）领导班子、领导干部年度考核的重要内容，做到述职述党建、评议评党建、考核考党建、任用干部看党建，形成抓基层党建工作的动力机制。

（三）完善制度机制

坚持把工作实践、工作创新、工作成果上升到制度，健全各领域党的基层组织建设的法规制度，进一步形成覆盖全面、完备管用的基层党建工作制度体系和相互衔接、运行规范的工作机制。

修订两个《条例》。2010 年 6 月，中央颁布了新修订的《中国共产党党和国家机关基层组织工作条例》，同年 8 月，颁布了新修订的《中国共产党普通高等学校基层组织工作条

例》，对加强和改进新形势下机关和高校党建工作提供基本遵循和重要依据，为我国高等教育事业健康发展提供坚强的政治、思想和组织保证。各省、区、市党委制定了《条例》的实施办法，许多部门还制定了实施细则，形成了上下贯通、配套衔接的制度体系。

分领域完善工作制度。2003 年，中央办公厅印发《关于深入开展农村党的建设"三级联创"活动的意见》，推动了农村基层组织建设整体水平的提高；党的十七大以来，中央组织部印发了《关于加强村党支部书记队伍建设的意见》、《关于选聘高校毕业生到村任职的意

见》、《关于加强乡镇党委书记队伍建设的意见》等重要文件，进一步促进了农村基层组织建设创新发展。2004年，中央办公厅转发中央组织部《关于进一步加强和改进街道社区党的建设工作的意见》，进一步夯实了党在城市基层的执政基础。2008年，中央组织部、司法部党组印发《关于进一步加强和改进律师行业党的建设工作的通知》，明确律师行业党组织发挥政治核心作用。2009年，中央组织部、财政部党组印发《关于进一步加强注册会计师行业党的建设工作的通知》。2012年，中央办公厅印发《关于加强和改进非公有制企业党的建设工作的意见（试行）》，明确了非公有制企业党组织功能定位、领导体制、组织覆盖、书记队伍建设等重大问题。

总结推广工作规程。总结基层实践经验，分领域提炼便于基层操作的工作方法。2009年，推广村级重大事项"四议两公开"工作法，全国59.3万个行政村民主决策重大事务600多万次，解决农村实际问题700多万个。2011年，在全国3.4万个乡镇推广普及"文建明工作法"；大力推行天津市宝坻区"一站三中心"工作经验，全国有3.2万个乡镇建立或比照建立了"一站

> **名词解释**
>
> **一站三中心**：即在乡镇（街道）设立经济发展服务中心、社会事务服务中心和综治信访服务中心，在村（居）委会建立综合服务站，打造基层社会管理的新平台。

> **名词解释**
>
> **文建明工作法**：简称乡镇党委"3+2"工作法，"3"即"三制"、"三定"、"三教育"，"2"即"两下"、"两集中"。"三制"，就是常规工作常抓制、中心工作分组制、应急工作集中制。"三定"，就是定岗、定员、定酬。"三教育"，就是开展经常性的党员党性教育、干部爱民教育、群众"十好"教育。"两下"，就是下访寻问题、下村解难题。"两集中"，就是集中服务、集中理财。

三中心"，建立村级综合服务站 50 多万个。

（四）一抓到底推动落实

坚持抓具体，抓到支部、抓到人头、抓到问题、抓到项目，具体情况具体分析，具体问题具体解决，推动工作深入开展。

坚持抓实在，出实招、求实效、办实事，扎扎实实抓组建、扩覆盖，抓书记、强班子，抓阵地、建场所，抓投入、强保障，确保各项工作落到实处。在 2012 年开展的基层组织建设年活动中贯彻"抓落实、全覆盖、求实效、受欢迎"的要求，把各项工作抓到支部，让每个支部都行动起来，推动每个基层党组织在原有基础上都有新的提高。

坚持抓到底，一竿子插到底，不打招呼，直接进村入户随机调研、督促检查，开展学习基层、深入基层、服务基层、推动基层活动，与基层干部群众同吃同住同劳动，确保各项任务落地生根，开花结果。

第五节　加强教育管理，党员队伍素质提升活力增强

党员是党的肌体的细胞和党的活动的主体，党员队伍建设是党的建设基础工程。党的十六大以来，中央和各级党组织着眼于始终保持

党的先进性，全面加强党员发展和教育管理服务工作，党员队伍生机活力不断增强，为全面推进党的建设新的伟大工程奠定了坚实基础。

一、认真做好发展党员工作——党员队伍呈现蓬勃生机和旺盛活力

2002—2011 年全国党员总量发展趋势图

（单位：万人）

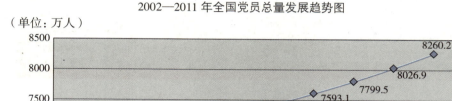

党的十六大以来，各级党组织以邓小平理论和"三个代表"重要思想为指导，遵循"坚持标准、保证质量、改善结构、慎重发展"的方针，坚持不懈地做好发展党员工作，全国发展党员数量呈逐年递增态势，党员队伍呈现蓬勃生机

实践案例

福建省"三严双审"把好党员入口关

福建省在发展党员工作中做到"三严双审"，防止不符合党员标准的人进入党内。"三严"即：严格标准，对发展对象的标准条件进行政审；严格把关，重点考察发展对象的日常表现；严肃填表，要求发展对象以对组织高度负责的态度，认真填写《入党志愿书》等材料。"双审"即：实行双向联审，发展对象有关情况由居住地党组织和所在单位党组织联合进行审查；实行公推预审，入党积极分子在党员、群众和群团组织推荐的基础上由党组织确定，发展材料实行组织员预审制度。

和旺盛活力。

　　坚持党员标准。 各级党组织严格按照党章规定的党员标准发展党员，坚持把政治标准放在首位，突出政治先进性，成熟一个，发展一个，新党员质量不断提高。2011 年发展的党员中，具有大专及以上学历的占 32.5%，比 2006

北京市朝阳区金盏乡东村党员大会对发展对象进行票决。

年提高 0.8 个百分点。新发展的党员中，先进模范人物占一定比例，绝大多数是各行各业的工作骨干。党的十七大以来，全国共有 103.9 万名先进模范人物入党。

　　严格工作程序。 各级党组织严格执行发展党员工作程序，认真履行入党手续，积极探索实行发展党员推荐制、公示制、票决制和责任追究制等制度，在入党积极分子的推荐确定、培养教育，发展对象的政治审查、公示，预备党员的接收、教育、考察和转正等每一个环节都严格把关，从制度上确保发展党员质量。

　　优化发展结构。 各级党组织着眼于改善党员队伍结构，注重在工人、农民中发展党员，重视在高知识群体、大学生等各领域优秀青年中发展党员，积极做好在非公有制企业、社会组织中发展党员工作。党的十七大以来，全国发展生产、工作第一线党员 584.2 万名，占发展党员总数的 44.2%，其中发展工人党员 87.8 万名、农民党员 253 万名；发展 35 岁以下党员 1083.4 万名，占发展党员总数的 81.9%；发展大专以上党员 412.6 万名，占发展党员总数的 31.2%；发展少数民族党员 100.5 万名，占发展党员总数的 7.6%；发展女党员 507.9 万名，占发展党员总数的 38.4%。

二、加强党员日常管理——党员管理工作科学化水平不断提高

坚持以落实"三会一课"制度、党员组织生活会制度、民主评议党员制度、党员联系服务群众制度为重点,加大从严管理党员力度,创新党员管理方式手段,党员管理工作科学化水平不断提高。

组织关系管理更加规范。党员组织关系管理是党员管理的基础环节和重要内容。针对新形势下党员组织关系管理面临的新情况新问题,2004 年,中央组织部印发《关于进一步加强党员组织关系管理的意见》,规范了党员组织关系转接凭证及使用范围、转接权限,明确了不同类型党员的组织关系转接程序。2006 年,中央组织部修订《中国共产党党员组织关系介绍信》式样,对严格执行回执制度作出进一步规定。

党的组织生活更富实效。坚持政治性、思想性、生动性、灵活性相结合,积极创新党组织活动的有效途径和方式,切实提高党组织活动的实效性。辽宁省丹东市运用多媒体信息技术手段,采用叙述、评介、访谈、剧本、案例等多种形式,广泛开展情景式互动党课教育,增强了党课的吸引力、说服力和感染力。深圳市宝安区依托党员服务中心,成立党建网吧、健身社等,探索开展贴近实际、方便参与的组织活动,提高党的组织生活的吸引力和实际成效。

党员管理工作信息化水平不断提高。中央组织部按照十七届四中全会提出的建立全国党员信息库、加强党员动态管理的工作部署,研究提出并加紧建设以全国党员信息管理网、全国党员教育服务网、党员信息卡"两网一卡"为框架的全国党员信息库。各地

重庆市大渡口区党建云服务平台发送的电子党务报告。

充分运用现代信息技术，积极探索党员教育管理服务新手段。重庆市大渡口区 2007 年开通全国第一个基于互联网的"12371 党建信息平台"，建立党员电子活动证制度，实现对所属党组织和党员的精细化管理服务。浙江省宁波市将党员基本信息整合到居民身份信息中，实现了党员信息与人口管理的互联互通，为党员信息化管理奠定良好基础。上海市运用网络平台开通党代表在线服务，成为党组织联系党员、群众的桥梁和纽带。

疏通党员队伍出口试点取得经验。坚持以党章为遵循，以民主评议党员为抓手，按照稳妥、慎重的要求，探索建立加强思想教育与组织处理相结合的党员队伍出口机制，及时处置不合格党员，使党员队伍更纯洁、更充满活力。江苏苏州市运用"梳理党员组织关系、排查'三不'党员、民主评议'票决'不合格党员、严格出国（境）党员党籍管理"等综合管理手段，疏通党员队伍出口。山东寿光市注重把党性分析、民主评议党员有机结合，探索建立"半年一分析、每年一评议"的党员队伍纯洁机制。

三、加强流动党员管理服务——破解新形势下党员队伍建设难题

坚持资源共享、组织共建、活动共抓、作用共促，推动建立健全城乡一体、流入地党组织为主、流出地党组织配合的流动党员教育管理服务工作制度。

完善政策措施：让流动党员管理有制度依据。2006 年 6 月，中央办公厅印发四个保持共产党员先进性的长效机制文件中，专门就加强流动党员管理工作作出规定。中央组织部先后下发《关于抓紧做好〈中国共产党流动党员活动证〉发放等工作的通知》和《关于切实做好流动党员组织关系接收工作的通知》，全面实行流动党员活动证制度；会同公安部联合下发《关于在流动人口管理工作中做好流动党员信息采集和管理服务的通知》，整合流动人口管理服务资

北京市朝阳区与福建省莆田市合作开展流动党员管理工作。

源，从源头上掌握流动党员信息；下发《关于在各级党委组织部门设立流动党员咨询服务专用电话的通知》，搭建流动党员管理服务的新平台。

加强组织建设：党员流动到哪里、党的组织就建在哪里。大力实施"安家工程"，采取依托驻外办事处、服务机构以及商会、行业协会等，在外出流动党员相对集中的地方建立流动党员党组织，做到党员流动到哪里，党的组织就建在哪里，组织生活就过在哪里，党员作用就发挥在哪里。据统计，截至 2011 年底，各省区市共建立流动党员党组织 1.1 万个。

强化教育服务：让流动党员更有归属感、荣誉感。各地党组织把流动党员服务摆在突出位置，形成为流动党员提供组织关系接转、就业指导、技能培训、子女入学、

> **实践案例**
>
> **河南信阳市实施"金桥工程"**
> **服务流动党员**
>
> 　　河南省信阳市实施"金桥工程"，积极为流动党员协调解决工资拖欠、工伤赔偿等难题，先后开展各类维权活动 6000 多起，协助处理工伤事故和其他侵权案件 1680 多起。

住房安居和权益保障等全方位的服务体系，着力帮助他们解决实际困难，让党员走到哪里都能感到组织的关心和温暖。

四、健全党内激励关怀帮扶机制——持续激发党员发挥作用的内生动力

中央及各级党组织加大党内表彰力度，注重在政治上、精神上、物质上关心党员，创新举措开展各项帮扶工作，党员归属感、荣誉感和责任感不断增强，发挥作用内生动力持续激发。

2011年首次开展网上投票推荐全国优秀共产党员活动。

党内表彰工作：即时化、规范化、常态化。 坚持重大表彰、专项表彰和经常表彰相结合，充分发挥党内表彰在弘扬先进典型、激励党员干部、引领社会风尚等方面的重要作用。中央

路径回放

党的十七大以来开展党内表彰情况

- 中央在纪念建党90周年之际，隆重表彰了500个全国先进基层党组织、50名全国优秀共产党员和200名全国优秀党务工作者，追授全国优秀共产党员13名。
- 中央组织部先后6次对抗御雨雪冰冻灾害、四川汶川抗震救灾、青海玉树抗震救灾、2010年防汛救灾、上海世博会、广州亚运会中涌现出来的221个先进基层党组织、154名优秀共产党员进行专项表彰，及时追授优秀共产党员69名。
- 2012年"七一"前，中央组织部专项表彰了1000个全国创先争优先进基层党组织、100名全国创先争优优秀共产党员和100个全国创先争优活动先进县（市、区、旗）党委，同时追授24名全国创先争优优秀共产党员。

每 5 年表彰一次，省区市、市地州党委一般 3—5 年表彰一次，县市区党委和基层党委一般每年表彰一次，使党内表彰制度化、规范化。探索创新表彰推荐评选方式，2011 年在中央纪念建党 90 周年"两优一先"评选表彰工作中，首次开展网上投票推荐全国优秀共产党员活动。2012 年表彰全国创先争优优秀共产党员网上推荐，有 4369.5 万人参加了网上投票，网上留言 14.6 万条，网页浏览点击量 4.6 亿人次。

　　党内关爱帮扶工作：思想解惑、工作解难、生活解困。把握不同类型、不同层次党员需求，不断扩大党内关爱帮扶覆盖面，凝聚党心，增进党内团结。每年元旦前，中央组织部都下发通知，对在元旦、春节期间开展走访慰问生活困难党员、老党员、老干部活动作出部署。2008 年以来，中央组织部下拨代中央管理党费 2.17 亿元，用于开展走访慰问活动。建立老党员生活补贴动态调整机制，对新中国成立前入党的农村老党员和未享受离退休待遇的城镇老党员，实行由财政和党费共同承担的生活补贴制度。2007 年以来，中央组织部下拨代中央管理的党费 1.8 亿元，共向 160.9 万人次老党员发放了生活补贴。协调民政部、财政部连续 4 次提高生活补贴标准，于 2011 年"七一"前向全国 23.3 万名老党员每人发放一次性生活补助 2000 元。各省区市从加强人文关怀入手，普遍实行党内谈心交心、党

广东省实施党内关爱、党员创业和党建创新"三大工程"。图为在"健康同行"项目启动仪式上为因病致贫困难党员发放"党内关爱药箱"。

员重大事项必访、党员政治生日等制度，积极搭建平台，通过结对帮扶、设立帮扶资金等方式，关爱帮扶老党员和生活困难党员，使广大党员时刻感受到党的关怀和温暖。

建设党员服务中心：服务党员、服务群众新平台。 各省区市坚持统一规划、优化布局，整合资源、完善设施，大力推进党员服务中心建设，普遍设置党务政策咨询、党建知识传播、接纳群众入党申请、接转党员临时组织关系、困难党员群众帮扶和党代表接待等服务项目，使之成为

湖北省随州市曾都区马家榨社区党员服务中心"一站式"服务大厅。

党的知识的传播平台、关心帮助党员的温馨家园、服务凝聚群众的先锋阵地。目前，全国已建立各级党员服务中心（站、点）44万多个。安徽省、浙江省、江苏省南京市等地以党员服务中心（站、点）为依托，推广"15分钟党员服务圈"、"党员服务日"、"党员工作室"等做法，形成党组织服务党员、党组织和党员服务群众的有效平台。

五、加大党员教育力度，党员队伍素质稳步提升

党员教育培训工作是党的建设的一项基础性工程。党的十六大以来，全国组织系统认真落实党中央的部署和要求，围绕加强党的执政能力建设和先进性建设的主题，适应建设学习型政党的需要，切实加强理论武装，积极开展大规模轮训，大力推进信息化建设，不断提高党员教育科学化水平，使党员队伍素质稳步提升。

（一）整体规划、宏观指导——党员教育工作统筹性进一步增强

出台工作规划：党员教育培训步入制度化、规范化轨道。 及时总

结党员教育的成功实践，注重加强长远规划和制度建设。2006 年 6 月中央办公厅印发的《关于加强党员经常性教育的意见》，明确了加强党员经常性教育的总体要求、主要目标、工作原则、基本内容、方法途径和保障措施。党员经常性教育的基本内容是：马克思列宁主义、毛泽东思想、邓小平理论和"三个代表"重要思想教育，科学发展观、构建社会主义和谐社会和社会主义荣辱观等重大战略思想教育；党章和党的基本知识教育；党的路线方针政策和形势任务、国情教育；中国特色社会主义共同理想和共产主义远大理想教育；爱国主义、集体主义和社会主义思想教育；党的优良传统和作风、党的纪律和反腐倡廉教育；市场经济知识、法律知识、科学文化知识和业务技能教育。2009 年 6 月，中央印发《2009—2013 年全国党员教育培训工作规划》，是第一个全国性的党员教育培训规划，明确了党员教育培训的指导思想、工作目标和主要任务，制定了具体工作措施，提出从 2009 年起，用 5 年时间，在加强经常性教育的基础上，对未纳入各级党委干部教育培训范围的广大基层党员普遍进行培训，部署实施农村党组织书记培训、新党员培训、大学生村官党员培训、党员创业就业技能培训四项重点工程。各地各部门结合实际制定了贯彻落实中央两个文件的实施意见，以及本地区本部门党员教育培训工作五年规划，建立健全各项制度，党员教育培训步入制度化、规范化轨道。

突出党性教育：坚守共产党人精神家园。采取理论武装与实践锻炼相结合、集中教育与日常教育相结合等多种方式，对广大党员进行以坚定信念、对党忠诚、服务人民、廉洁自律为主要内容的党性教育，教育引导广大党员学习和实践中国特色社会主义理论体系，自觉划清马克思主义同反马克思主义等重大是非界限，加强党性修养和党性锻炼，始终站稳政治立场，不断增强宗旨意识，做共产主义远大理想和中国特色社会主义共同理想的坚定信仰者和忠实践行者，坚守共产党员的精神家园。十六大以来，以胡锦涛同志为总书记的党中央先后提出了树立和落实科学发展观、构建社会主义和谐社会、加强党的执政能力建设和先进性建设、建设社会主义新农村、建设学习型政党等一系列重大战略思想，不断丰富和发展中国特色社会主义理论体系。伴随着理论创新的脚步，各级党组织通过组织宣讲团、召开理论研讨会、举办专题研讨班等方式加强党员干部理论武装；以"五进"即进机关、进社区、进

杨善洲，全国优秀共产党员，原任云南省保山地委书记，从事革命工作近40年，为了兑现自己当初"为当地群众做一点实事不要任何报酬"的承诺，退休后，主动放弃进省城安享晚年的机会，扎根大亮山，义务植树造林，一干就是22年，建成面积5.6万亩、价值3亿元的林场，无偿上交给国家。

学校、进企业、进农村为载体，贴近实际、贴近生活、贴近群众，广泛开展了面向基层党员的理论宣传普及活动，在党员中不断掀起学习中国特色社会主义理论体系新高潮。

分期分批轮训：大幅度提高基层党员素质。有针对性地部署开展大规模轮训基层党员工作。2011年5月，中央组织部举办了两期全国基层党组织书记加强社会管理集中轮训示范班，引起强烈反响。此

实践案例

河北省唐山市坚持把增强党性观念作为首要任务，把提高能力素质作为主要目标，在摸清需求、整合资源、建立基地的基础上，采取"党性教育＋技能培育"的"双育"培训模式，集中免费培训农村党员，并进行跟踪服务，帮助他们创业就业。通过实施"双育工程"，全市8037名党员获得证书、24625名党员成功实现就业创业、与31万名群众结成帮扶对子、带动群众就业创业15万人，还培养了1200多名村级后备干部，极大地激发了广大农村党员群众干事创业热情。

后，又联合有关部委举办了 4 期新任乡镇党委书记、16 期基层党组织书记、9 期大学生村官示范培训班，有力带动了大规模轮训工作的开展。坚持省、市、县三级联动，定期组织农村党组织书记集中培训；通过党课教育、主题活动等方式进行新党员培训；采取在党校集中培训、到先进村实践培训、请优秀乡村干部传授经验等方式开展大学生村官党员培训；结合"绿色证书工程"、"阳光工程"等进行党员创业就业技能培训。截至 2011 年底，全国共开展农村党组织书记培训 139.6 万人次、新党员培训 420.4 万人次、大学生村官党员培训 32.8 万人次、党员创业就业技能培训 1478.4 万人次。

（二）创新形式、丰富方式——党员教育工作针对性、实效性进一步提升

围绕提高素质、增强党性，抓住关键节点，精心设计主题，采取集中轮训、专题辅导、流动课堂、主题党日、知识竞赛、现场观摩、实践锻炼等灵活多样的形式，对广大党员进行教育培训。许多地方从党员个性化、差异化的培训需求出发，探索形成了党校集中训、部门专题训、党员中心户自主训相结合，远程教育、网络课堂、基地实践相配套的培训格局。许多地方把党员教育融入管理服务之中，通过设立党员责任区、党员先锋岗、党员示范户、党员承诺、设岗定责、结对帮扶和志愿者服务等多种方式，让党员在工作实践、服务群众中受到教育。

农村党员干部现代远程教育全面开展。全面推进农村党员干部现代远程教育网络一体化建设，建立了全国农村党员干部现代远程教育卫星数字专用频道、辅助教学中心网站和中心资源库；各省（区、市）普遍建立了省级播出平台、辅助教学网站、资源库，建成终端站点 68.2 万个，乡镇、村站点覆盖率达到 99.1%。各级组织部门对远程教育骨干人员进行了全面轮训，大力开展"创建先进教学服务平台、创建示范终端站点，争当优秀站点管理员、争当学用标兵"的"双创双争"活动，并对终端站点进行分类定级。各地通过集体收看和提供个

性化学习服务，组织党员干部学习政治理论、政策法规、实用技术、经营管理和典型经验，探索出了各具特色的学用模式。

党员教育上电视、上手机、上互联网卓有成效。 积极应对信息网络化给党员教育带来的机遇和挑战，开通了全国基层党建工作手机信息系统，2012 年"七一"前夕开通了共产党员网、共产党员电视栏目、共产党员手机报

内蒙古自治区运用现代远程教育方式开展党员教育。

三大平台，党员教育信息化迈上了新台阶。全国 17 个省（区、市），348 个市（地、州），1016 个县（市、区）开办了党员教育电视栏目，建立党员教育（党建）手机信息平台 140 多个，创办党员教育（党建）手机报 110 多种，建立党员教育（党建）网站 500 多个。探索网上党校、网上支部、网络课堂、学习博客、学习微博、学习 QQ 群等多种网络教育模式，满足广大党员干部多样化、个性化学习需求，丰富了广大党员的精神文化生活。

选树典型激励党员创先争优反响强烈。 重视选树先进典型，激励党员向先进学习。党的十六大以来，先后推出

新时期学习实践雷锋精神的优秀代表郭明义同志。

了郑培民、许振超、任长霞、沈浩、杨善洲、李林森、郭明义等重大典型，同时积极推动学雷锋活动常态化，用典型激励广大党员履职尽责创先进、立足岗位争优秀。党员领导干部认真学习郑培民、任长霞、杨善洲等先进事迹，努力做人民满意的好公仆。广大党员学习许振超、郭明义等先进典型，立足本职岗位，钻研新业务，掌握新技能，创造新业绩，许多党员积极投身"学雷锋、树新风"道德实践活动，涌现出一大批"雷锋传人"、"志愿小组"和"爱心团队"，全社会形成了崇尚先进、学习先进、争当先进的良好风尚。

（三）整合资源、健全机制——党员教育工作新格局进一步优化

在整合资源中奏响党员教育工作"大合唱"。积极整合人才、阵地、教材等资源，努力形成党员教育培训合力。各地普遍建立了开放式党员教育培训师资库，选聘党校干校和大中专院校教师、领导干部、先进模范人物、技术骨干、乡土人才、致富能手等担任专兼职教师。整合党校、高校、村（社区）活动场所、党员群众服务中心（站、点）、远程教育站点及社会培训机构，建立各类党员教育基地13.3万个。定期开展全国党员教育电视片观摩交流活动，策划制作了《信仰》、《人民的好儿女》、《红色故事汇》等一批重点教育片，编写出版了《怎样当好支部书记》、《支部书记工作方法十谈》等一批高质量教材。

在健全机制中推动党员教育工作有保障。适应信息化、社会化发展趋势，创新党员教育工

福建省党员教育培训示范基地揭（授）牌仪式。

作机制。23个省（区、市）、占85.2%，183个市（地、州、盟）、占48.7%，1741个县（市、区）、占62.3%，建立了党员教育联席会议制度，省、市、县三级普遍建立了农村党员干部现代远程教育组织机构，建立了100多万人的远程教育骨干队伍。一些地方将党员教育纳入党建工作目标考核，加强督促检查，推动工作落实。各地各部门采取多种途径解决党员教育经费，一些地方还将党员教育经费列入财政预算，保证了党员教育的顺利开展。

未来展望

　　坚持围绕中心、服务大局、拓宽领域、强化功能，进一步巩固和加强党的基层组织，着力扩大覆盖面、增强生机活力，使党的基层组织充分发挥推动发展、服务群众、凝聚人心、促进和谐的作用，使广大党员牢记宗旨、心系群众。

第八章　强化监督、整治风气，健全机制、惩防并举

——匡正选人用人风气取得明显成效

　　选用什么样的人和怎样选人用人，决定干部队伍素质，事关党的事业兴衰。防止和纠正用人上的不正之风，营造风清气正的用人环境，是中央的一贯要求。党的十六大提出，建立健全干部选拔任用和管理监督机制。党的十七大要求，加强干部选拔任用全过程监督，提高选人用人公信度。党的十七届四中全会强调，匡正选人用人风气，坚决整治跑官要官、买官卖官、拉票贿选等问题。党的十六大以来，组织部门落实中央要求，围绕加强干部选拔任用监督、匡正选人用人风气，踏石留印、抓铁有痕，标本兼治、综合治理，加强选人用监

政策链接

　　2004年7月，中央组织部在石家庄召开的全国干部监督工作会议强调，要以贯彻执行《干部任用条例》为重点，进一步加强和改进对干部选拔任用工作的监督，严厉整治用人上的不正之风和腐败现象。

　　2009年5月，中央组织部在北京召开的全国干部监督工作会议提出，把整治用人上不正之风、提高选人用人公信度作为组织工作让人民满意的重中之重和干部监督工作的首要任务；以最坚决的态度和最有力的措施同用人上不正之风进行战斗，确保实现提高选人用人公信度目标。

督，集中整治突出问题，严
肃查处违规违纪行为，健全
完善监督制度机制，敢战斗、
能战斗、会战斗，努力营造

- 坚决整治用人上不正之风
- 营造风清气正的用人环境
- 不断提高选人用人公信度

了风清气正的用人环境，初步形成了防治用人上不正之风的长效机
制，不断促进了选人用人公信度的稳步提高。

第一节　匡正用人风气、保持高压态势，选人用人公信度不断提高

用人上的不正之风是危害最大的不正之风，是干部群众反映强烈
的突出问题。组织部门坚持预防、监督、查处并举，既打好日常查处
的持久战，又打好集中整治的攻坚战，旗帜鲜明、态度坚决，重典治
乱、激浊扬清，狠刹歪风邪气，弘扬清风正气，用持之以恒的实际行
动取信于民。

一、查处威慑，始终保持高压态势

整治用人上的不正之风，查处是最直接、最有威慑力的武器。党
的十六大以来，各级组织部门坚持用好这一有力武器，做到对违规用
人问题有案必查、查实必处、失责必究，不搞法不责众，不搞下不为
例，让投机钻营者无
机可乘，让心存侥幸
者付出代价，让触犯
法纪者受到惩处。形
成了对用人上不正之
风的强大威慑。

**"敢亮剑"——加
大案件查处力度。**党

典型案例

2003 年，中央纪委、中央组织部联合
查处了原全国特产经济办公室主任曹某造
假骗官案，对负有用人失察失误责任的 4
名省部级干部分别给予党纪处分，并责成
有关单位追究了 20 多名局级干部的责任。

的十六大以来，组织部门围绕贯彻落实《干部任用条例》，对违规用人问题有案必查、鼓励自查、上级督查，严肃查处和纠正了一批突出问题，特别是拉票贿选、买官卖官、造假骗官、突击提拔调整干部等问题，使组织人事纪律成为不可触碰的"高压线"。

"零容忍"——加大立项督查力度。2006 年 3 月，中央组织部建立严重违规用人问题立项督查制度，并实行查核工作责任制，对用人上的问题发现一起、查处一起，有力维护了干部选拔任用政策法规的严肃性。党的十六大以来，中央组织部立项督查 1464 起案件，纠正违规任用干部和追究责任人员 4399 人。

"鸣警钟"——加大案件通报力度。组织部门不仅注重惩戒治标，更注重教育治本，坚持一手抓查处、一手抓通报，警示教育广大干部汲取教训、引以为戒。党的十六大以来，中央组织部对 46 起严重违规用人案件进行了通报。

二、重拳出击，集中整治突出问题

为有效遏制带病提拔、拉票贿选、买官卖官等选人用人上的突出问题，组织部门按照中央要求，紧紧抓住不正之风易发多发高发的关键时期、重点领域和薄弱环节，下猛药、出重拳，集中力量开展专项治理。

防止"带病提拔"：筑牢防火墙、把好选任关。2004 年 12 月，全国组织部长会议针对防止干部"带病提拔"和查处跑官要官、买官卖官等问题，提出了 11 条具体措施；2005 年 4 月，中央组织部制定印发《关于切实解决干部选拔任用工作中几个突出问题的意见》，其中提出"讨论决定前听取纪检监察机关意见"等 6 条措施专门防止"带病提拔"；2005 年 5 月，中央组织部举办防止干部"带病提拔"专题研究班，分析具体原因，研究有效办法。通过完善机制、强化监督、狠抓查处，努力构筑防止干部"带病提拔"的"防火墙"。

政策链接

2009 年 3 月，中央组织部印发《关于在党政领导班子后备干部集中调整中加强监督认真治理拉票行为的通知》，界定了拉票行为：

- 凡通过宴请、送礼、安排消费活动、打电话、发短信、当面拜访等形式，请求他人在推荐过程中给予自己关照等行为。
- 委托、授意中间人出面说情，请求他人在推荐过程中给予自己关照等行为。
- 通过举办同学、同乡、同事、战友等联谊活动，请求他人在推荐过程中给予自己关照等行为。
- 参与、帮助别人拉票的，比照为自己拉票的行为给予相应处理。

专项治理拉票：认定有标准、违规必查处。拉票贿选是以非组织手段谋求投票人支持的违纪违法行为，被称为破坏民主的"政治之癌"。2009 年 3 月，中央组织部结合省部级后备干部集中调整，在全国部署开展了治理拉票行为专项行动，有效遏制了拉票之风的蔓延。在对 216 个省部级后备干部考察单位 35266 名参加推荐人员的民主测评中，对治理拉票情况的平均满意度为 87.3 分，对专项治理工作表示"很满意"、"满意"和"基本满意"的比例合计达 93.5%。

集中整治买官卖官：让卖官者身败名裂、让买官者"赔了夫人又折兵"。买官卖官虽然是极少数人的行为，但性质恶劣，影响极坏，对选人用人公信度的"破坏力"和党的形象的"杀伤力"很大，必须坚决整治。2010 年 8 月，中央组织部会同中央纪委部署开展了买官卖官集中整治工作。按照统一部署，各级组织部门与纪检监察、检察、法院等机关紧密配合，开展教育强化宣传，深入查处严格问责，共排查涉嫌买官卖官问题线索 696 条，提出处理意见 854 条，处理有买官卖官问题人员 405 人。

三、正风肃纪，确保换届风清气正

换届风气的好坏，直接关系换届成败。集中换届是用人上不正之风的易发多发期，跑官要官、买官卖官、拉票贿选和换届前突击提拔干部等问题往往是"树欲静而风不止"。党的十六大以来，在两轮地方领导班子集中换届中，严明纪律、严格监督、严厉查处，狠抓换届风气，营造了风清气正的换届环境。

严明纪律，约法三章。2006 年 4 月，中央组织部会同中央纪委联合印发《关于在地方党委换届工作中进一步严肃组织人事纪律的通知》，明确提

- 严禁拉票贿选
- 严禁买官卖官
- 严禁跑官要官
- 严禁违规用人
- 严禁干扰换届

出"五个坚持、五个严禁"纪律要求。2011年新一轮换届开始前，中央组织部提前谋划严肃换届纪律工作，会同中央纪委于2010年12月联合印发了《关于严肃换届纪律保证换届风清气正的通知》，明确提出"5个严禁、17个不准、5个一律"的纪律要求，设置带电的"高压线"。2011年1月，中央组织部会同中央纪委召开"严肃换届纪律保证换届风清气正"视频会议，将严肃换届纪律工作直接部署到乡镇一级，共有13.5万人参加会议。

严肃教育，有言在先。严肃换届纪律，不搞不教而诛，而要警钟长鸣。各级组织部门坚持教育在先、警示在先、预防在先，采取召开新闻发布会、制作严肃换届纪律工作流程图、开展严肃换届纪律实物展、印发《换届纪律漫画释义》、制播《战斗正未有穷期》电视专题片等多种方式，把保证风清气正工作做在歪风泛起之前，引导督促广

情景再现

2011年1月17日上午，中央纪委、中央组织部召开严肃换届纪律、保证换届风清气正视频会议。

大党员干部增强纪律观念，筑牢纪律防线，严守纪律规定，奠定风清气正的坚实基础。在2010年至2012年地方党委集中换届中，中央组织部会同中央纪委，先后分三批派出30个督导组，"一竿子插到底"，

对31个省（区、市）换届风气进行督导。共抽查了75个市(州)、114个县（市、区）、137个乡（镇），查阅有关文件和资料54689份，个别谈话2767人，暗访4406人，受理举报748件。

严格监督，防患未然。各级组织部门不断强化组织监督、制度监督、民主监督，把提名推荐、考察、公示、选举等各个环节都置于组织、干部、群众的有效监督之下，形成立体覆盖、贯穿全程的监督网络，让想搞不正之风的人心存畏惧，让违反换届纪律的人无以遁形。开展民主推荐时，组织参加推荐人员对严肃换届纪律情况进行问卷调查，了解是否有干部存在违反换届纪律的行为。发布考察对象公示通知时，将考察对象是否有违反换届纪律行为列为一项举报内容。进行考察时，认真了解考察对象遵守换届纪律情况。换届选举时，请代表和委员对本地换届风气总体情况进行民主测评。

严厉查处，形成威慑。按照中央要求，各级党委及其组织部门畅通监督、举报渠道，对换届中反映的违纪问题，迅速受理、深入调查，早发现、早查处、早制止；对查实的违纪行为，严肃处

实践案例

2007年11月，中央组织部会同河北省委严肃查处了河北省原省长助理、省政府党组成员李某在换届考察期间的拉票问题，免去了其省长助理、省政府党组成员的职务，并进行了通报。

实践案例

2011 年 1 月，山西省委严肃查处了太原市原市委副书记、市长张某因不满自己未被列为副省级干部候选人，授意他人向部分省人代会代表发送干扰选举信息的案件，免去了其太原市委副书记、市长职务，给予其党内严重警告处分，并进行了通报。

理、绝不姑息；对查处的违纪案件，及时通报；对惩治违纪行为不力的，追究有关领导责任，做到有案必查、查实必处、失责必究，形成了对用人上不正之风的强大威慑。

在 2011 年开始的地方领导班子换届中，从对

31 个省（区、市）开展的换届风气督导测评结果看，对换届纪律的平均知晓率在 99% 以上，对换届风气、严肃换届纪律工作和治理拉票工作总体效果的"3 个满意度"均在 97 分以上。干部群众反映，这次抓严肃换届纪律工作"雷声大、雨点急、风声紧、效果好"，实现了换届风清气正。

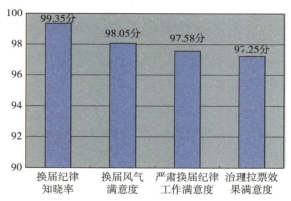

2010 年年底开始的地方党委换届"一个知晓率、三个满意度"总体情况图表

第二节 健全监督制度、提供有力武器，用人上不正之风有效遏制

党的十六大以来，组织部门按照中央有关要求，重点围绕规范和监督选人用人行为，下大力气建立健全干部选拔任用监督制度，初步

形成了防治用人上不正之风工作长效机制。2010年3月，中央和中央组织部集中出台实施《党政领导干部选拔任用工作责任追究办法（试行）》等四项监督制度，形成了事前报告、事后评议、离任检查、违

规失责追究的选人用人"监督链"，为加强选人用人全过程监督提供了制度武器。

一、系统设计，同步出台

党的十六大以来，干部选拔任用监督制度建设，逐步由重点突破向系统集成、整体推进迈进，特别是系统设计起草、同步打捆出台了四项监督制度，努力实现规定相互配套、流程有序对接、监督全程覆盖。

整治用人上不正之风的"杀手锏"——《责任追究办法》。 干部群众反映，《党政领导干部选拔任用工作责任追究办法（试行）》的出台实施，初步破解了长期以来困扰干部选拔任用工作的责任主体界定不清、责

任情形划分不明、责任追究不到位的难题，使责任追究更具针对性、操作性和实效性。其中，列出了应当追究责任的 39 种主要情形，并规定了责任追究的处理措施，从而树起了"警示牌"。

选人用人工作的"过滤器"——《有关事项报告办法》。《党政领导干部选拔任用工作有关事项报告办法（试行）》，明确规定了干部选拔任用工作应当事前报告的 12 种有关事项和审核程序，前移监督关口，加强事前监督，有利于防范违规问题的发生，促进干部选拔任用工作质量的提高。

评估选人用人效果的"度量衡"——《"一报告两评议"办法》。2008 年 5 月，中央纪委、中央组织部出台《关于深入整治用人上不正之风进一步提高选人用人公信度的意见》，提出要在地方党委全委会委员中对干部选拔任用工作进行民主评议。《"一报告两评议"办法》规定，地方党委常委会每年向全委会报告工作时，要专题报告年度干部选拔任用工作情况，并在一定范围内接受对本级党委干部选拔任用工作和新选拔任用领导干部的民主评议。同时，要求各级党委、政府工作部门和工会、共青团、妇联等人民团体以及国有企事业单位党委（党组）参照本办法的有关规定，结合领导班子和领导干部年度总结或者年度考核开展"一报告两评议"，把"一报告两评议"覆盖到了所有有用人权的单位。干部群众普遍反映，每年开展一次"一报告两评议"工作，对用人决策者来讲是一种经常提醒，对新任用干部来讲是一种很好激励，实现了选人程序监督与用人标准监督的有机统一，对于有效防止选人用人中的"程序空转"甚至表面走程序、背后搞不正之风等问题具有重要作用。

对市县党委书记的"用人审计"——《离任检查办法》。《市县党委书记履行干部选拔任用工作职责离任检查办法（试行）》规定，市县党委书记因提拔使用、平级交流、到龄退休等原因即将离任时，上级党委组织部门要对其任职期间履行干部选拔任用工作职责的情况进行检查，并把离任检查情况与其自身进退留转挂钩。对民主评议中履行干部选拔任用工作职责总体评价"满意"、"基本满意"两项比率合计不足三分之二，对所任职地区用人风气总体评价"好"、"较好"两项比率合计不足三分之二的人员，经组织考核认定，要采取相应的组织处理措施，其中拟提拔使用的要取消其资格。干部群众反映，"用人审计"形成了倒逼机制，促使领导干部慎始慎终，正确行使用人权。

二、大力推动，狠抓落实

四项监督制度出台后，各级组织人事部门采取强有力措施狠抓贯彻落实。超常规部署发动，2010年5月，中央纪委、中央组织部联合召开贯彻实施四项监督制度进一步提高选人用人公信度视频会议，全国纪检监察、组织人事系统负责人和各市县党委书记共10.4万人参加会议。大规模学习宣传，通过新闻联播播发消息、

2010年5月，中央纪委、中央组织部在北京召开贯彻实施四项监督制度进一步提高选人用人公信度视频会议。

中央主要新闻媒体刊发制度全文和中央组织部负责人答记者问、刊发系列评论和组织专家学者、地方领导在人民网开展专题在线访谈、发放单行本等形式广泛宣传，努力做到领导干部熟知、组工干部精通、干部群众了解。不间断督促执行，将四项监督制度执行情况列入巡视、干部选拔任用工作监督检查和换届风气督导等工作的重要内容，跟踪督促推动落实。各地各部门普遍制定实施细则或操作规程，推动四项监督制度不折不扣地贯彻执行。

三、及时评估，力求实效

为对四项监督制度的科学性和贯彻执行的有效性作出科学判断，并研究提出相应的对策措施，2011 年，中央组织部运用大组工网开展问卷调查，组织 4.1 万名组工干部对四项监督制度执行情况进行评估，普遍认为四项监督制度强化了监督措施，规范

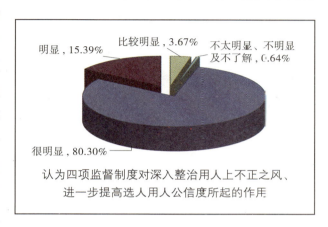

明显，15.39%　比较明显，3.67%　不太明显、不明显及不了解，0.64%

很明显，80.30%

认为四项监督制度对深入整治用人上不正之风、进一步提高选人用人公信度所起的作用

了选人用人过程，为深入推动整治用人上不正之风、提高选人用人公信度工作提供了有力武器。

第三节　开辟多种渠道、创新方式方法，
选人用人监督检查全覆盖

党的十六大以来，组织部门坚持把党内监督与党外监督有机结合起来，把程序监督与结果监督有机结合起来，把运用传统监督手段与运用现代监督手段有机结合起来，不断拓宽监督渠道，形成监督合力，提高监督效能，努力形成全过程、全方位、全覆盖的干部选拔任用监督网络。

一、狠抓干部选拔任用工作政策法规的贯彻落实——组织监督得到新加强

新时期的组织部门干部监督工作，是从开展干部选拔任用工作监督检查起步的。党的十六大以来，组织部门围绕规范干部选拔任用工作、防止和纠正用人上不正之风，坚持"党委（党组）领导、分级负

政策链接

• 2003 年 6 月，中央办公厅出台《党政领导干部选拔任用工作监督检查办法（试行）》。

• 2008 年 6 月，中央组织部出台《关于加强中央和国家机关干部选拔任用工作监督检查的意见》。

• 2010 年 7 月，中央组织部会同有关部门出台《中管企事业单位选人用人工作监督检查办法（试行）》。

责，实事求是、客观公正，发扬民主、群众参与，预防为主、违规必纠”原则，以《干部任用条例》执行情况为重点，加大监督检查力度，进一步健全制度、拓宽领域、丰富形式、创新方法、强化整改，促进了干部选拔任用工作政策法规的贯彻执行。

领域上不断拓展：哪里有用人权、哪里就有监督检查。积极深化和拓展干部选拔任用监督检查工作，努力实现检查领域的全覆盖和检查内容的全方位。在检查领域上，实现了由传统领域向全覆盖检查的转变，将重点针对地方党政干部选任的检查，延伸拓展到机关、企业、事业、高校等所有有用人权的单位；在检查内容上，实现了由《干部任用条例》向全方位检查的转变，将重点针对《干部任用条例》执行情况的检查，延伸拓展到“5+1”文件、四项监督制度等一系列干部选拔任用工作政策法规。党的十七大以来，中央组织部会同有关部门派出检查组，分期分批对 79 个中央和国家机关部委、53 家中管骨干企业、8 家中管事业单位和 31 所中管高校进行了集中检查，并督促各单位加强对所属单位干部选拔任用工作的监督检查；结合巡视和巡视回访，中央巡视组对 31 个省（区、市）的干部选拔任用工作普遍检查了一遍。

形式上更加多样：“六种方法”并举、监督检查立体化。着眼于增强监督检查工作的实效性，坚持上级检查与本级自查相结合，定期检查与不定期抽查相结合，全面检查与专项督查相结合，采取多种形式、借助多方力量、整合各种资源，综合运用集中检查、重点抽查、专项督查、年度自查、离任检查、巡视检查等，切实推动监督检查工作全面健康开展。

方法上日益创新："三看两摸底"、提高检查"分辨率"。按照"尽最大限度在较短时间内了解更多情况，尽最大限度不影响被检查单位正常工作，尽最大限度调动和保护被检查

情景再现

单位做好干部选拔任用工作积极性"的要求，监督检查工作更加注重在发动群众上下功夫，在具体深入上下功夫，在务求实效上下功夫，不断探索创新并逐步健全完善了"三看两摸底"的办法，实践中效果较好。

整改上狠下功夫：咬住突出问题不放、咬住整改落实不放。党的十六大以来，中央组织部始终坚持一手抓检查、一手抓整改，不仅督促及时纠正具体问

名词解释

三看两摸底

● "三看"：通过测评看对干部选拔任用工作的总体评价，看对新提拔干部的评价，看近年来出问题干部的选拔任用情况。

● "两摸底"：摸清干部群众希望重点检查哪些单位，摸清干部群众希望对哪些干部的选拔任用情况进行重点了解。

题，而且督促问责处理相关责任人员，较好地发挥了监督检查特别是整改工作的效用。2009年，中央组织部对44个部委进行集中检查后，对16个重点问题进行了重点督办，既督促查实纠正了相关问题，也追究了有关人员责任。

二、构建电话、网络、信访"三位一体"的举报平台——拓展群众监督新渠道

　　党的十六大以来，组织部门始终把做好举报受理工作作为加强干部群众对干部选拔任用工作监督的重要措施，不断畅通群众举报渠道，搭建群众举报平台，完善举报受理机制，为防治用人上不正之风、提高选人用人公信度提供了有力支撑。

　　全面开通"12380"举报电话。 2004 年 3 月，中央组织部开通和规范了全国组织系统"12380"专用举报电话，形成了一个覆盖面广、举报方便、受理迅速的举报工作网，受到社会各界普遍好评。目前，全国组织系统"12380"举报电话已覆盖 31 个省（区、市）、所有市（地、州、盟）及部分县（市、区、旗），受理点达 600 多个。

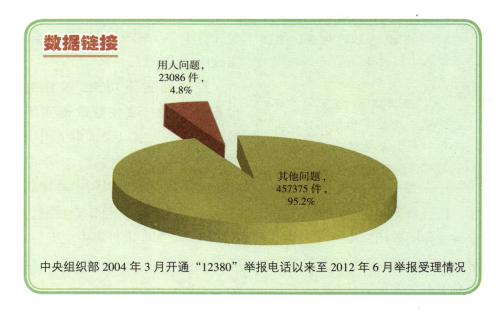

数据链接

用人问题，
23086 件，
4.8%

其他问题，
457375 件，
95.2%

中央组织部 2004 年 3 月开通"12380"举报电话以来至 2012 年 6 月举报受理情况

积极创建"12380"举报网站。为了拓宽举报渠道、及时发现用人上的问题，2009年2月，中央组织部正式开通"12380"举报网站。开通首日，访问量就达到了29万次，接到举报600余件。经过各级组织部门共同努力，截至2010年年底，全国31个省（区、市）及新疆生产建设兵团党委组织部全部开通了"12380"举报网站。

> **实践案例**
>
> "12380"举报网站开通当日，有群众反映某市违规为部分政府机关非公务员身份工作人员组织"等额招考"公务员考试。接到举报后，中央组织部立即组织调查，经查问题属实，随即取消参加此次考试344人的公务员身份，并对相关责任人进行了严肃处理。

着力打造"三位一体"举报平台。"12380"举报网站的开通，标志着全国组织系统电话、网络、信访"三位一体"举报平台的正式形成，使广大群众对干部选拔任用工作进行监督的渠道更加畅通。为进一步发挥好"三位一体"举报平台作用，近年来，中央组织部相继出台了《全国组织系统"12380"举报电话受理工作暂行规定》、《"12380"

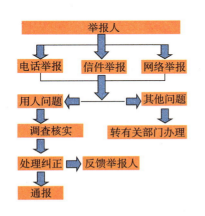

中央组织部举报中心举报受理流程图

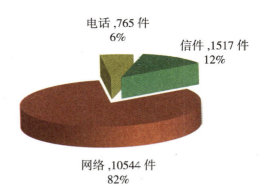

电话，765件 6%

信件，1517件 12%

网络，10544件 82%

2009年2月至2012年6月"三位一体"举报平台受理用人问题情况

网上举报办理工作流程》、《举报工作手册》等一系列制度，进一步提高举报受理工作的规范化水平。目前，"三位一体"举报平台已成为组织部门的"千里眼"和"顺风耳"，成为干部监督工作的有力武器和力量源泉，成为展示组织部门可信形象的一个品牌。

三、推广干部选拔任用工作记实监督系统——探索实时监督新手段

党的十六大以来，各级组织部门围绕推动干部选拔任用监督工作科学化，积极借鉴和运用现代科技手段及网络信息技术，向科技要监督力、向网络要集合力，努力提高监督工作科技含量，切实加强对干部选拔任用工作全过程的实时监督。2009 年，天津市委组织部充分运用网络信息技术，率先建立并使用了"干部选拔任用工作记实监督系统"。中央组织部在完善规范和总结经验的基础上，采取多种方式向全国组织系统推广应用这一系统，积极推进对干部选拔任用全过程的"痕迹管理"和实时监督。目前，已有 10 多个省（区、市）和部分中央国家机关部委借鉴和运用了记实监督系统。

全程记实、实时监控、查询统计。记实监督系统通过专用网络通道，实现管理端对用户端提交信息的即时审查、汇总和统计分析，具有记实、监控、查询等三项基本功能。一是记实功能。系统按照干部选拔任用工作程序，共设置了"任职资格、动议、初始提名、民主推荐、确定考察对象、组织考察、有关事项报告、酝酿、讨论决定、公示、任职"等 11 个功能模块、181 个数据项，实现了记实与程序一一对应，构成了每一个干部提拔任用过程的"全景图"。同时，系统在各个关键环节明确了责任领导和具体责任人，并特别设计了"选任工作部门分管负责人签字"、"选任工作部门主要领导签字"、"选任责任单位领导签字"的"三级签字"模块，为选人用人出现问题时实施责任追究提供了"证据保全"。二是监控功能。系统下端连接用人单位组织人事部门干部工作机构，上端连接省区市党委组织部干部监

"干部选拔任用工作记实监督系统"界面

左侧按钮栏：暂存　初次提交　二次提交　返回　打印　导出Word文档　任职资格　动议　初始提名　民主推荐　确定考察对象　组织考察　有关事项报告　酝酿　讨论决定　公示　任职

填报单位：中共天津市委组织部

姓名　黄某　　性别　女　　出生年月（39 岁）　197001　　□照片

民族　汉族　　参加工作时间　199907

政治面貌　中国共产党党员　　入党时间　199901

职称级别　无职称　　职称

原任职务　教育局办公室主任　　职级　正科级

职务分类　非领导职务　　

原职单位　教育局　　单位性质　机关　　上传照片 删除

现任职务　教育局副局长　　职级　副处级

职务分类　非领导职务　　任职时间　20090110

现职单位　和平区教育局　　单位性质　机关

职数情况　核定数　2　（个）　　提拔后配备数　2　（个）

民主推荐：

会议投票推荐　推荐时间　20081211　参加推荐人数　20　有效票数　20
　得票数　21　得票率　100 %　得票名次　1
　否　参加范围　教育局机关全体　　会投工作负责人　刘某

二次会议投票推荐　推荐时间　　参加推荐人数　　有效票数
　得票数　　得票率　 %　得票名次
　　参加范围　　会投工作负责人

个别谈话推荐　推荐时间　20081212　参加推荐人数　15　有效票数　15
　得票数　15　得票率　100 %　得票名次　1
　否　参加范围　教育局机关全体　　个别谈话负责人　李某

督机构，设置了党委（党组）讨论决定任用后 5 日内"初次提交"和正式任用后"二次提交"两个上报节点。系统按照干部任职资格、条件、程序、纪律等要求，设置了 53 条"硬杠"。一旦突破"硬杠"，用人单位的系统一端就会"亮灯"提示，以便于自查自纠；如果没有纠正就提交，上级组织部门干部监督机构的系统一端就会"亮灯"报警，即可迅速"叫停纠偏"。三是查询功能。通过系统设置的"条件查询"、"明细查询"、"统计"等模块，组织部门可以随时了解下级单位各个时期选拔任用干部的批次、人数和相关信息。系统还能够自动生成各类干部选拔任用统计表格和相关数据，以便于上级组织部门加强数据分析，掌握干部选拔任用的整体情况，及时发现选人用人方面的苗头性、倾向性问题，有针对性地改进工作。

加强痕迹管理、提高监督效能、规范用人工作。记实监督系统在实践中取得了较好效果，干部群众普遍认为，是新形势下加强干部监督工作的创新之举，是干部监督工作精细化、科学化的重要体现。有利于提高干部监督工作效能，使用记实监督系统在网上就可以对干部选拔任用情况进行实时监控，一定程度上使干部监督方式实现了由实地监督向网络监督、集中检查向实时监控、事后查处向主动预防、上级监督向上下合力监督的转变。有利于增强选人用人责任意识，使用记实监督系统，进一步明确了干部选拔任用各环节各类责任主体的具体责任，实现了一定意义上的"痕迹管理"，对领导干部特别是"一把手"正确履行选人用人职责起到促进作用。有利于规范干部选拔任用工作，使用记实监督系统，对党委（党组）及其组织人事部门是否按照政策法规办事形成"倒逼机制"，促使他们进一步学习掌握法规、自觉接受监督、规范用人工作。

未来展望

以更加坚决的态度和更加有力的举措深入整治用人上不正之风，巩固匡正选人用人风气成果，健全防治用人上不正之风长效机制，始终保持选人用人风清气正。

第九章 服务发展、以用为本，
体制创新、工程带动

—— 人才强国战略实施和人才工作开创全新局面

- 科学人才观
    —— 深入人心、普及应用
- 国家人才发展规划
    —— 全面实施、成效显著
- "千人计划"、"万人计划"等
  重大人才工程
    —— 高端引领、整体带动
- 各类人才队伍建设
    —— 重点突破、统筹推进
- 人才政策和制度环境
    —— 持续创新、不断优化
- 党管人才领导体制和工作机制
    —— 逐步健全、科学运行

党的十六大以来，以胡锦涛同志为总书记的党中央抓住重要战略机遇期，大力提升人才工作在经济社会发展中的战略地位，创造性地抓人才工作，就实施人才强国战略、加快建设人才强国作出一系列重大战略部署，提出科学人才观，确立党管人才原则，召开两次全国人才工作会议，颁布实施《国家中长期人才发展规划纲要（2010—2020年）》，开创了我国人才工作崭新局面。

第一节 树立科学人才观、加强顶层设计，
人才优先战略布局基本确立

大力实施人才强国战略，是党中央在新世纪之初深刻分析我国

面临的国际国内形势作出的重大决策，是推动科学发展的核心战略。2002 年 5 月，中央办公厅、国务院办公厅下发《2002—2005 年全国人才队伍建设规划纲要》，首次提出实施"人才强国战略"，确立了人才工作在党和国家全部工作中的战略位置。党的十六大以来，党中央把实施人才强国战略作为科学发展的一个核心战略，作出一系列重大部署，基本确立了人才优先发展的战略布局。

2002—2005 年全国人才队伍建设
规划纲要

中共中央组织部

一、党中央坚持把人才工作放在党和国家总体工作布局中专门部署——人才强国战略成为推动科学发展的核心战略

人才工作重大发展：尊重劳动、尊重知识、尊重人才、尊重创造。党的十六大报告明确提出："必须尊重劳动、尊重知识、尊重人才、尊重创造，这要作为党和国家的一项重大方针在全社会认真贯彻。"这"四个尊重"，是对党的十一届三中全会以来坚持的"尊重知识，尊重人才"方针的重大发展，是新世纪新阶段人才工作必须长期坚持的重要指导方针。十六大报告同时提出，"努力形成广纳群贤、人尽其才、能上能下、充满活力的用人机制，把优秀人才集聚到党和国家的各项事业中来"，"造就数以亿计的高素质劳动者、数以千万计的专门人才和一大批拔尖创新人才"，"要形成与社会主义初级阶段基本经济制度相适应的思想观念和创业机制，营造鼓励人们干事业、支持人们干成事业的社会氛围，放手让一切劳动、知识、技术、管理和资本的活力竞相迸发，让一切创造社会财富的源泉充分涌流，以造福于人民"。这些重要论述，对于进一步解放思想、更新观念，以改革创新精神做好新形势下的人才工作，具有重要指导意义。

人才工作基本遵循：人才强国战略和党管人才原则写入党章。党的十七大将人才强国战略和党管人才原则写入大会报告并载入党章。十七大报告明确提出，"更好实施科教兴国战略、人才强国战略、可持续发展战略，着力把握发展规律、创新发展理念、转变发展方式、破解发展难题，提高发展质量和效益，实现又好又快发展，为发展中国特色社会主义打下坚实基础"，人才强国战略成为促进科学发展的三大基础战略之一。同时提出"进一步营造鼓励创新的环境，培养造就世界一流科学家和科技领军人才……使全社会创新智慧竞相迸发、各方面创新人才大量涌现"，强调"坚持党管人才原则，统筹抓好以高层次人才和高技能人才为重点的各级人才队伍建设。创新人才工作体制机制，激发各类人才创造活力和创业热情，开创人才辈出、人尽其才新局面"。党的十七大报告关于人才工作的重要论述和战略部署，为人才工作更好地服务于全面建设小康社会的伟大事业，赋予了新的崇高使命。

人才工作根本要求：把各方面优秀人才集聚到党和国家事业中来。2011 年 7 月 1 日，胡锦涛同志在庆祝中国共产党成立 90 周年大会上的重要讲话中，就人才工作作出一系列重要论断和深刻阐述，把人才工作提到了新的战略高度。他指出，总结 90 年的发展历程，我们党"坚持任人唯贤、广纳人才，以事业感召、培养、造就人才，不断增加新鲜血液，始终保持党的蓬勃活力"，是党保持和发展马克思主义政党先进性的根本点之一；在新的历史条件下提高党的建设科学化水平，必须坚持五湖四海、任人唯贤，坚持德才兼备、以德为先用人标准，把各方面优秀人才集聚到党和国家事业中来。胡锦涛同志强调，"中国特色社会主义道路能不能越走越宽广，中华民族能不能实现伟大复兴，要看能不能不断培养造就大批优秀人才，更要看能不能让各方面优秀人才脱颖而出、施展才华"。胡锦涛同志还指出，"全党同志和全社会都要坚持尊重劳动、尊重知识、尊重人才、尊重创造的重大方针，牢固树立人人皆可成才的观念，敢为事业用人才，让各类人才都拥有广阔的创业平台、发展空间，使每个人都成为对祖国、对人民、对民族的有用之才，特别是要抓紧培养造就青年英才，形成人才辈出、人尽其才、才尽其用的生动局面"。胡锦涛总书记的重要讲话，进一步突出了人才工作在推动科学发展、促进社会和谐中的战略地位和支撑作用。

路径回放

• 2003 年 10 月，党的十六届三中全会提出"尊重知识，鼓励创新，实行公平竞争，完善激励制度，形成优秀人才脱颖而出和人尽其才的良好环境。建立和完善人才市场体系，进一步促进人才流动。积极引进现代化建设急需的各类人才"；强调要"培养和造就大批适应现代化建设需要的各类人才"。

• 2004 年 9 月，党的十六届四中全会通过《中共中央关于加强党的执政能力建设的决定》，提出"坚持党政人才、企业经营管理人才和专业技术人才三支队伍一起抓，把各方面优秀人才集聚到党和国家的各项事业中来"。

• 2005 年 10 月，党的十六届五中全会强调，要树立"人才资源是第一资源"的观念，各级政府和企事业单位要"加大人力资源开发投入，推进市场配置人才资源，规范人才市场管理"；全会研究提出的"十一五"规划把"推进人才强国战略"列为专章进行部署，提出"促进人口大国向人力资本强国转变"的总体目标和具体要求。

• 2006 年 10 月，党的十六届六中全会强调，"造就一支结构合理、素质优良的社会工作人才队伍，是构建社会主义和谐社会的迫切需要"，提出"确定职业规范和从业标准，加强专业培训，提高社会工作人员职业素质和专业水平"，"充实公共服务和社会管理部门，配备社会工作专门人员，完善社会工作岗位设置，通过多种渠道吸纳社会工作人才，提高专业化社会服务水平"。

路径回放

● 2008年10月，党的十七届三中全会提出，要"加强农业科技创新团队建设，培育农业科技高层次人才特别是领军人才"，"稳定和壮大农业科技人才队伍，加强农业技术推广普及，开展农民技术培训"，"健全县域职业教育培训网络，加强农民技能培训，广泛培养农村实用人才"。

● 2009年9月，党的十七届四中全会提出，要"创新人才工作体制机制，增强人才资源配置机制活力，完善人才培养、吸引、使用、评价、激励办法，以高层次人才、高技能人才为重点统筹抓好各类人才队伍建设"。

● 2010年10月，党的十七届五中全会强调，要"深入实施科教兴国战略和人才强国战略，充分发挥科技第一生产力和人才第一资源作用，提高教育现代化水平，增强自主创新能力，壮大创新人才队伍，推动发展向主要依靠科技进步、劳动者素质提高、管理创新转变，加快建设创新型国家"；全会研究提出的"十二五"规划就"造就宏大的高素质人才队伍"列为专章作了部署。

● 2011年10月，党的十七届六中全会指出，"推动社会主义文化大发展大繁荣，队伍是基础，人才是关键"，要"加快培养造就德才兼备、锐意创新、结构合理、规模宏大的文化人才队伍"。

二、全国人才工作会议召开——实施人才强国战略进入加快发展的新阶段

全国人才工作会议：全面总结、全面部署、全面推进。2003年12月，中共中央、国务院召开第一次全国人才工作会议，就推动实施人才强国战略、努力开创人才工作新局面进行全面部署。会议全面总结了我们党人才工作的实践和理论，强调要认真学习党的三代领导核心关于人才工作的一系列重要论述，并结合新的实际不断丰富和发展。强调要坚持党管人才原则，坚持以人为本，坚持尊重劳动、尊重知识、尊重人才、尊重创造的方针，把促进发展作为人才工作的根本

2003 年 12 月，全国人才工作会议在北京召开。

出发点，紧紧抓住培养、吸引、用好人才三个环节，加强人才资源能力建设，深化人才工作体制改革，大力培养各类人才，加快人才结构调整，优化人才资源配置，促进人才合理分布，充分开发国内国际两种人才资源，努力把各类优秀人才集聚到党和国家的各项事业中来，使我国由人口大国转化为人才资源强国，为全面建设小康社会提供坚强的人才保证和智力支持。全国人才工作会议是一次具有全局指导意义的重要会议，对进一步实施人才强国战略，进一步贯彻党管人才原则，进一步把我们党建设成为优秀人才高度密集的执政党，把我们国家建设成为人才资源强国，推进全面建设小康社会的历史进程，具有重要而深远的指导意义。

人才工作决定：新纲领、新规划、

中共中央 国务院
关于进一步加强人才工作的决定

党建读物出版社

新蓝图。第一次全国人才工作会议召开后，党中央、国务院作出《关于进一步加强人才工作的决定》，在人才工作的科学理念、培养使用、政策机制等各方面提出一系列新思想、新观点、新措施，充分体现了解放思想、与时俱进、改革创新的精神和要求，是新世纪新阶段党和国家开发人才资源的纲领性文献。中央作出这一重大决定，标志着我国人才工作进入一个新阶段。

相关链接

《人才工作决定》重大创新

- 人才工作指导思想
  ——用"三个代表"重要思想统领
- 人才工作根本任务
  ——实施人才强国战略
- 人才工作根本目的
  ——以人为本、促进发展
- 人才工作理念
  ——普及运用科学人才观
- 人才评价和使用
  ——建立科学的人才评价和使用机制
- 人才激励和保障
  ——以鼓励劳动和创造为根本目的
- 人才队伍建设重点
  ——加强高层次、高技能人才队伍建设
- 人才资源开发
  ——整体开发、协调发展
- 人才工作组织领导
  ——党管人才原则

三、《国家中长期人才发展规划纲要》颁布实施——向建设世界人才强国的宏伟目标阔步前进

《国家人才发展规划》：更好实施人才强国战略"路线图"。为适应新形势下我国经济社会发展对人才工作提出的新任务新要求，积极应对日益激烈的国际人才竞争，更好地为党和国家育才聚才用才，2010年4月，中共中央、国务院出台《国家中长期人才发展规划纲

234 坚持改革创新　服务科学发展

要（2010—2020 年）》，对新时期人才
工作作出重大部署。《国家人才发展规
划》是在国家经济与社会发展总体规
划框架下，与科技、教育等发展规划
并列的一个专门规划，是实施人才强
国战略的总体规划。《国家人才发展规
划》围绕全面建设小康社会宏伟目标
和更好实施人才强国战略，提出了一
系列新思想新举措，是我国到 2020 年
进入世界人才强国行列的"路线图"。

**第二次全国人才工作会议：发出
落实规划、建设人才强国"进军令"。**
2010 年 5 月，中共中央、国务院召开第二次全国人才工作会议，就
落实《国家人才发展规划》、做好新形势下人才工作作出全面部署。
会议强调，人才资源是第一资源，人才问题是关系党和国家事业发

相关链接

《国家人才发展规划》创新点

- 人才发展思想
　　——人才是我国经济社会发展的第一资源
- 人才发展目标
　　——进入世界人才强国行列
- 人才发展方针
　　——服务发展、人才优先、以用为本、创新机制、高端引领、
　　整体开发
- 人才发展指标
　　——建立国家人才资源统计指标体系

- 人才发展定位
  - ——在经济社会发展中人才优先发展
- 人才发展思路
  - ——高端引领、整体开发
- 人才发展体制机制
  - ——改进完善人才工作管理体制，创新人才培养开发、评价发现、选拔任用、流动配置、激励保障五大机制
- 人才发展政策
  - ——提出 10 项重大政策
- 人才发展举措
  - ——设计 12 项重大人才工程

展的关键问题。必须深入贯彻落实科学发展观，尊重劳动、尊重知识、尊重人才、尊重创造，更好实施人才强国战略，坚持党管人才原则，遵循社会主义市场经济规律和人才成长规律，加快人才发展体制机制改革和政策创新，扩大对外开放，开发利用国内国际两种人才资源，以高层次、高技能人才为重点统筹推进各类人才队伍建设，为实现全面建设小康社会奋斗目标提供坚强人才保证和广泛智力支持。这次会议把人才的作用和人才工作的地位提升到了新的高度。

全国人才发展规划体系：全面覆盖、上下贯通、衔接配套。各地各部门认真贯彻落实中央精神，积极推进全国人才规划体系建设，编制出台党政人才、企业经营管理人才、专业技术人才、高技能人才、农村实用人才、社会工作专业人才等人才队伍建设专项规划，以及装备制造、生物技术、金融财会、国际商务、防灾减灾等 18 个经济社会发展重点领域人才规划。全国 31 个省区市和新疆生产建设兵团、15 个副省级城市和 97% 的地级市、90% 的县（市、区）出台了人才发展规划。以国家人才发展规划为龙头，上下贯通、衔接配套的全国人才发展规划体系基本形成，实施人才强国战略自上而下都有了"路

线图"。中央组织部先后召开中部、东北、京津冀鲁、苏浙沪、西部、闽粤琼、西部 5 省区市共 7 个片区城市人才工作座谈会和新疆、西藏人才工作座谈会，会同国务院国资委召开中央企业科技人才工作会议，对做好城市和企业人才工作进行研究部署。第二次全国人才工作会议召开以来，人才强省、人才强市、人才强县、人才强企、人才强校、人才强院工作在各地各单位全面展开，人才强国战略不断向纵深推进。

四、科学人才观不断丰富发展、普及应用——为人才工作科学发展提供了理论支撑和思想动力

科学人才观：党的三代领导集体关于人才发展重要思想的继承和发展。 从毛泽东同志强调中国革命和建设需要培养造就大批德才兼备的各类人才；邓小平同志提出科学技术是第一生产力、知识分子是工人阶级的一部分的重要论断，强调要尊重知识、尊重人才；江泽民同志提出人才是第一资源的思想，强调要尊重劳动、尊重知识、尊重人才、尊重创造；到胡锦涛同志提出科学人才观的理念，强调人人可以成才，在科学发展整体布局中人才要优先发展的战略，等等。这一系列重要思想一脉相承、与时俱进，构成了中国特色社会主义人才理论，指导着国家确立并实施了科教兴国和人才强国战略。

科学人才观：科学发展观在人才发展上的集中体现和具体应用。 2003 年 12 月，胡锦涛同志在第一次全国人才工作会议上首次提出科学人才观的理念。2011 年 12 月，全国人才工作座谈会全面系统阐述了科学人才观的 10 个方面重要理念：人才是最活跃的先进生产力，人才是科学发展第一资源，人才工作要为经济社会发展中心任务服务，人才优先发展是科学发展的有效路径，树立人人皆可成才的社会理念，以用为本是人才发展的重要方针，人才投资是效益最大的投资，高端引领是人才队伍建设的战略重点，遵循系统培养的人才开发

规律，坚持把改革创新作为人才发展的根本动力。

　　科学人才观全面回答了新形势下我国人才发展的一系列重大理论和实践问题，涵盖了育才、引才、用才、聚才等各个方面，成为实施人才强国战略的理论指引和推进人才工作科学化的实践指南。随着宣传普及力度不断加大，科学人才观日益深入人心，全社会尊重劳动、尊重知识、

2011 年 6 月，新时期党的人才发展新思想新理念研讨会在人民日报社召开。

尊重人才、尊重创造的氛围逐步形成，营造了有利于人才发展的社会舆论环境。

第二节　完善体制机制、创新人才政策，
人才创新创造活力深度激发

　　党的十六大以来，各地各部门适应我国经济社会发展的新变化，遵循人才成长规律和人才工作规律，坚持解放思想、解放人才、解放科技生产力，发挥市场在人才资源配置中的基础性作用，制定出台更加灵活、更加开放、更加有效的人才政策，以政策突破带动人才工作体制机制创新，建立与国际人才管理体系接轨的人才管理改革试验区，破除阻碍人才发展的各种体制机制障碍和政策壁垒，充分激发了各类人才的创新创造创优活力。

高层声音

• 2003 年，胡锦涛同志在第一次全国人才工作会议上明确指出，人才工作的活力取决于体制和机制。完善人才工作的体制和机制，对实施人才强国战略更带有根本性、全局性、稳定性和长期性。

• 2010 年，胡锦涛同志在第二次全国人才工作会议上强调，科学培养人才，广泛集聚人才，用好用活人才，都需要体制机制作保障。

一、整体推进人才发展机制建设——形成有利于人才成长和发挥作用的制度环境

培养开发机制：学习教育与实践锻炼相结合、国内培养与国际合作相结合。 坚持以国家发展需要和社会需求为导向，以提高思想道德素质和创新能力为核心，完善现代国民教育和终身教育体系，突出培养创新型人才，注重培养应用型人才。创新人才培养模式，建立学校教育和实践锻炼相结合、国内培养和国际交流合作相衔接的开放式培养体系。加强实践培养，依托国家重大科研项目和重大工程、重点学科和重点科研基地、国际学术交流合作项目，培养高层次创新型科技人才。教育部改革高等学校招生考试制度，优化学科专业、类型、层次结构和区域布局，在 140 多所高校增设了 25 种战略型新兴产业相关新专业，培养新兴产业人才。人

实践案例

• 清华大学等 17 所大学实施"基础学科拔尖学生培养实验计划"，借鉴世界一流大学拔尖创新人才培养的成功经验，创新人才培养与管理模式，着力培养基础学科拔尖学生。

• 航天科技集团公司坚持在实践中培养青年英才，造就了一支能够站在世界科技前沿、勇于开拓创新、朝气蓬勃的高层次科技人才队伍。现有科技人才队伍中，副主任师和主管师共 7000 余人，其中 35 岁以下的超过 60%。

社部出台大力推进技工院校改革发展的意见，推进技工院校理论教学和实习实训"一体化"课程教学改革，提高技能培训质量。

人才评价发现机制：注重品德、注重实践、注重业绩。坚持以岗位职责要求为基础，以品德、能力和业绩为导向，注重依靠实践和贡献评价人才。进一步完善体现科学发展观要求的党政领导班子和领导干部考核评价体系，中央组织部先后制定实施了中央企业领导班子和领导人员综合考核评价办法以及中央金融企业领导班子和领导人员综合考核评价办法，强化能力、业绩和贡献的导向作用。人社部加快推

实践案例

• 中国科技大学对教师实行"分类管理"，对处于"战略岗位"的各类专家教授，不提发表论文数等硬性考核指标，而以"阶段考核"代替"年度考核"，以"同行交流"代替"述职考评"，三年一个周期，让教授们在同等层次、同类型专家之间进行一次学术报告和成果交流。

• 北京生命科学研究所实行严格的国际同行评价制度，坚持以实际贡献对研究成果进行评价，包括10位诺贝尔奖得主在内的24位国内外知名科学家组成科学指导委员会，邀请国内外同领域专家组建评审团，每5年对实验室主任的研究工作前景、国际影响、综合贡献和未来发展等进行一次评估，形成评估报告，解聘辞退不合格者。

进职称制度改革，完成中小学教师职称改革试点工作，着手修订专业技术人员职业分类，完善职称框架体系。

人才选拔任用机制：竞争择优、人岗相适、用当其时、人尽其才。改革各类人才选拔使用方式，科学合理使用人才，促进人岗相适、用当其时、人尽其才，形成有利于各类人才脱颖而出、充分施展才能的选人用人机制。中央组织部深化党政领导干部选拔任用制度改革，提高选人用人公信度，竞争性选拔方式不断完善，竞争上

实践案例

中国农科院遵循农业科研自身发展规律，遴选产生了13个院级优秀科技创新团队和90个所级重点科技创新团队，形成一批以学科领军人物为核心，以科研骨干为主体，专业人才和科研辅助人员相配套，优势互补、团结协作的紧密型创新研究群体。

实践案例

神华集团低碳清洁能源研究所开辟了薪酬绿岛，薪酬体系不纳入集团工资总额管理；专门聘请国际知名咨询公司，制定了新的薪酬体系。低碳所还建立了科研成果利益分享制度，成果转化产生的经济效益，主要发明人可按一定比例提成。良好的机制，极大地激发了专家们的科研积极性，2010年和2011年申请了33项发明专利。

岗工作推进成效明显。据统计，2011年各地采用公开选拔、竞争上岗方式选拔市、县级领导干部1.68万人，采用差额选拔方式选拔市、县级领导干部2.31万人。2001年以来，中央组织部、国务院国资委先后8次组织面向海内外公开招聘央企高管，把市场化选聘作为企业领导人员选用的经常性渠道，大大推进了人才职业化、市场化、国际化进程。

人才流动配置机制：宏观调控、市场配置、有序流动。着力破除

实践案例

上海市建立以市场为导向的人才服务体系，先后制定出台了《上海市人才市场管理办法》、《上海市人才中介职业资格注册管理办法》等文件，加快人才市场发展的法制建设。人力资源服务机构由2005年的213家发展到2010年的1229家，人力资源服务业产值以不低于30%的速度逐年递增，2006年收入为270亿元，2010年达551亿元，五年实现翻番。

人才流动中的体制性和政策性障碍，建立统一规范的人力资源市场，注重发挥市场在人才资源配置中的基础性作用，推进户籍、保险、档案等相关领域的改革，鼓励和引导人才向农村、基层、中西部地区和艰苦边远地区流动，促进人才合理有序流动。截至 2011 年年底，全国共有各类人才服务机构 5.6 万家。积极推进户籍管理制度改革，指导地方积极探索和建立人才工作居住证制度。

人才激励保障机制：按贡献参与分配、保障合法权益。建立健全与工作业绩紧密联系、充分体现人才价值、有利于激发人才活力和维护人才合法权益的激励保障机制，探索知识、技术、管理、技能等要素按贡献参与分配的激励办法。探索实施中央企业经营管理者中长期激励制度，研究制定中央企业负责人中长期激励暂行办法和国有控股上市公司股权激励工作指引。国家知识产权局研究制定职务技术成果条例，出台加强地方知识产权战略实施工作的相关意见，加大知识产权保护力度。

二、创新人才政策措施——用好用活人才、提升人才效能

人才发展 10 大政策：以政策创新带动体制机制创新。党的十六大以来，各地各部门坚持渐进式改革思路，制定完善了一系列人才改策，以政策创新带动体制机制创新，即从一项项具体政策改起，由点到面、逐步推进。党的十七大后，针对我国人才发展中亟待解决的重大问题，在《人才发展规划》中提出 10 项重大政策。这 10 大政策涉及培养、吸引和使用各个环节，覆盖了人才工作各个方面，重点解决四类问题：着眼于解决人才优先发展投入不足的问题，提出实施促进人才投资优先保证的财税金融政策；着眼于解决我国创新创业人才尤其是领军人才严重不足的问题，提出实施产学研合作培养创新人才改策、人才创业扶持政策、有利于科技人员潜心研究和创新政策、更加开放的人才政策和知识产权保护政策；着眼于解决人才结构性矛盾问题，提出实施引导人才向农村基层和艰苦边远地区流动政策，实

相关链接

国家中长期人才发展规划 10 项重大政策

- 实施促进人才投资优先保证的财税金融政策
- 实施产学研合作培养创新人才政策
- 实施引导人才向农村基层和艰苦边远地区流动政策
- 实施人才创业扶持政策
- 实施有利于科技人员潜心研究和创新政策
- 实施推进党政人才、企业经营管理人才、专业技术人才合理流动政策
- 实施更加开放的人才政策
- 实施鼓励非公有制经济组织、社会组织人才发展政策
- 实施促进人才发展的公共服务政策
- 实施知识产权保护政策

施推进党政人才、企业经营管理人才、专业技术人才合理流动政策，实施鼓励非公有制经济组织、社会组织人才发展政策；着眼于解决人才服务体系不健全的问题，提出实施促进人才发展的公共服务政策。

72 个政策点：让政策创新落地生根。各部门抓住人才反映强烈、社会广泛关注的重点难点问题，把 10 项重大政策细分为 72 个政策点，研究制定突破性的人才政策，制定出台优惠政策措施，创造良好环境，带动人才体制机制改革创新。财政部、国家税务总局制定引导人才投入多元化的税收优惠政策，并争取国际金融机构贷款投资人才资源开发。据调查统计，有关中央国家机关近年来先后制定了 168 项人才政策，正在研究起草的有 140 项。在中央层面政策创新带动下，各地立足实际制定出台了一系列"含金量"高、务实管用的政策措施，人才工作政策环境不断优化。

实践案例

• 江苏省2007年起实施"高层次创新创业人才引进计划"，省财政每年拿出1亿元以上资金，对引进的每位海内外高层次人才，一次性给予不低于100万元的资金支持。2010年开始由引进个人向引进创新团队提升，坚持人才资金带动省重大科技成果转化、优势学科建设、现代服务业引导资金等产业资金，对引进的创新团队给予政策集成支持。每个团队三年内将获得300万—800万元人才经费资助、1000万—3000万元项目经费资助。对属于世界一流水平的创新团队，采取特事特办、一事一议的方式，给予特别支持。截至2011年年底，累计斥资近20亿元，资助引进38个具有世界领先水平的创新团队、1318名创新创业领军人才。

• 四川省出台了《关于加强引进培养高层次领军型人才的实施意见》，明确对被纳入计划的个人和团队，分别给予100万元、200万元的资助，对顶尖创业团队最高可达3000万元的资助额度，在科技项目申报、专利申报等方面开辟"绿色通道"，给予持续性支持，在科技奖励、税收、医疗待遇、配偶就业、子女入学等方面，提供个性化服务等等。

三、加快推进"人才管理改革试验区"建设——人才政策和体制机制创新"试验田"

为更好地推进人才政策和体制机制创新，各地各部门借鉴改革开放初期建设经

2011年7月，"中关村人才特区建设工作大会"在北京召开。

济特区的经验，选择市场经济发育比较成熟、对外开放程度较高、人们思想观念比较解放、人才发展基础和条件较好的区域，建设"人才管理改革试验区"，通过出台一系列优惠政策，创新一系列管理体制和运行机制，打造一系列人才事业发展平台，构筑人才发展战略高地。

近年来，北京中关村、上海浦东、天津滨海新区、武汉东湖、深圳前海、福建平潭等一批"人才管理改革试验区"相继建立，积极探索"特殊政策、特殊机制、特事特办"，大力推动人才发展体制机制改革和政策创新，培育高层次人才创新创业的聚集地，促进人才、科技、产业的协同发展。

> **实践案例**
>
> 天津滨海新区在 9 家企业开展股权激励试点，最高给予科技企业技术人才 1000 万元股权激励专项资金，使其由"打工者"变为"股东"。整合公安、教育、卫生、社保等部门服务资源，快速高效地为人才解决出入境、医疗、子女入学等实际问题。对重点企事业单位，则通过成建制引才方式，将大批专业技术人员和管理人员举家迁入，先后为中国一重、中航直升机等一次性引入各类人才 1.3 万人。

> **实践案例**
>
> 武汉东湖充分利用"人才管理改革试验区"的"先行先试"权，实行股权激励、个税返还、人力资本作价出资、知识产权质押贷款等激励机制的创新，为人才发挥才干提供了充分的动力和机遇。2010 年，迪源光电、南华高速船、威士达软件等一批股权激励试点企业利润增长 50% 以上，受激励的核心人才薪酬年增长幅度达 15% 以上。

第三节　高端人才引领、重大工程带动，各类人才队伍建设成效明显

党的十六大以来，各地各部门坚持把各类人才队伍建设作为人才工作的重中之重，坚持高端引领、整体开发的指导方针，以高层次人才、高技能人才为重点，以实施人才工程为抓手，突出培养造就创新型科技人才，大力开发经济社会发展重点领域急需紧缺专门人才，统筹推进各类人才队伍建设取得明显成效。

一、全面实施重大人才工程——新形势下加强人才队伍建设的有力抓手、管用载体

制定实施各类人才工程，明确目标任务，集中政策资源，有计划地实施人才培养、引进和支持工作，是加强人才队伍建设的重要载体，也是党的十六大以来人才工作积累的重要经验。

12项国家重大人才工程：引领性、创新性、示范性。2010年，《人才发展规划》在总结各地各部门依托人才计划推动人才发展的成功经验基础上，首次在国家层面确立了12项重大人才工程。这12项重大人才工程统筹人才开发各个领域和不同层面，涵盖了人才队伍建设的主要方面，并与现有的工程计划实现了很好的衔接。12项重大人才工程中，着眼于为建设创新型国家提供人才支持的有"创新人才推进计划"、"企业经营管理人才素质提升工程"、"海外高层次人才引进计划"、"专业技术人才知识更新工程"、"国家高技能人才振兴计划"；着眼于为全面建设小康社会、构建和谐社会提供人才保障的有"文化名家工程"、"全民健康卫生人才保障工程"、"现代农业人才支撑计划"、"边远贫困地区、边疆民族地区和革命老区人才支持计划"、"高校毕业生基层培养计划"；着眼于提高人才未来竞争力的有"青年英才开发计划"、"高素质教育人才培养工程"。中央人才工作协调小组

相关链接

国家中长期人才发展规划 12 项重大人才工程

1. 创新人才推进计划	**牵头部门：科技部**
到 2020 年，设立 100 个科学家工作室；重点培养和支持 3000 名中青年科技创新人才；每年重点扶持 1000 名优秀创业人才；建设 500 个重点领域创新团队；建设 300 个创新人才培养示范基地。	
2. 青年英才开发计划	**牵头部门：中组部**
到 2020 年，重点培养扶持 2000 名 35 周岁以下的青年拔尖人才；每年在高水平研究型大学和科研院所选拔培养 1200 名拔尖大学生；遴选 2000 名优秀应届高中、大学毕业生到国外一流大学深造和定向培养。	
3. 企业经营管理人才素质提升工程	**牵头部门：国资委**
到 2020 年，培养 500 名具有世界眼光、战略思维、创新精神和经营能力的企业家；培养 10000 名精通战略规划、资本运作、人力资源管理、财会、法律等专业知识的企业经营管理人才。	
4. 高素质教育人才培养工程	**牵头部门：教育部**
到 2020 年，每年重点培养和支持 20000 名各级各类学校教育教学骨干、"双师型"教师、学术带头人和校长，在中小学（含幼儿园）、职业学校、高等学校培养造就一批教育家、教学名师和学科领军人才。	
5. 文化名家工程	**牵头部门：中宣部**
到 2020 年，重点资助扶持 2000 名哲学社会科学、新闻出版、广播影视、文化艺术和文物保护、文化经营管理、文化科技等方面的名家，承担重大课题、重点项目、重要演出，开展创作研究、展演交流、出版专著等活动。	
6. 全民健康卫生人才保障工程	**牵头部门：卫生部**
到 2020 年，培养造就一批医学杰出骨干人才，给予科研专项经费支持；开展住院医师规范化培训工作，支持培养 50000 名专科方向的住院医师；通过多种途径培训 30 万名全科医师。	
7. 海外高层次人才引进计划	**牵头部门：中组部**
在中央层面实施"千人计划"，通过创新长期项目、短期项目，人文社科项目，"青年千人计划"项目，"外专千人计划"项目，创业项目等，用 5—10 年时间引进一批海外高层次人才回国（来华）创新创业。	
8. 专业技术人才知识更新工程	**牵头部门：人社部**
到 2020 年，在装备制造、信息、生物技术、新材料等 12 个重点领域，开展大规模知识更新继续教育，每年培训 100 万名高层次、急需紧缺和骨干专业技术人才；建设一批国家级专业技术人员继续教育基地。	
9. 国家高技能人才振兴计划	**牵头部门：人社部**
到 2020 年，新培养 350 万名技师、100 万名高级技师，使技师和高级技师达到 1000 万人；建设 1200 个高技能人才培训基地；重点支持 1000 个左右技能大师工作室建设。	

10. 现代农业人才支撑计划	牵头部门：农业部
到 2020 年，选拔 300 名农业科研杰出人才给予科研专项经费支持；扶持培养 10000 名有突出贡献的农业技术推广人才；重点扶持 30000 名农业产业化龙头企业负责人和专业合作组织负责人、10 万名生产能手和农村经纪人等优秀生产经营人才。	
11. 边远贫困地区、边疆民族地区和革命老区人才支持计划	牵头部门：中组部
到 2020 年，每年引导 10 万名优秀教师、医生、科技人员、社会工作者、文化工作者到边远贫困地区、边疆民族地区和革命老区工作或提供服务；每年重点扶持培养 10000 名"三区"急需紧缺人才。	
12. 高校毕业生基层培养计划	牵头部门：中组部
分为大学生村官工作，农村学校教师特设岗位计划、免费师范生培养计划、免费医学生培养计划，高校毕业生"三支一扶"计划，大学生志愿服务西部计划等内容。	

对重大人才工程的组织实施作出部署，重大人才工程牵头部门分别建立了党组（党委）主要领导负责、相关司局参与的领导机构，各项工程均成立了牵头单位、参与单位组成的部际协调小组。中央人才工作协调小组还建立了工程协调推进机制，制定了《重大人才工程推进协调工作制度》，以制度为保障，加强目标考核，确保实施质量和进度。中央财政对实施重大人才工程高度重视，认真落实人才优先发展、优先投入理念，加大经费支持力度，12 项重大人才工程中已明确的保障资金达 1066 亿。12 项国家重大人才工程的深入实施，有效地发挥了示范引领作用，带动了各地各部门重大人才工程的制定实施。

各类人才培养工程：积极探索、成果丰硕。各地各部门围绕大力实施人才强国战略，着眼于培养造就适应社会主义现代化建设需要的高素质人才队伍，积极结合自身实际组织实施高层次人才培养工程，取得丰硕成果。中国科学院的"百人计划"，计划从国内外引进、培养百名优秀青年学术带头人，加强科技人才队伍建设，目前已引进海内外优秀人才 2237 人。教育部的"长江学者奖励计划"，旨在吸引和培养杰出人才，加速高校中青年学科带头人建设，至今共聘任

1801 人。国家自然科学基金委的"杰出青年科学基金"，目的是促进青年科技人才成长，并鼓励海外学者回国工作，以项目为依托资助、培养、造就一批进入世界科技前沿的优秀学术带头人，截至 2011 年年底，共有 2606 人获得资助。人力资源和社会保障部的"新世纪百千万人才工程"，是针对改革开放以来我国中青年专业技术人才尤其是学术和技术带头人缺乏问题而建立起来的一项中青年高层次人才培养工程，先后选拔 7 批共 4113 人。中央宣传部的"四个一批"人才培养工程，旨在培养造就一批全面掌握中国特色社会主义理论体系、坚持正确导向、紧跟时代步伐的理论家、名记者、名编辑、名评论员、名主持人、出版家、作家、艺术家、宣传文化经营管理人才和专门技术人才，至今已分期分批选拔了 728 名。各地也组织实施了一批旨在加强高层次创新创业人才队伍建设的人才工程计划，北京市有"优秀人才培养资助计划"，天津市有"131"创新型人才培养工程，湖北省有"551"重点产业创新团队建设计划，江西省有"领军人才建设工程"，山东省有"泰山学者"项目等。截至 2011 年年底，各省（区、市）共启动实施人才工程 307 项，市（地、州、盟）启动实施 2380 多项，在培养吸引使用各类优秀人才中发挥了重要作用。

二、实施"千人计划"、"万人计划"——统筹国际国内两种人才资源

"千人计划"：引进海外高层次人才的"国家品牌"。2008 年 12 月，中央办公厅转发《中央人才工作协调小组关于实施海外高层次人才引进计划的意见》，决定实施"千人计划"，提出从 2008 年开始，用 5 年至 10 年的时间，在国家重点创新项目、重点学科和重点实验室、企业和金融机构、以高新技术产业开发区为主的各类园区等，引进并有重点地支持一批海外高层次人才回国（来华）创新创业。按照中央部署，3 年多来，中央组织部会同人力资源和社会保障部、教育部、科技部、国资委、人民银行等部门，建立工作体系，完善优惠措

施，拓展引才渠道，指导、支持国内高校、科研机构、企业、金融机构等用人单位，精心组织实施"千人计划"，积极引进海外高层次人才。建立引才工作体系，会同相关部门成立了海外高层次人才引进工作小组，并在中央组织部人才工作局设立海外高层次人才引进工作专项办公

室，负责"千人计划"的组织实施工作。拓展完善引才项目，在《海外高层次人才引进工作暂行办法》的基础上，陆续制定出台了《顶尖人才及其团队引进工作方案》、《"千人计划"短期项目实施细则》、《部分急需人文社会科学领域海外高层次人才引进试行方案》、《"千人计划"溯及既往工作实施办法》、《青年海外高层次人才引进工作细则》、《"千人计划"高层次外国专家项目工作细则》等，将"千人计划"深化拓展为创新长期、创新短期、创业、顶尖、青年、外国专家和人文社科7个子项目，以引进、支持不同领域、专业和年龄层次的海外人才。健全申报评审工作制度，建立6个申报评审平台，组建了专业水平高、结构合理的评审专家库。坚持"质量第一"原则，建立部门初审、平台评审（同行评审）、专家顾问组终审的三级评审制度，组织国内顶尖专家为"千人计划"把好关。制定了以科学人才观为指导的分类评审标准和评审办法及《"千人计划"评审工作人员行为准则》和《"千人计划"评审专家行为准则》等，不断提高评审的科学性、规范性，维护"千人计划"申报评审工作的公信力，确保引进人选质量。落实和完善各项配套政策，设立"国家特聘专家"制度，为"千人计划"引进全职回国工作的专家授予"国家特聘专家"称号，

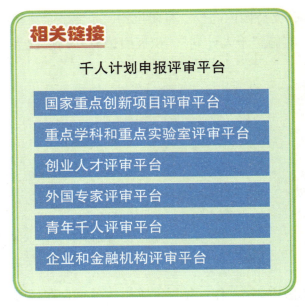

并明确了相应的良好工作、生活条件。在各省区市设立"千人计划"服务窗口，按照"一站式"服务、全程代理的方式，为引进人才办理出入境、居留、落户、子女入学、配偶安置、医疗、保险、住房、税收等各项政策待遇的手续。制定下发《国家特聘专家服务与管理办法》，推动人才类签证立法和"绿卡"制度完善工作等。不断健全工作支撑体系，成立"千人计划"专家联谊会，举办太湖峰会，建设专门网站，促进引进人才的交流与合作。建立"千人计划"创投中心，设立创投基金，支持创业人才做大做强。在中央党校和延安、井冈山干部学院举办专题研修班，帮助"千人计划"专家尽快熟悉国情。在高校、科研机构、企业和高新园区等批准建设112家海外高层次人才创新创业基地，支持北京、天津、浙江、湖北四地建设未来科技城，发挥人才集聚效应，推进人才和科研工作机制创新。指导开展大连"中国海外学子创业周"、湖北"华侨华人创业发展洽谈会"、广州"中国留学人员广州科技交流会"等活动，推动全国引才工作的全面深入有效开展。

经过坚持不懈的扎实推进和积极努力，"千人计划"成功引进了一批海外高层次人才，截至2012年年底已分8批引进了2793名海外高层次人才。在"千人计划"的示范带动下，30个省区市及东部经济较发达市、县结合实际制定实施各具特色的引才项目或计划，累计引进海外高层次人才2万多人。

　　"千人计划"专家回国（来华）后，在突破重大关键技术、推动战略新兴产业发展、带动新兴学科、促进科研体制机制创新等方面发挥了重要作用。潘建伟、施一公、丁洪、何方良等专家在量子光学、生命科学、铁基超导、生物物种研究等领域取得了一批世界瞩目的原始创新成果。2012 年国家重大科研计划 70 个立项中，"千人计划"专家担任项目首席科学家的有 18 个，占 25.7%。"千人计划"创业企业三年累计实现销售收入 127 亿元，利税 98.6 亿元。

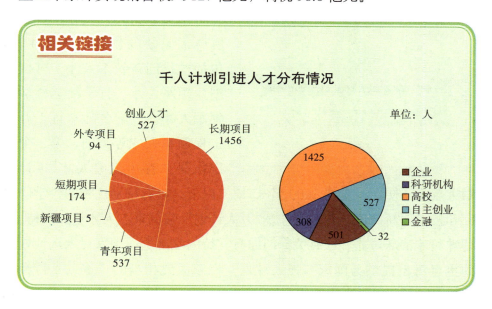

相关链接

千人计划引进人才分布情况

单位：人

创业人才 527
外专项目 94
短期项目 174
新疆项目 5
青年项目 537
长期项目 1456

1425
527
308
501
32

■ 企业
■ 科研机构
■ 高校
■ 自主创业
■ 金融

　　"万人计划"：造就一支强大的国家创新创业人才队伍。为充分调动国内高层次人才创新创业的积极性，切实发挥他们在建设创新型国家的主体作用，2012 年 8 月，中央组织部、人力资源和社会保障部、中央宣传部、教育部、科技部、工业和信息化部、财政部、中国科学院、中国社会科学院、中国工程院等 11 部门联合出台《国家高层次人才特殊支持计划》（简称"万人计划"），面向国内分批次遴选 1 万名左右自然科学、工程技术和哲学社会科学领域的杰出人才、领军人才和青年拔尖人才给予特殊支持，形成与"千人计划"相互衔接的高层次创新创业人才队伍建设体系。"万人计划"按照高端引领、梯

中　共　中　央　组　织　部
中　共　中　央　宣　传　部
人　力　资　源　和　社　会　保　障　部
教　　　育　　　部
科　　　技　　　部
工　业　和　信　息　化　部
财　　　政　　　部
国务院国有资产监督管理委员会
中　　国　　科　　学　　院
中　国　社　会　科　学　院
中　　国　　工　　程　　院

文件

中组发〔2012〕12号

关于印发《国家高层次人才特殊支持计划》的通知

各省、自治区、直辖市党委组织部、宣传部、政府教育厅（教委）、科技厅（科委）、工业和信息化主管部门、财政厅（局）、人

次配置的思路，重点支持三个层次、七类人才。第一个层次是"杰出人才"，支持100名处于世界科技前沿领域、科学研究有重大发现、具有成长为世界级科学家潜力的人才。第二个层次是"领军人才"，支持8000名国家科技发展和产业发展急需紧缺的创新创业人才，包括科技创新领军人才、科技创业领军人才、哲学社会科学领军人才、教学名师和百千万工程领军人才等类别。第三个层次是"青年拔尖人才"，计划重点支持层次，支持2000名35周岁以下、具有特别优秀的科学研究和技术创新前景的青年人才。"万人计划"强调重点人才重点支持、特殊人才特殊培养。在有关部门原有支持的基础上，国家对入选计划的重点对象提供与国家"强人计划"专家大致相当的"重点支持经费"，并授予"国家特殊支持人才"称号。"重点支持经费"主要用于入选者开展自主选题研究、人才培养和团队建设等方面。为确保计划实施效果和公信力，"万人计划"借鉴国际国内成功经验，在遴选程序、遴选标准、评价方式以及评审专家的选择等方面，建立科学、严格的制度和办法，在实施过程中探索建立效用评价、公信调查和管理评估机制。2012年9月，中央人才工作协调小组召开落实国家高层次人才特殊支持计划会议，全面启动实施了三个层次、七类人才的评选工作。

三、完善格局、分类推进——以高层次高技能人才为重点带动各类人才队伍建设

2003 年，党中央、国务院在《关于进一步加强人才工作的决定》中首次提出，党政人才、企业经营管理人才和专业技术人才是我国人才队伍建设的主体，要坚持三支人才队伍建设一起抓，重点培养造就高层次和高技能人才，带动整个人才队伍建设。党的十七大报告提出，统筹抓好以高层次人才和高技能人才为重点的各类人才队伍建设。2007 年，中央办公厅、国务院办公厅印发《关于

> **"六支队伍"**
> - 党政人才队伍
> - 企业经营管理人才队伍
> - 专业技术人才队伍
> - 高技能人才队伍
> - 农村实用人才队伍
> - 社会工作人才队伍

加强农村实用人才队伍建设和农村人力资源开发的意见》，提出农村实用人才是我国人才队伍的重要组成部分，要把大力加强农村实用人才队伍建设和农村人力资源开发，作为实施人才强国战略的重要内容。2010 年，《人才发展规划》首次将社会工作人才纳入人才队伍总体规划，与党政人才、企业经营管理人才、专业技术人才、高技能人才、农村实用人才一起统筹规划，还提出要抓好 18 个重点领域的人才资源开发。从"三支队伍"、"三支队伍、两类人才"、"六支队伍"到各类重点急需人才，对人才队伍的划分日益精细，格局日益完善。《人才发展规划》颁布实施后，有关部门分别编制出台了党政人才、企业经营管理人才、专业技术人才、高技能人才、农村实用人才和社会工作人才等"六支队伍"的中长期规划，进一步明确了各支人才队伍建设的目标任务和政策措施，有力地推进了各支人才队伍发展，形成了以高层次人才和高技能人才为重点、统筹推进各类人才队伍建设的总体布局。

造就善于治国理政的党政领导人才。党的十六大以来，按照加强党的执政能力建设和先进性建设要求，加强整体谋划和长远规划，以

提高领导水平和执政能力为核心，以中高级领导干部为重点，坚持德才兼备、以德为先的用人标准注重选优配强，坚持民主公开竞争择优不断深化干部人事制度改革，建立完善促进科学发展的党政领导班子和领导干部考核评价机制，加大干部教育培训和交流力度，注重从基层和生产一线选拔优秀党政人才，造就了一批善于治国理政的领导人才，建设了一支善于推动科学发展的高素质党政人才队伍。

培养优秀战略企业家和职业经理人。从 2008 年开始，推动 36 家中央企业建设国家级人才基地，依托跨国公司、国内外高水平大学等培训机构，积极推进企业经营管理人才培训工作。在北京集中建设未来科技城，大力引进海外高层次人才，24 家中央企业已经或即将入驻。完善组织选拔与市场化选聘相结合的方式选拔国有企业领导人员，近年来通过市场化方式选聘经营管理类人才 59.5 万人，面向海内外公开招聘了一批中央企业高级经营管理者。实施企业经营管理人才素质提升工程和国家中小企业"银河培训工程"，加快企业领军人才和经营管理人才培养。国务院国资委先后两次召开中央企业人才工作会议，制定发布了中央企业"十二五"人才强企战略实施纲要。截至 2010 年年底，我国企业经营管理人才达到 2979.8 万人。

打造宏大的高素质专业技术人才队伍。始终坚持把抓紧培养造就创新型科技人才作为重中之重，中央人才工作协调小组每年都作出专门部署，推动各地各部门大胆探索创新，不断创造经验，并深入研究制定加强高层次创新型科技人才队伍建设的指导意见。教育部、科技部等部门指导学校、企业、科研院所积极探索创新性教育方式方法，培养具有科学精神、创造性思维和创新能力的优秀人才；依托国家重大科研项目、重大工程、重点学科和重点科研基地、国际学术交流合作项目，积极培养造就创新领军人才。人力资源和社会保障部以高级专门人才为重点，制定实施"新世纪百千万人才工程"等一系列高层次专业技术人才计划，2002 年、2006 年两次开展全国杰出专业技术人才表彰工作，100 名杰出科技人才受到表彰，培养和支持了一大批领军人才。同时，人力资源和社会保障部还制定了留学人员回国工作"十一五"规划，全国建立留学人员创业园110多家；启动实施了专业技术人才知识更新工程，建立分层分类专业技术人才继续教育体系，开展大规模的专业技术人才继续教育。目前，我国专业技术人才有5550.4万人，每万劳动力中研发人员达33.6人年；全国共有两院院士1400多人，"千人计划"国家特聘专家2263人，"百千万人才工程"国家级人选4113人，国家有突出贡献的中青年专家5206人，高层次创新型科技人才约1万人，享受政府特殊津贴专家15.8万人。

形成门类齐全、技艺精湛的高技能人才队伍。 2006年，中央办公厅印发了《关于进一步加强高技能人才工作的意见》，把加强高技能人才工作作为推动经济社会发展的一项重大任务来抓。人力资源和社会保障部启动实施了高技能人才培训工程，积极推进国家技能人才培养基地建设，加快培养高技能人才。大力推进企业技能人才评价和职业技能鉴定工作，建立了初级、中级、高级、技师和高级技师5个等级构成的技能人才职业资格证书制度。积极推行首席技师、首席员工制度，开展技师大师工作室建设，目前已建设了160个高技能人才培训基地和200个技能大师工作室。2008年，首次将高技能人才纳入国务院特殊津贴范围，现有786名高技能人才获得特殊津贴。广泛组织开展职业技能竞赛系列活动，全国共表彰140名中华技能大奖获得者和1700余名全国技术能手。截至2010年年底，我国高技能人才达到2863.3万人，高技能人才占技能劳动者比例为25.6%，主要劳动年龄人口受过高等教育比例为12.5%。

打造服务农村经济社会发展、数量充足的农村实用人才队伍。 2007年，中央着眼于为建设社会主义新农村提供人才支持，制定了加强农村实用人才队伍建设和农村人力资源开发的综合性指导意见。人社部、农业部按照中央要求，着力加强农村实用人才带头人培养，在全国建立了11个农村实用人才培训基地，实施农村实用人才带头人素质提升计划、"百万中专生计划"、农村劳动力培训阳光工程、绿色证书工程等项目，采取多种政策措施培养农村发展带头人，农民植保员、防疫员等技能服务型人才，种养大户、农机大户、经纪人等农村生产经营性人才。截至 2011 年年底，先后举办农村实用人才带头人培训班 129 期，培养带头人 12456 人。同时，积极探索农村实用人才认定评价办法，开展农村实用人才技能鉴定和技能大赛，评选表彰优秀农村实用人才。到 2010 年年底，我国农村实用人才达到 1048.6 万人，平均每万名乡村人口中拥有农村实用人才 104 人，平均每个行政村约 16 人。全国农业科研人才达 27 万人，农技推广人才 78 万人，省级以上农业产业化龙头企业技术推广人才 21.6 万人。

培养造就职业化的社会工作专业人才队伍。2011 年，中央组织部会同有关部门制定出台《关于加强社会工作专业人才队伍建设的意见》，为社会工作专业人才队伍建设指明了方向。民政部与教育部积极推进社会工作学历教育和专业培训，全国 320 余所高校设立了社会工作本（专）科专业，每年毕业生 3 万余名。民政系统开展在职培训，围绕提升民政专业技术人才专业水准，培训干部人才 1 万余人次。加强人才使用平台建设，在民政事业单位开发设置了上万个专业社会工作岗位。积极推进专业实践，在全国 165 个地区和 260 家单位开展社会工作专业人才队伍建设试点，建立了上海浦东新区等 22 个试点示范地区和北京市第一社会福利院等 29 家试点示范单位。人社部、民政部建立了社会工作专业人才职业水平评价制度，自 2008 年启动助理社会工作师、社会工作师职业水平考试以来，共产生 54176 名持证社会工作专业人才。据 2011 年首次全口径人才资源统计，我国人才总量不断增加，截至 2010 年年底，全国人才资源总量稳步增长，达到 1.2 亿人；人才资源总量占人力资源总量的比重达到 11.1%。人才素质明显提升，每万劳动力中研发人员达到 33.6 人年，高技能人才占技能劳动者的比例为 25.6%，主要劳动年龄人口受过高等教育的比例为 12.5%。人才效能稳步提高，人力资本投资占国内生产总值比例达到 12%，人才贡献率为 26.6%。

在抓好各类人才队伍建设的同时，着眼于提高我国国际影响力，按照国家人才发展规划提出的"积极支持和推荐优秀人才到国际组织任职"的要求，中央组织部会同人力资源和社会保障部、财政部、外交部等13个与国际组织主要业务对口部门成立调研小组，对重要国际组织现状、我国参与重要国际组织情况和人员状况等进行调研，形成了调研报告。在此基础上，研究制定培养支持优秀人才到国际组织任职的工作方案。

四、加强区域人才资源开发——为国家区域发展战略提供人才支撑

服务战略发展：宏观指导、政策推动。中央组织部坚持加强区域人才工作的宏观指导，努力服务国家区域发展总体战略。结合西部地区、东北地区人才队伍建设的实际，先后制定了《贯彻落实中央关于实施振兴东北地区等老工业基地战略进一步加强东北地区人才队伍建设的实施意见》、《关于进一步加强西部地区人才队伍建设的意见》、《中央人才工作协调小组关于贯彻落实西部大开发工作会议精神进一步加强西部地区人才工作的通知》等一系列综合指导意见，通过政策协调、制度衔接和服务贯通，引导人才跨区域合理流动，为区域经济社会发展提供人才支持。各地纷纷建立起人才服务和人才工作合作机制，区域性人才市场一体化初具规模，区域人才开发一体化进程不断加快，"长三角"、"泛珠三角"、"环渤海"、"京津冀"、"西部省区市"、"中部六省"等区域性人才合作机制陆续建立，人才交流合作活动深入开展，人才开发合作交流日益增强。

服务艰苦边远地区：选派急需人才、重点项目扶持。中央组织部坚持以重点人才项目实施为载体，引导东部支援西部、中心城市支援农村，促进城乡区域人才协调发展。积极实施边远贫困地区、边疆民族地区和革命老区人才支持计划，每年引导10万名优秀教师、医生、科技人员、社会工作者、文化工作者到上述地区工作服务，每年重点

扶持培养 1 万名急需紧缺人才。专门制定了 12 项重大人才工程为新疆提供重点支持的意见措施。会同共青团中央实施"博士服务团"项目，每年从中央国家机关、高校、科研院所、医疗卫生机构、国有企业、金融机构和东部省市选派有博士学位的专业技术人才到西部地区、民族地区和革命老区进行服务锻炼，自 1999 年启动以来已先后选派 11 批共 1471 名博士服务团成员。会同中科院等有关部门实施"西部之光"人才培养计划，其中，"西部之光"访问学者工作，每年从西部地区选拔副高以上专业技术职称的青年科技骨干到著名高校、科研院所、医疗卫生机构学习研修，自 2003 年启动以来已先后选拔 8 批共 1913 人。

第四节　坚持党管人才、完善运行机制，
人才工作合力进一步增强

党的十六大以来，各地各部门按照中央要求和部署，认真落实党管人才原则，完善领导体制和工作机制，创新工作方式方法，积极构建党管人才工作格局，人才工作水平不断提高。

高层声音

• 2003 年，胡锦涛同志在全国人才工作会议上指出，实施好人才强国战略，关键在党。各级党委要坚持党管人才原则，进一步加强和改进对人才工作的领导，不断提高人才工作水平。

• 2010 年，胡锦涛同志在全国人才工作会议上强调，切实做好人才工作，加快建设人才强国，加强和改进党对人才的领导是根本保证。要坚持党管人才原则，自觉用科学理论指导人才工作、用科学制度保障人才工作、用科学方法推进人才工作，不断提高人才工作水平。

2012 年 8 月，中央人才工作协调小组起草《关于进一步加强党管人才工作的意见》，经中央批准后印发。《意见》对健全党管人才领导体

中共中央办公厅印发
《关于进一步加强党管人才工作的意见》

新华社北京9月26日电　近日，中共中央办公厅印发了《关于进一步加强党管人才工作的意见》，并发出通知，要求各地区各部门结合实际认真贯彻执行。

通知指出，党管人才是人才工作的重要原则。落实好这一原则，进一步加强党对人才工作的领导，对于保证人才工作的正确方向，促进人才强国战略的更好实施和建设人才强国目标的顺利实现意义重大。通知要求，各地区各部门要按

照中央的要求，切实加强党对人才工作的领导，健全党管人才领导体制和工作格局，完善党管人才工作运行机制，创新党管人才方式方法，加强人才工作机构和队伍建设，不断提高人才工作科学化水平，为实现全面建成小康社会奋斗目标、加快推进社会主义现代化提供强有力人才保障。

《关于进一步加强党管人才工作的意见》全文如下。

为加强和改进党对人才工作的领导，根据《国家中长期人才发展规划纲要（2010—2020年）》，现就进一步加强党管人才工作提出如下意见。

一、充分认识进一步加强党管人才工作的重要意义

1.党管人才是人才工作的重要原则。
〔下转第十六版〕

制和工作格局、完善党管人才工作运行机制、创新党管人才方式方法、加强党管人才保障措施等做了比较系统的规定。党管人才迈进制度化规范化的轨道。

一、完善党管人才领导体制和工作格局——充分调动社会各方面共同做好人才工作积极性

经过多年探索和实践，党委统一领导，组织部门牵头抓总，有关部门各司其职、密切配合，社会力量广泛参与的党管人才工作格局基本形成。

党委（党组）统一领导。党的十六大以来，各级党委和政府高度重视人才工作。把人才工作切实摆上重要议事日程，确立人才优先发展战略布局，坚持人才资源优先开发、人才结构优先调整、人才投资优先保证、人才制度优先创新。探索实行人才工作目标责任制，把人才工作纳入各级党政领导班子综合考核评价体系，推动"一把手"抓第一资源。健全党委抓人才工作的组织领导体制。中央成立人才工作协调小组，在人才工作战略规划、政策研究、宏观指导、工作协调等方面加强领导。各地各部门结合实际建立和强化人才工作领导机构，

路径回放

• 2002 年 12 月，全国组织工作会议首次提出，要按照党管人才的要求，把党的干部工作和人才工作统筹规划、协调发展的运行机制建立起来。

• 2003 年 5 月，中央政治局会议提出，全面贯彻党管人才原则，大力实施人才强国战略，努力为全面建设小康社会提供坚强人才保证。

• 2003 年 10 月，党的十六届三中全会指出，要坚持党管人才原则，培养和造就大批适应现代化建设需要的各类人才。

• 2003 年 12 月，第一次全国人才工作会议指出，必须坚持党管人才原则，切实加强实施人才强国战略的组织领导。会议印发的《关于进一步加强人才工作的决定》对党管人才的意义、要求作了深刻阐述，明确提出大力实施人才强国战略，必须坚持党管人才原则。

• 2004 年 9 月，党的十六届四中全会《决定》强调，实施人才强国战略，贯彻党管人才原则，坚持党政人才、企业经营管理人才和专业技术人才三支队伍一起抓，把各方面优秀人才集聚到党和国家的各项事业中来。

• 2007 年 10 月，党的十七大强调，坚持党管人才原则，统筹抓好以高层次人才和高技能人才为重点的各类人才队伍建设。

• 2009 年 9 月，党的十七届四中全会《决定》强调，坚持党管人才，创新人才工作体制机制，增强人才资源配置机制活力，完善人才培养、吸引、使用、评价、激励办法，以高层次人才、高技能人才为重点统筹抓好各类人才队伍建设。

• 2010 年 5 月，第二次全国人才工作会议指出，要坚持党管人才原则，自觉用科学理论指导人才工作、用科学制度保障人才工作、用科学方法推进人才工作，不断提高人才工作水平。

• 2012 年 8 月，中央办公厅印发《关于进一步加强党管人才工作的意见》，对党管人才工作作出专门部署。

31个省区市、新疆生产建设兵团和15个副省级城市全部成立了人才工作领导（协调）小组，99.8%的地市和98.6%的县级党委设立了人才工作领导机构，形成上下贯通的人才工作领导格局。

组织部门牵头抓总。 各级组织部门在党委领导下，坚持牵头不包办，抓总不包揽，统筹不代替，重点做好战略思想研究、总体规划制定、重要政策统筹、创新工程策划、重点人才培养、重大典型宣传等工作，建立健全人才工作机构、配齐配强工作力量。截至2012年6月，各省区市党委组织部门全部设立了专门人才工作机构，配备了专职工作人员。近97.3%的市（地）和81.2%的县（市、区）组织部门建立了专门的人才工作机构，充实了工作力量。从中央到省、

实践案例

• 截至2011年，全国已有天津、内蒙、吉林、上海、江苏等11个省区市，沈阳、哈尔滨、济南、青岛等8个副省级城市及辽宁抚顺、江苏无锡、浙江台州、湖北宜昌等30多个地级市陆续建立了人才工作目标责任制，成为推动工作落实的有力抓手。

• 山东省设计5大类27项定量考核和5个方面21项定性考核指标，并在对全省17个市、140个县（市、区），18家省人才工作领导小组成员单位，以及省管企业、省属高校、科研院所、医疗卫生机构、省级以上高新区、经济开发区等6个系统共462个单位的人才工作进行专项考核，强化了对人才工作的领导。

实践案例

浙江省委组织部人才工作"八个抓"

• 制定人才发展战略和规划
• 建立健全人才政策法规体系
• 协调整合人才工作资源
• 优化人才发展环境
• 推进高层次人才队伍建设
• 加强人才理论研究、统计分析等基础工作
• 加强人才工作指导督查
• 加强人才工作机构和队伍建设

市、县，建立起了上下贯通的人才工作组织体系，配备专职人员近6000名。

有关部门各司其职。中央人才工作协调小组明确了各有关部门在人才工作和人才队伍建设中的主要职责任务。各部门切实履行职能，加强协作配合，较好地完成承担的各项工作任务。各级党政机关和企事业单位认真贯彻党的人才工作方针政策，注重发挥用人单位主体作用，通过实行公开选拔、竞争上岗、市场选聘等方式，完善选人用人机制，自觉做好人才培养、吸引和使用工作。

社会力量积极参与。各级工会、共青团、妇联、科协等人民团体和社会组织等积极参与人才工作，通过举办技能大赛、专题论坛、科普活动、人才洽谈等活动，在联系人才、吸引人才、服务人才等方面发挥桥梁纽带作用。

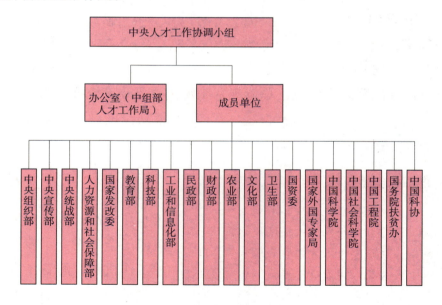

二、建立健全工作运行机制——确保人才工作科学高效、有序运行

近年来，各地各部门着眼于建立统分结合、上下联动、协调高效、整体推进的党管人才工作运行机制，完善制度，落实措施，不断增强工作的科学性、规范性、实效性。

建立科学决策机制。普遍建立人才工作领导（协调）小组会议制度，定期召开小组会议，审议人才工作重要文件、重大活动等。对涉及经济社会发展全局的重大事项，还广泛听取有关专家的意见和建议，面向社会广泛征询意见。2008—2010年编制国家人才发展规划期间，中央人才工作协调小组邀请30余名专家参与规划编制工作，开展了大范围的征求意见工作，共召开座谈会和专题论证会50多个，听取3万多人次的意见和建议。

建立分工协作机制。各级人才工作领导（协调）小组每年年初制定《人才工作要点》，分解到各有关部门，明确工作质量和进度要求。有关部门进一步细化任务分工并认真组织实施。

建立沟通协调机制。各级人才工作领导（协调）小组普遍建立了联络员制度，定期召开小组成员单位联络员会议，加强与成员单位的工作联系。对多个部门共同参与的人才工作，牵头部门通过例会制度等形式交流进展情况，研究解决遇到的问题。

健全督促落实机制。各级人才工作领导（协调）小组采取年度检查和日常督查等方式，加强对人才工作落实情况的督促检查。中央人才工作协调小组自2009年起，每年年底召开全国人才工作座谈会，总结交流工作，部署任务。2011年，首次尝试通过第三方对人才工作进行监测评估，取得较好效果。

三、完善党委联系专家制度——为党和国家事业发展凝心聚才

党委联系专家工作是党的一项制度性安排，是贯彻落实党管人才原则、更好实施人才强国战略的重要抓手。按照中央要求，各地各部门积极开展服务专家工作，创新方法和载体，逐步实现了联系专家工作的制度化、科学化、品牌化。

加强思想联系：体现中央对专家的重视和关心。积极探索直接联系专家、发挥专家作用的新途径和新办法，建立党委联系专家名单。

高层声音

● 2011年7月，习近平同志在会见优秀党员专家井冈山学习考察团成员时指出，各方面专家是党和国家的宝贵财富，各级党委和政府要认真做好联系和服务专家的工作，各级领导干部要有爱才的感情和聚才的方法，虚心倾听他们的意见和建议，切实关心他们的工作和生活，使他们更加聚精会神地工作，为国家、为人民作出更大贡献。

中央组织部会同有关部门和地方建立了中央联系的专家名单，目前共联系在各个领域取得重大成就、作出突出贡献、在国内外有较大影响的优秀专家4400余名。建立专家重要情况报告制度，中央联系的专家工作变动、职务调整、获得重要奖励及病重逝世等情况，所在单位及其主管部门及时报告。建立专家信息库，及时更新调整，为做好联系服务专家工作提供了信息保障。各地各部门广泛开展联系专家工作，全国31个省区市、15个副省级城市和中央国家机关有关部委联系专家9万余名，形成中央、省、市、县四级党委联系专家工作格局。实行专家休假制度，党中央、国务院每年举办北戴河暑期专家休假活动。2003年以来，共邀请645名优秀教师、医务工作者、国防科技人才、社科文艺人才、高技能人才、农村实用人才、留学回国人才、基层一线人才等各类人才到北戴河进行休假，这项工作已成为专家工作知名品牌。每年以中央人才工作协调小组名义，在人民大会堂举办院士专家新春联谊活动，邀请在京院士专家参加。在各项工作中，始终注重把与专家思想交流作为重要工作内容，通过座谈和访谈等方式，广泛听取各领域专家意见建议，编发上报数百期专家关于经济社会发展等重大问题的意见建议，为中央领导和有关部门科学决策提供参考，并编辑出版《百名专家谈人才》等书籍。

开展国情研修：提升专家队伍政策水平和理论素养。制定出台万名专家国情研修规划，计划用8年左右时间，组织1万名左右各领域高层次专家参加国情研修，提高专家队伍政治理论素养和政策水平。

2007 年以来，举办 15 期院士专家理论研究班，共有 1270 多名两院院士、中央联系专家和"千人计划"专家参加研修。组织多批中央联系专家特别是中青年专家到改革开放前沿地区、西部地区和老工业基地、革命老区开展国情考察活动，帮助专家们进一步了解国情。

中共中央组织部文件

组通字〔2012〕18 号

关于印发《高层次专家国情研修规划
（2012—2020 年）》的通知

各省、自治区、直辖市党委组织部，中央和国家机关各部委、各人民团体组织人事部门，新疆生产建设兵团党委组织部，部分国有重要骨干企业党组（党委），部分高等学校党委：
　　现将《高层次专家国情研修规划（2012—2020 年）》印发给你们，请结合本地区、本部门实际，认真贯彻落实。

发挥专家作用：为经济社会科学发展提供智力和人才支持。每年组织开展院士专家咨询服务活动，根据地方经济社会发展需求，遴选相关专业的优秀专家，到有关地方和基层单位，围绕重要课题进行战略研究、开展技术诊断和咨询服务、经济技术项目合作等。为推进西部大开发、振兴东北地区等老工业基地、促进中部地区崛起、支持东部地区率先发展等重大战略，开展"院士专家行"活动，提供人才支持。

实践案例

2011 年院士专家咨询服务活动： 230 位"两院"院士等高端人才分两批赴福建、辽宁等 6 省区的 43 个地市，举办了 71 场报告会、313 场咨询座谈和专题研讨会，深入 433 家基层单位现场指导，解答技术难题 1365 个，达成科技合作协议 213 项，提出意见建议 852 条。

2011 年的院士专家咨询服务活动，以"实施'十二五'规划、破解发展难题"为主题，组织 230 位"两院"院士、"千人计划"国家特聘专家、中央联系的专家等高端人才赴福建、辽宁等 6 省区开展咨询服务。

热情服务专家：让人才之家更有吸引力凝聚力。坚持把专家当亲人，为专家解烦忧，以实际行动为党聚才，使组织部门成为联结各类人才的红色纽带。连续 16 年组织开展院士专家医疗保健服务，对院士专家特殊医疗费用给予照顾，建立院士专家就诊协调机制，改善院士专家看病住院条件，大幅度提高院士专家的体检质量。各省区市党委组织部认真做好联系服务专家工作，仅 2011 年全年，组织专家休假活动 110 余期，参加专家 4760 余人次，走访慰问专家 4650 余人次，组织 13800 余名专家集中体检。这些活动使专家们亲身感受到了党的温暖，加深了对党的感情，更加自觉地团结在党的周围，在社会上特别是广大专家学者中产生了良好反响。

四、加强基础性建设——为人才工作顺利推进提供保障

人才理论研究取得成效。为提高人才理论研究水平，各级组织部门针对人才工作重大理论和实际问题，加大调查研究力度，探索人才工作规律，积极开展人才理论研究，为推进工作提供了理论支持。2011 年 6 月，中央组织部会同人民日报社、光明日报社分别举办了"新时期党的人才发展新思想新理念"和"解放思想、解放人才、解放科技生产力"理论研讨会，深入交流研讨科学人才观等重大人才理论问题。中央组织部组织力量，编辑出版了《论人才——重要论述摘编》、《科学人才观理论读本》和《科学人才观实践读本》，从理论与实践的结合上，对科学人才观的内涵特征、理论渊源、重大意义、核心理念、实践应用等作了全面

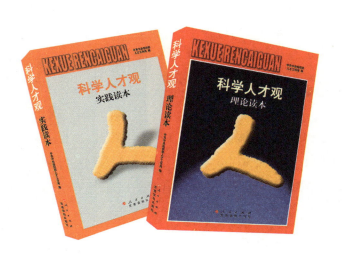

相关链接

国家人才资源统计指标体系

• 国家人才发展主要指标，反映人才发展整体水平和主要发展目标的综合性指标，包括人才资源总量、每万名劳动力中研发人员、高技能人才占技能劳动者比例、主要劳动年龄人口受过高等教育的比例、人力资本投资占国内生产总值比例、人才贡献率等6项指标。

• 人才队伍建设指标，反映党政人才、企业经营管理人才、专业技术人才、高技能人才和农村实用人才队伍基本状况的专项指标，包括人才资源规模、素质、结构等方面的若干指标。

• 重点领域人才资源指标，反映经济社会发展重点领域人才资源状况的专项指标，包括人才资源总量、素质、结构和急需紧缺人才开发状况等方面的若干指标。

• 国家人才发展监测与评价主要指标，衡量人才发展整体水平的综合评价指标。除国家人才发展主要指标、人才队伍建设指标和重点领域人才资源指标外，还包括人才资源综合评价、规模与素质、投入与效能以及状况等方面的若干指标。

系统地阐释，进一步丰富了以科学人才观为核心的中国特色社会主义人才理论。

首次全口径人才资源统计顺利完成。2011年2月起，中央组织部、人力资源和社会保障部、国家统计局共同组织开展了2010年度全国人才资源统计工作。这次统计是我国首次进行的全口径人才资源统计。整个工作历时近一年。统计工作结束后，主要数据在全国主要新闻媒体公开发布。统计结果显示，党的十六大以来，人才工作服务科学发展更加有力，人才作为第一资源的作用进一步凸显，各类人才队伍建设取得显著成效，我国人才发展进入到一个整体推进、优先发展的新阶段。

人才投入力度不断加大。秉承人才投入是效益最大投入的观

实践案例

• 国家中长期人才发展规划颁布后，为推动重大人才工程实施，财政部共审核安排经费预算1066亿元，其中2011年安排预算84亿元。

• 各省区市、新疆生产建设兵团计划人才工程投入超过1500亿元。

• 2011年，全国省级人才工作专项经费89.7亿元，各市（地、州、盟）人才工作专项经费87.6亿元。

念，不断加大人才投入，为培养、吸引和用好人才创造了良好条件。2010年，人力资本投资占国内生产总值比例（指全社会教育、卫生和研发支出之和占 GDP 的比例）达到12%，比2008年增长1.2个百分点。

人才宣传进一步加强。坚持把日常宣传和集中宣传有机结合起来，在搞好日常宣传的同时，通过大规模集中宣传，更好地营造有利于人才发展的良好舆论氛围。2004年，中央成立人才工作宣传小组，建立了人才工作宣传组织领导体制。结合第一次全国人才工作会议召开一周年、第二次全国人才工作会议召开和国家人才发展规划颁布，各级各类新闻媒体连续进行人才方针政策、

知识型新型工人——巨晓林。

人才发展新思想新理念、人才先进典型等方面的宣传报道，在社会上引起积极反响。中央组织部建立开通了中国人才网和"千人计划"网，

拓宽了人才宣传渠道。各地各部门结合实际，通过多种方式着力宣传本地区本部门人才工作和人才队伍建设的新思路、新措施、新气象，营造了良好的人才舆论氛围。

未来展望

　　培养和造就规模宏大、结构优化、布局合理、素质优良的人才队伍，确立国家人才竞争比较优势，进入世界人才强国行列，为在本世纪中叶基本实现社会主义现代化奠定人才基础。

第十章 强化党性、提高能力，从严治部、转变作风

——组织部门讲党性重品行作表率不断深化

高层声音

真正把组织部门建设成为高举中国特色社会主义伟大旗帜、深入贯彻落实科学发展观的模范部门，把组工干部队伍建设成为讲党性、重品行、作表率的过硬队伍。

——引自胡锦涛同志在 2008 年全国组织工作会议上的讲话

党的十六大以来，各级组织部门按照中央要求，始终把加强自身建设放在十分重要的位置上来抓，以增强党性为核心，突出公道正派这个主题，抓住能力建设这个重点，全面加强组织部门的思想、组织、作风、制度建设，为组织工作创新发展提供了重要保证。

第一节 增强党性修养，建设组工文化

坚持把党性教育贯穿自身建设始终。从 2003 年年初到党的十七大召开前，全国组织系统开展了以公道正派为主要内容的"树组工干部形象"集中学习教育活动；从 2007 年年底至党的十八大召开前，开展了"讲党性、重品行、作表率"活动。通过深入持续地开展学习

相关链接

组工干部"公道正派"的内涵和要求

• 对己清正：就是政治上清醒、坚定，思想上坦荡、磊落，作风上清正、廉洁，堂堂正正做人，规规矩矩做事，清清白白做"官"。

• 对人公正：就是客观公正地考察、评价和使用干部，公道合理地了解、看待和处理问题，处人处事都要出以公心，坚持原则，实事求是，敢讲真话，主持正义。

• 对内严格：就是坚持从严治部，严格要求、严格管理、严肃纪律，严把"入口关"、畅通"出口关"。

• 对外平等：就是胸襟开阔，海纳百川，谦虚谨慎，平等待人，用组工干部特有的人格魅力增强"党员之家"、"干部之家"、"人才之家"的凝聚力和亲和力。

相关链接

组工干部"讲党性、重品行、作表率"的内涵和要求

• 讲党性：就是要坚持"五性"，即政治立场的坚定性、服务大局的自觉性、组织工作的原则性、改革创新的敏锐性、抵制歪风邪气的战斗性。

• 重品行：既要重政治品行，又要重生活品行，带头实践社会主义核心价值体系，始终做到高度负责、公道正派、求真务实、廉洁守纪，始终做到守法遵规、不贪钱色、情趣健康、谨慎交友，保持健康向上的精神追求。

• 作表率：就是要做到"五先"，即要求别人遵守的自己先遵守，要求别人做到的自己先做到，要求别人提倡的自己先提倡，要求别人管好的自己先管好，要求别人不干的自己先不干，时时处处以身作则、率先垂范。

教育活动，广大组工干部普遍受到深刻的思想教育和党性锻炼，解决了党性党风党纪方面存在的一些突出问题，强化了"三服务、两满意"的组织工作核心价值理念，进一步树立了可信、可靠、可敬、可亲的良好形象。

　　推进思想解放：开阔眼界、开阔思路、开阔胸襟。各级组织部门把服务科学发展作为讲党性最重要的体现，结合深入学习实践科学发展观活动，开展了解放思想大讨论和服务科学发展大调查，进一步开阔眼界、开阔思路、开阔胸襟，着力转变不适应不符合科学发展观要求的思想观念，解决了一批影响和制约服务科学发展的突出问题。

　　学习光荣历史：从优良传统中汲取党性力量。近年来，中央组织部深化部史部风教育，引导干部从优良传统中汲取党性力量。在井冈

2012 年 7 月，中央组织部机关邀请井冈山革命先烈后代举办党性教育报告会。

山红军挑粮小道上讨论，在延安窑洞前座谈，在西柏坡老一辈革命家的雕像下沉思，广大组工干部走进红色教育基地，寻访革命足迹、缅怀革命历史，重温入党誓词、集体过政治生日，形式多样的主题活动让党性学习讨论真实可感。

　　学先进见行动：比工作、比学习、比奉献。榜样的力量是无穷的。各地深化典型教育，评先进、树典型，学先进、见行动。学习坚持原则的"守门员"王彦生，意志比铁硬、工作肯拼命的尹中强，为党的事业燃尽生命之火的李林森，把工作进步当做最大进步的杜洪

英……广大组工干部"见贤思齐，见不贤而内省"，形成了比工作、比学习、比奉献的良好风气。

王彦生，生前任河北省邯郸市丛台区委常委、组织部长，2005年被确诊患脑动脉瘤后，他仍然恪尽职守，忘我工作，2009年2月逝世，年仅49岁。在担任组织部门领导职务的近20年间，王彦生同志以自己的模范行为和崇高品德，赢得了广大干部群众的普遍赞誉。王彦生同志以实际行动诠释了组工干部对党的忠诚，对群众的大爱，对事业的执着，对名利的淡泊。2009年11月被中央组织部追授为"全国优秀组织工作干部"。

李林森，生前任四川达州万源市委常委、组织部部长。他坚持党的干部路线和用人导向，大力推荐使用扎根基层、埋头苦干的干部；注重改革创新，主持推进的"四评村官"等多项工作得到地方党委和上级组织部门的充分肯定；严格要求自己和家人，从不用手中的权力徇私情、谋私利；始终以事业为重，即使身患癌症，仍然以常人难以想象的毅力拼命工作，2011年7月31日治疗无效不幸去世，年仅42岁。2011年9月被中央组织部追授为"全国优秀组织工作干部"。

尹中强，湖南邵东县委组织部副部长。他扎根基层、爱岗敬业，在普通岗位上创造了不平凡业绩，多次立功受奖。他对党忠诚、信念坚定，始终视党的事业高于一切。他公道正派、清正廉洁，始终把坚持原则作为自己的人生准则，模范遵守党的纪律和各项政策规定。2009年，尹中强因长时间高强度工作，突发脑梗，晕倒在上班路上，住院期间仍然牵挂着工作。他以自己的实际行动，充分体现了共产党员牢记宗旨、勤奋敬业、忠诚履职、无私奉献的优良品格。2011年8月被授予"全国组织系统先进个人"称号。

杜洪英，浙江玉环县委组织部档案员。从1979年开始从事干部档案工作。她30余年如一日，立足岗位、勤学善思、勇于开拓。在不断学习实践中，摸索出了一套全省乃至全国领先的档案编目检索办法，"小档案"做出了大名堂。她淡泊名利，默默耕耘，始终秉持"做好本职工作就是最大进步"的信念,多次主动放弃转岗或提拔的机会,把全部精力和心血献给了干部档案事业。先后获全国优秀共产党员、全国组织系统先进个人等荣誉称号。

激发党性自觉:争做党性最强组工干部。围绕"到组织部来为什么、留什么、比什么"、"怎样对待功劳、对待苦劳、对待疲劳"、"怎

2012年5月,中央组织部机关举办"做党性最强的组工干部"主题演讲比赛。

2010年4月,李源潮同志为中央组织部机关干部上党课。

相关链接

中央组织部在组织工作网上开辟了专门讨论区,关注度和点击率最高的就是"什么是组工干部的党性"主题,讨论不断升温。

样从严要求、从严教育、从严监督"、"什么是组工干部的党性标准"等一系列问题，广大组工干部展开一轮又一轮大讨论。信仰坚定、对党忠诚、服务大局、人民至上、改革创新、实事求是、公道正派、坚持原则、甘于奉献、清正廉洁……这些党性要求逐步沉淀为组工干部的集体自觉。

政策链接

　　加强组工文化建设，必须引导广大组工干部进一步增强政治意识、大局意识、责任意识，更好地践行"三服务、两满意"，为推动科学发展、促进社会和谐提供坚强组织保证。

　　第一，坚定对党忠诚、为民奉献的政治追求。

　　第二，恪守实事求是、公道正派的职业品格。

　　第三，弘扬与时俱进、改革创新的进取精神。

　　第四，形成争当先进、创造优秀的良好风气。

　　第五，保持严格自律、清正廉洁的政治本色。

锻造组工文化：努力建设组工干部精神家园。组工文化是组织部门的"精、气、神"。各级组织部门高度重视组工文化建设，努力建设组工干部精神家园。广大组工干

2010 年 11 月，"全国组工文化论坛"在海南举行。

部在实践中不断创造、积淀和升华，形成了以政治坚定、公道正派、廉洁勤奋、求实创新为核心的优秀组工文化。

　　2010 年 11 月，全国组工文化论坛在海南省海口市举行，推动了

广西壮族自治区党委组织部举办"与阳光同行"组工风采文艺晚会，创作组工
干部之歌《忠诚》。

组工文化建设和组工文化研究。

　　全国组工文化论坛创新形式，营造了民主、热烈的研讨氛围。论
坛论文征集既面向组工干部，也面向专家学者。入选大会交流发言的

实践案例

　　• 江苏把党性学习讨论活动与中心工作紧密结合，把活动成效放
到具体实践中来检验，推动了全省十八大代表选举和省市县领导班子
换届工作的顺利完成。

　　• 浙江在"之江先锋"官方微博上开辟党性标准讨论专栏。省委
组织部每位同志围绕"什么是组工干部的党性"至少写了1条微博感言，
在之江先锋上公开展示，微友跟帖1万多条。

　　• 上海市委组织部加强和确立了以公道正派为核心，以"忠诚、
公正、开拓、严谨、友爱"为内容的十字部风。

　　• 辽宁、贵州省委组织部梳理汇总了"忠诚、公道、务实、创新、
清廉"的组织部门核心价值理念。

　　• 宁夏提出把党性体现在干实事中，即对党忠诚想干事、公道正
派会干事、改革创新干成事、干净干事不出事。

　　• 河南将党性学习讨论作为讲责任、讲作为、讲正气，提升素
质、提升水平、提升形象的"三讲三提升"活动主要内容，引导组工
干部进一步端正了作风和学风。

论文，既有组织系统老领导、知名专家学者，也有来自基层的组工干部和其他系统的同志。论坛举行了大会主旨演讲、专题演讲，21 人进行大会交流发言；还设立了"组工文化内涵、特征和规律"、"组工文化与组织工作科学化"、"组工文化与组织部门自身建设"、"组工文化与中国先进文化"4 个专题，进行分主题研讨。分主题研讨既定有重点发言人，又倡导与会同志自由演讲，气氛民主而又活跃。

薪火相传的组工文化，引领、激励、培育和塑造了一代又一代优秀组工干部，为组织工作改革创新、科学发展提供了强大的精神动力。

第二节　加强教育培训，提升能力素质

党的十六大以来，各级组织部门认真贯彻落实《2006—2010 年全国组工干部教育培训规划》、《关于加强和改进新形势下组工干部教育培训工作的意见》，以开展各级组织部长培训为重点，强化组工干部的理论武装、党性教育、业务培训和能力培养，为不断开创组织工作新局面提供了重要支撑。

培训阵地：建设"学风最好、院风最正"的全国组织干部学院。为适应大规模培训组工干部的需要，2008 年中央组织部全国组织干部培训中心

2011 年 6 月，全国组织干部学院新址落成，并启动"万名组织部长"轮训计划。

更名为全国组织干部学院。2009 年 8 月启动建设新校区，2011 年 5 月投入使用，截至 2012 年 6 月底，共举办培训班 85 期，培训组工干部 8310 人次。学院正按照"学风最好、院风最正"的要求，努力建设成为方向坚定、目标明确、特色鲜明、组工干部欢迎的专业培训基地，朝着"国内一流、国际上有特色"的干部学院迈进。

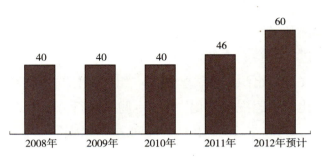

十七大以来中组部举办的组工干部培训班次数

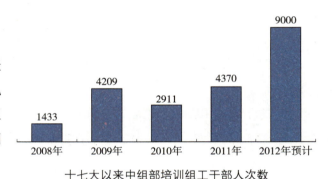

十七大以来中组部培训组工干部人次数

山东、广西、贵州、湖北、重庆等地组织部门，也建立了省级组工干部培训机构，加强对当地组工干部的培训。

2011 年 7 月，中央组织部举办全国组织部部长学习胡锦涛总书记"七一"重要讲话精神研讨班。

集中轮训：学习贯彻中央精神及时深入有效。 党的十六大、十七大胜利召开后，中央组织部在第一时间举办了全国组织部长学习贯彻十六大、十七大精神专题研究班。2009 年，为贯彻落实党的十七届四中全会精神，中央组织部连续举办了 8 期组织部长集中培训班，轮训各级组织部长 3100 多人。2011 年 7 月 1 日，胡锦涛总书记在庆祝中国共产党成立 90 周年大会上发表重要讲话后，中央组织部举办了全国组织部长学习贯彻胡锦涛总书记"七一"重要讲话精神研讨班。中央组织部还围绕干部人事制度改革、创新人才工作、换届后领导班子思想政治建设、新形势下党员发展和教育管理服务等主题，举办了一系列专题培训班。

任职培训：提升新任组织部长履职能力。党的十六大以来，中央组织部注重加强对新任组织部长的任职培训。2011—2012 年，在地方各级领导班子换届中，先后有 2200 多名新同志走上组织部长岗位，其中 60% 以上没有组织部门工作经历，迫切需要提高履职能力。为此，中央组织部分批对换届后新任的省委组织部副部长、市委组织部部长和副部长、县委组织部部长等进行

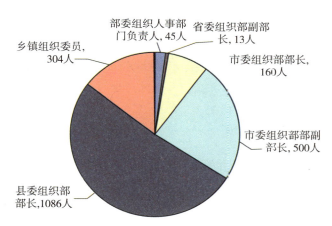

部委组织人事部门负责人，45人
省委组织部副部长，13人
乡镇组织委员，304人
市委组织部部长，160人
市委组织部部副部长，500人
县委组织部部长，1086人

中央组织部举办的 2011—2012 年新任组织部部长任职培训对象分布

任职培训，并举办了新任乡镇党委组织委员示范培训班。部分省（区、市）党委组织部也举办了市、县委组织部长的任职培训班。

教学模式：部长教、教部长，干部教、教干部。将教育培训与组工干部正在做的工作紧密结合，倡导一线干部上讲台，努力做到中央精神进课堂、基层实践进课堂、学员经验进课堂、先进典型进课堂。近两年来，中央组织部部务会成员先后 168 次到全

国组织干部学院接见学员、讲话和授课，中央组织部机关 52 名局处级干部担任组干学院兼职教员；120 多名具有丰富组织工作经验的地方组织部长和市、县委书记被纳入全国组织干部学院兼职师资库。

实践案例

中瑞行动学习项目：从 1998 年开始，以中国—瑞士国际合作管理培训项目为依托，引进"行动学习"这一先进的培训理念和方法，先后在甘肃、重庆、广西等 9 个省（区、市）开展行动学习项目。围绕有效服务于地方经济社会科学发展和组织工作自身科学发展，组织开展边工作、边学习、边研究的活动，寻找解决问题的办法，并运用于实践，再针对产生的新问题进一步研究。

培训特色：研究性、实践性、实用性。全国组织干部学院在制订培训计划、设计培训方案时，坚持需求调研先行；在调研基础上，组织全国组织部门的力量进行集体开发、集体备课，先后开发 70 多门培训课程。积极运用研究式、案例式、体验式等实践性研究性强的方式方法，增强教育培训的吸引力和感染力。在重要班次上让学员带着案例、带着问题来参加培训，并开展交流研讨。面向全国组织系统征集组织工作改革创新案例，编写案例教材。

第三节　坚持从严治部，保持风清气正

党的十六大以来，各级组织部门始终坚持从严治部、从严律己、从严带队伍，对组工干部从严要求、从严教育、从严管理、从严监督，坚持教育在先、警示在先、预防在先，引导组工干部恪守党性原则，以自身风清气正保证选人用人风清气正。

一、加强纪律约束——组工干部工作到哪里，有效管理监督就延伸到哪里

从严要求：约法三章、公开监督。各级组织部门针对选人用人中跑风漏气、在干部考察中弄虚作假、违规干预下级单位干部选任、利用职务之便谋取私利等易发问题，严格党的政治纪律、组织人事纪律、保密纪律和廉政纪律，

制定了一系列组工干部廉洁从政的制度和纪律规定。中央组织部向全国组织系统印发实施《组工干部"十严禁"纪律要求》，制定部机关

路径回放

时间	文件名称
2003 年 10 月	《对组工干部公道正派的基本要求》、《中央组织部机关工作人员公道正派行为准则》
2003 年 10 月	《中央组织部机关干部诫勉谈话和函询试行办法》
2004 年 11 月	《中央组织部机关工作人员外出执行公务十项规定》
2005 年 3 月	《中央组织部内部审计工作规定》
2006 年 1 月	《中央组织部机关 2006 年春节期间廉洁自律要求》、《中央组织部机关共产党员保持先进性的具体要求》
2006 年 7 月	《中央组织部机关关于贯彻落实〈建立健全教育、制度、监督并重的惩治和预防腐败体系实施纲要〉的意见》

时间	文件名称
2006 年 12 月	《中央组织部机关党员干部报告个人有关事项实施细则》
2007 年 1 月	《关于部机关工作人员必须遵守"十严禁"的通知》
2008 年 8 月	《中央组织部工作人员行为规范》、《组工干部"十严禁"纪律要求》
2009 年 6 月	《中央组织部机关关于贯彻落实〈建立健全惩治和预防腐败体系 2008—2012 年工作规划〉的实施办法》
2010 年 1 月	《中央组织部机关工作人员违反"十严禁"纪律检查处理试行办法》
2011 年 1 月	《关于部机关工作人员在换届工作中严格执行"五条禁令"的通知》
2011 年 12 月	《关于部机关带头严格遵守各项纪律规定的通知》

干部"五条禁令"、换届工作人员"三大纪律、八项注意"等纪律规范，明令禁止组工干部跑风漏气、替人说情、打探消息、收受礼品、接受吃请。各级组织部门将组织人事纪律要求向社会广而告之，主动接受社会监督。

从严管理：关口前移、强化预防。各级组织部门坚持从严管理关口前移，加强预防，着力完善对组工干部管理监督的方式、手段、途径。坚持通过组织函询、民主生活会和组织生活会、个人有关事项报告、述职述廉、组工舆情监测、信访举报等形式，加强日常管理监督，了解组工干部工作时间和八小时之外表现，引导组工干部干实事、不出事。坚持抓小、抓早、抓实，对组工干部的苗头性、倾向性问题早发现、早提醒、早纠正。在重大节假日、

干部探亲休假期间等关键节点，发布廉政提醒手机短信；在干部入部、提职、出差、参与重要工作之前，开展专题谈心谈话，及时进行廉政提示。

从严查处：发现一起、查处一起。 各级组织部门对违反纪律要求的人和事，始终坚持严肃查处，绝不姑息，绝不手软。中央组织部制定实施部机关工作人员违反"十严禁"纪律检查处理办法，细化违纪事项，硬化惩戒措施，明确违纪处理刚性要求。各级组织部门坚持"违法必究"，严肃纠正个别组工干部作风不正、行为失范、言论不当等问题，加大纪律规定执行情况监督检查，对违反规定的行为发现一起、查处一起；对参与跑官要官、买官卖官和拉票贿选的，立即清

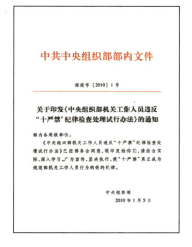

除出组工干部队伍；对管理不严、查处不力的，追究组织部门领导的责任。

二、加强警示教育——让组工干部思想防线"硬"起来

以典型案件"照镜子"。 组织广大组工干部对照韩桂芝、陆正方、王国华、向志清等反面"镜子"，举一反三，深刻剖析，汲取教训。一些地方和部门针对本地本系统发生的典型案件，开展正风肃纪专题教育；各地举办公道正派警示教育展，深入查摆自身存在的突出问题，引导组工干部始终

2011年10月11日，人民日报刊发仲祖文《两面镜子》。

绷紧从严律己之弦。

以群众意见为信号。坚持对照组织工作满意度民意调查结果，深入查找纪律建设薄弱环节和突出问题，分析原因，提出对策，认真整改。中央组织部机关干部以新浪博文《议"硬不过组织部"》为警钟，在从严管理上更加自省自警，在廉洁自律上保持清醒，在严守纪律上说到做到，以真正过硬作风经受"晾晒"和"挑刺"。

三、加强风险防控——拧紧组工干部公道正派、清正廉洁"安全阀"

风险排查、科学防控。各级组织部门普遍结合岗位职责，开展廉政风险排查，深入查找薄弱环节和岗位风险，有针对性地提出防控措施，完善相关制度，形成全过程风险防控管理机制，着力拧紧组工干部公道正派、清正廉洁的"安全阀"。

> **实践案例**
>
> 2010年，浙江省委组织部先行先试，把风险管理理念引入队伍建设，在全省组织系统全面实施岗位风险防范管理，将监督关口前移，收到了良好效果。

公开承诺、自觉践诺。围绕组工干部廉洁从政，特别是搞好地方领导班子换届、十八大代表选举等中心任务，各地广泛开展严守组织人事纪律廉政承诺活动，增强了组工干部遵守纪律的自觉性、坚定性。

实践案例

　　江西省抚州市在市县乡换届中，创新管理举措，推行"三签"制，即：党委书记和组织部长签订换届责任书、组工干部和班子成员签订换届承诺书、后备干部和党代表签订换届保证书，形成了换届好风气。

第四节　带头深化改革，激发队伍活力

　　党的十六大以来，各级组织部门带头贯彻落实《干部任用条例》、《深化干部人事制度改革纲要》和《2010—2020 年深化干部人事制度改革规划纲要》，按照民主、公开、竞争、择优方针，积极推行竞争上岗、公开选拔、基层选调、交流轮岗、量化考核等改革举措，努力建设政治强、业务精、作风正、形象好的高素质组工干部队伍。

　　带头开展竞争上岗。各级组织部门普遍加大竞争上岗力度，完善竞争性选拔方式，促进优秀人才脱颖而出。十六大以来，中央组织部机关已经开展了 7 次竞争上岗工作，竞争上岗中考察重德绩、任用不唯分，特别注意干部的一贯表现和关键时刻表现，提高选拔质量，努力做到人岗相适、人尽其才。

　　带头推进公开选拔。2008 年以来，中央组织部平均每年拿出 5 名左右的局长、副局长岗位面向全

中央组织部面向全国公开选拔部机关有关局长。

社会公开选拔，2010 年还首次拿出 2 个副部级岗位公选。先后公选了 2 名部务委员兼局长、7 名局长和 9 名副局长，进一步改善了部机关局级领导班子结构。许多地方组织部门也拿出部分领导职位面向社会公开选拔。

带头面向基层遴选。坚持五湖四海，坚持面向基层，不断拓宽进人渠道，努力建立来自基层一线的组工干部培养选拔链。中央组织部机关形成了面向基层遴选公务员、集中差额选调干部、面向社会公开考录公务员以及接收安置军转干部等四种补充新生力量的活水源头。各级组织部门注重选拔有基层工作经历、对群众有感情的同志到组织部工作，带来了新思路和新风气，为组工干部队伍注入了新的生机活力。

> **实践案例**
>
> 　　青岛市开发区近年来面向全国选拔组工干部，区委组织部机关 78 名干部分别来自全国 14 个省市，组建了一个多种地域文化性格相互包容的组工干部队伍，促进了全区干部和人才队伍的"五湖四海"。

带头推进干部交流。从培养锻炼干部、改善队伍结构、激发队伍活力和促进廉政勤政出发，通过多种方式推进干部交流。中央组织部对工作时间较长和具有培养潜力的局处长，进行部内交流任职；把推进交流作为竞争上岗的一条重要原则，结合竞争推进交流；采取差额比选、协商酝酿等方式推动优秀年轻干部跨局交流。积极创造条件，推动干部部外挂职任职，引导组工干部到基层广阔的天地锻炼成长。

第五节　深入基层深入实际，联系群众转变作风

　　基层是最好的课堂，群众是最好的老师。面对组织工作的新任务和自身建设的新情况，各级组织部门深入基层、深入群众，了解实际，总结经验，解决问题，推动工作。从 2009 年起，全国组织系统

开展了"万名组织部长下基层"活动。广大组工干部通过深入基层开展调查研究、谈心谈话、结对帮扶、接待信访等工作，进一步密切了与基层干部群众的血肉联系，锤炼了党性、转变了作风、增长了本领。

一、拜人民群众为师——从群众中来、到群众中去

蹲点调研、解剖麻雀。广大组工干部围绕组织工作的重点难点问题开展蹲点调研，总结提炼基层经验，推动组织工作创新。先后总结推广了"一定三有"、"四议两公开"等农村基层党建经验和"公推差选"、差额推荐、差额考察、差额酝酿等干部人事制度改革举措。

实践案例

福建省委组织部派干部到基层蹲点，总结福鼎市和沙县换届后党委工作制度建设的做法，研究制定《关于健全市县党委工作制度的意见》，进一步促进了市县党委全委会和常委会的工作职责、议事规则、决策程序的规范。2012年6月，中央组织部在福建省召开换届后领导班子思想政治建设现场会，向全国推广福鼎市和沙县经验。

带题下一线、问计于基层。各级组织部门每年根据组织工作的重点任务确定调研课题，组织力量下基层深入调研，认真听取干部群众的意见建议，努力把握组织工作规律。

接地气、长本领。广大组工干部直接下到田间地头、街道社区、厂矿学校，与群众同吃同住同劳动，在基层接地气、长才气、增底气。

相关链接

为引导各级组织部门深入研究组织工作中的重点难点问题，中央组织部每年研究确定组织工作重点调研课题，并对各地调研成果进行评选表彰和奖励。党的十六大以来，共确定年度重点调研课题130个。

组工干部深入田间地头了解民情。

二、与干部谈心谈话——用好组织部门看家本领

日常谈心：深入了解干部，传递组织关怀。李源潮同志指出："谈心谈话是组织部门关心了解干部的重要途径，也是广大干部对组织部门的迫切要求。组织部长主动与不跑不要的干部谈心谈话，跑官要官的就会受遏制，老实人吃亏的现象就会减少。"在谈心谈话过程中，各级组织部门坚持尊重人、理解人、关心人，深入了解干部的真实想法和愿望，真心听取干部的意见和建议，努力帮助干部解决学习、工作和生活上的困难，舒缓心理上的压力，让干部切实感受到组织的关怀和温暖。注重与埋头苦干、不图虚名、不事张扬的干部，在矛盾复杂、条件艰苦、困难突出地方工作的干部进行谈心谈话，了解他们的

实践案例

• 2011年山东省委组织部探索开展"组织部长接受干部约谈"工作，并于2012年4月份健全完善了"双向约谈"工作的长效机制，堵"后门"、敞"前门"，进一步畅通与党员干部群众的沟通交流渠道。

• 广西玉林市委组织部建立组织部长与干部群众夜谈制度。一名对工作调整有情绪的处级领导干部3个月约谈组织部长5次"讨说法"。市委组织部部长的倾听、疏导、帮助，使这名干部情绪逐步得到化解，放下了思想包袱，提升了工作状态。

实际情况。对勇于开拓、敢于负责的干部，为他们撑腰打气、主持公道。对有缺点和不足的干部，及时提醒，防微杜渐。

换届谈话：引导干部正确对待进退留转。各级组织部门围绕省、市、县、乡换届，加强与下级党政正职、新进班子成员和新提拔干部、交流转任干部、即将退下来的干部、差额考察对象、落选干部、任职时间长的干部、有思想情绪的干部、群众有反映的干部等进行谈心谈话，为换届营造良好环境。换届前，教育引导干部正确对待进退留转、自觉服从组织安排。换届后，重点向领导班子成员反馈换届考察情况，帮助干部正确认识自己、发扬优点、克服不足。

实践案例

西藏自治区各级组织部门 88 名组织部部长、766 名组工干部深入海拔最高、条件最差的 373 个村居开展驻村强基础惠民生工作，为各族群众办实事、干好事、解难事，努力做村情民意的"知情人"、群众信赖的"知心人"、发展稳定的"管用人"，受到了基层各族干部群众热烈欢迎。下图为西藏林芝地委组织部驻村工作队徒步翻越雪山进村开展工作。

三、做群众的贴心人——办实事、干好事、解难事

广泛结对帮扶。 各级组织部门和广大组工干部在下基层过程中，坚持从实际出发，做基层欢迎的事，积极与后进村、后进党支部、困难群体结成帮扶对子，帮助解决大量实际问题。

> ## 实践案例
>
> 　　湖北某高校退休职工到省委组织部反映工资待遇低的问题，要求退休改离休。省委组织部协调有关部门认真开展调查和政策咨询，多次上门耐心解释其不符合离休干部政策的原因，并在政策范围内给予生活补助，用真情化解其心中"疙瘩"，使其多年的上访之路画上了句号。

接访化解矛盾。 各级组织部门普遍建立组织部长"信访接访日"制度、领导包案制度，积极运用网络技术畅通信访渠道，选派组工干部到信访部门参加信访接待，组织组工干部带案下访，化解矛盾、促进和谐。

四、重心下移抓工作——政策措施在基层落实、在基层见效

组工干部到基层宣讲政策

信息下基层。 广大组工干部在下基层的过程中，主动开展政策宣讲活动，注重用群众语言，及时把党的重要方针政策和组织工作部署要求传达给基层干部群众，提高基层干部的政策理论水平，增进基层干部群众对组织工作的理解和支持。

监测在基层。 各级组织部门注重加强对重点工作成效的监测评

估，注意听取基层干部群众的想法和意见建议，及时发现和认真解决基层落实中遇到的实际问题，有针对性地改进工作。

落实到基层。广大组工干部坚持下基层、进支部，抓两头促中间，以加强基层组织建设为主要途径，促进各项工作在基层落实、在基层见效。对工作薄弱的党组织，整合各方面资源，帮助其整改提高。充分发挥先进党

实践案例

浙江省组织部门坚持把基层联系点作为组织工作监测点，建立双向互动机制，把基层的意见建议作为了解、监测、改进组织工作，提高组织工作满意度的重要依据。省、市、县三级组织部门建立乡镇、村、社区、企业、机关等各类监测点720个，聘请干部监督信息员、部风监督员900余名。

组织的示范和带动作用，以点带面，促进后进党组织和一般水平的党组织对标定位、比学赶超，提升党建工作水平。

未来展望

在思想观念、素质能力、工作作风和工作方式方法上有新转变、新提高，带头讲党性、重品行、作表率，带头坚持正确用人导向，带头抵制用人上的不正之风，进一步在全社会树立公道正派的良好形象。

责任编辑：侯俊智

封面设计：徐　晖

责任校对：周　昕

图书在版编目（CIP）数据

坚持改革创新　服务科学发展——党的十六大以来组织工作的进步历程
（2002—2012）／中共中央组织部　编 . －北京：人民出版社，2012.10

（科学发展　成就辉煌　系列丛书）

ISBN 978－7－01－011294－7

I. ①坚　　II. ①中　　III. ①中国共产党－组织工作－成就－2002—
2012　IV. ① D262.2

中国版本图书馆 CIP 数据核字（2012）第 233189 号

坚持改革创新　服务科学发展

JIANCHI GAIGE CHUANGXIN　FUWU KEXUE FAZHAN

——党的十六大以来组织工作的进步历程（2002—2012）

中共中央组织部　编

人民出版社 出版发行

（100706　北京市东城区隆福寺街 99 号）

北京中科印刷有限公司印刷　新华书店经销

2012 年 10 月第 1 版　2012 年 10 月北京第 1 次印刷

开本：710 毫米 × 1000 毫米 1/16　印张：19

字数：235 千字　印数：0,001－5,000 册

ISBN 978－7－01－011294－7　定价：68.00 元

邮购地址 100706　北京市东城区隆福寺街 99 号

人民东方图书销售中心　电话（010）65250042　65289539